国家林业和草原局普通高等教育"十四五"规划教材

新时代高校劳动教育概论

闫祖书　主编

中国林业出版社

内 容 简 介

本教材聚焦新时代高校落实立德树人根本任务，贯彻习近平总书记关于"把劳动教育纳入人才培养全过程""努力培养德智体美劳全面发展的社会主义建设者和接班人"的指示要求，系统总结和概述了新时代劳动教育的基本理论，并对耕读教育、未来劳动等思政前沿问题进行了探讨。

全书共分为8章，分别是劳动概述，马克思主义劳动观，劳动教育概述，优秀传统劳动文化与新时代耕读教育，劳模精神、劳动精神、工匠精神，劳动伦理与职业道德，劳动科学与职业发展，未来劳动展望。全书在注重知识教学的同时融入方法教育，以课程思政为主线，引导学生传承优良传统劳动文化，树立正确的劳动观，关注未来劳动的发展，自觉培养全面发展的综合素质。本书以探讨新时代劳动教育的内容和方法为宗旨，以期为劳动教育理论教学提供有益参考。

图书在版编目(CIP)数据

新时代高校劳动教育概论／闫祖书主编 . —北京：
中国林业出版社，2022.3（2024.7重印）
国家林业和草原局普通高等教育"十四五"规划教材
ISBN 978-7-5219-1571-6

Ⅰ.①新… Ⅱ.①闫… Ⅲ.①劳动教育-高等学校-教材 Ⅳ.①G40-015

中国版本图书馆 CIP 数据核字（2022）第 020505 号

策划编辑：曹鑫茹
责任编辑：曹鑫茹
责任校对：苏　梅
封面设计：五色空间

出版发行	中国林业出版社
	（100009　北京市西城区刘海胡同7号，电话 83223120）
电子邮箱	cfphzbs@163.com
网　　址	www.forestry.gov.cn/lycb.html
印　　刷	北京中科印刷有限公司
版　　次	2022年3月第1版
印　　次	2024年7月第5次印刷
开　　本	787mm×1092mm　1/16
印　　张	14.75
字　　数	330千字
定　　价	39.00元

未经许可，不得以任何方式复制或抄袭本书之部分或全部内容。

版权所有　　侵权必究

《新时代高校劳动教育概论》编委会

主　任：李兴旺　吴普特
主　编：闫祖书
副主编：李国龙　张　楠　王瑞峰
参　编：吴　磊　张　曼　刘　家　王昱泽
　　　　李　琰　汪　萍　师燕妮　周长远
　　　　张　新　陈怀祥　张　倩　高　媛
　　　　王博馨
主　审：李　珂　杨　鹏　何得桂

前言

"伟大出自平凡，英雄来自人民。"上下五千年的辉煌与苦难孕育出了卓尔不凡的伟大人民，他们在深沉而广袤的沃土上，用自己的勤劳与智慧创造出了璀璨夺目的华夏文明。许倬云说："中国人歌于斯，哭于斯，聚国族于斯，也积聚了文化的创造力。"诚如是言，作为文化创造力的源头和载体，劳动永远是人类文明史的发动机，恩格斯站在唯物史观的立场上指出"劳动创造了人本身"。因此，党和国家始终坚持"教育必须与生产劳动相结合"的教育方针不动摇。

中国特色社会主义进入新时代，劳动教育焕发出新的价值意义与时代光彩。习近平在2018年全国教育大会上的讲话中强调，"要在学生中弘扬劳动精神，教育引导学生崇尚劳动、尊重劳动，懂得劳动最光荣、劳动最崇高、劳动最伟大、劳动最美丽的道理，长大后能够辛勤劳动、诚实劳动、创造性劳动"。2020年3月，中共中央、国务院《关于全面加强新时代大中小学劳动教育的意见》指出："劳动教育是中国特色社会主义教育制度的重要内容，直接决定社会主义建设者和接班人的劳动精神面貌、劳动价值取向和劳动技能水平。"要求"普通高等学校要明确劳动教育主要依托课程，其中本科阶段不少于32学时。"2020年7月，《大中小学劳动教育指导纲要（试行）》强调："普通高等学校要将劳动教育纳入专业人才培养方案，明确主要依托的课程，可在已有课程中专设劳动教育模块，也可专门开设劳动专题教育必修课。"关照历史，展望未来，如何针对近些年来劳动教育的弱化和边缘化问题，按照文件要求建设符合时代需求的劳动教育体系成为高校劳动育人工作的重要课题。

根据上述精神，立足于已经开展的高校劳动教育理论课程的实践基础，结合新时代劳动育人的实际情况，我们编写了这本《新时代高校劳动教育概论》。本教材主要面向高等院校学生，共八章。第一章介绍劳动的基本内涵、历史变迁以及劳动的独特价值与意义；第二章讲述马克思主义劳动观的基本原理和重要理论内容；第三章梳理劳动教育基本内涵及我国劳动教育发展历程，重点介绍习近平关于劳动的重要论述的主要内涵和时代价值；第四章结合时代发展讲述乡土文化的特点和耕读文化的内涵；第五章从基本内涵、历史发展、时代现状三个角度对劳模精神、劳动精神、工匠精神进行阐释；第六章以提升劳动者的道德品质与伦理观念为导向，讲述劳动职业道德与劳动伦理；第七章讲解劳动法律法规、社会保障、安全卫生和心理健康问题；第八章对未来劳动进行展望，从人的自由而全面发展的角度分析未来劳动与美好生活的内在联系。

教材的总体编写框架与方向由编委会主任李兴旺、吴普特指导，主编闫祖书负责全书统揽、统筹推进与修订审阅，第一章由王瑞峰、张曼、周长远编写，第二章由王瑞峰、李国龙编写，第三章由王瑞峰、李国龙、王博新编写，第四章由吴磊、张楠、李国龙编写，第五章由王瑞峰、张楠、师燕妮、汪萍编写，第六章由刘家、张楠、高媛编写，第七章由王昱泽、张倩、李国龙、陈怀祥编写，第八章由李琰、王瑞峰、张楠、张曼编写。张新、张红云、王亚利、曹新龙进行了资料搜集、案例编写等工作。感谢中国劳动关系学院李珂教授对本书编写工作的指导与鼓励，感谢西北农林科技大学马克思主义学院杨鹏教授、人文社会发展学院何得桂副教授对本教材的审核与指导，感谢西北大学寇嘉、新疆农业大学王露巍、石河子大学卿涛、陕西师范大学王玉、东北林业大学李晶才老师对本教材编写工作的支持！

本教材在编写过程中，借鉴和吸收了众多专家、学者的研究成果，在此一并致谢。限于编者水平，加之劳动教育随着时代进步而不断创新发展，本教材难免存在不足、疏漏以及失误之处，恳请广大读者批评指正。

"每一份伟大的成就，无不立足于平凡的岗位和工作；每一段不凡的人生，无不依托于平凡的日积月累。"让我们乘着新时代的东风，站在第二个百年奋斗目标的新征程上，尊重劳动、热爱劳动、崇尚劳动，一起开启劳动教育的新篇章。

编者

2022 年 1 月 1 日

目录

前 言

第一章　劳动概述 ·· 1
　第一节　劳动的基本内涵 ·· 2
　第二节　劳动工具与劳动形态变迁 ·· 8
　第三节　学习劳动理论的意义 ··· 13

第二章　马克思主义劳动观 ·· 21
　第一节　劳动与人类 ·· 22
　第二节　劳动与社会进步 ·· 26
　第三节　劳动与人的自由全面发展 ······································· 32
　第四节　马克思主义劳动观的方法论原则 ······························ 37

第三章　劳动教育概述 ·· 43
　第一节　劳动教育的基本内涵 ··· 44
　第二节　我国劳动教育的回顾 ··· 50
　第三节　新时代劳动教育的创新发展 ···································· 57
　第四节　新时代劳动教育的主要任务 ···································· 62

第四章　优秀传统劳动文化与新时代耕读教育 ························· 67
　第一节　中华农耕文明的起源与发展 ···································· 68
　第二节　农业劳动与乡土文化 ··· 77
　第三节　耕读文化与劳动教育 ··· 81
　第四节　新时代耕读教育与乡村振兴 ···································· 85

第五章　劳模精神、劳动精神、工匠精神 ······························ 103
　第一节　劳模精神 ··· 104
　第二节　劳动精神 ··· 113

1

第三节　工匠精神 …………………………………………………… 118
　　第四节　高校对劳模精神、劳动精神、工匠精神的培育与践行 …… 124

第六章　劳动伦理与职业道德 …………………………………………… 139
　　第一节　劳动的伦理本性 …………………………………………… 140
　　第二节　劳动伦理的主要内容 ……………………………………… 143
　　第三节　劳动道德 …………………………………………………… 151

第七章　劳动科学与职业发展 …………………………………………… 161
　　第一节　劳动法律法规 ……………………………………………… 162
　　第二节　劳动与社会保障 …………………………………………… 177
　　第三节　劳动安全卫生 ……………………………………………… 187
　　第四节　劳动与职业心理 …………………………………………… 190

第八章　未来劳动展望 …………………………………………………… 197
　　第一节　未来劳动概述 ……………………………………………… 198
　　第二节　未来劳动者的基本素养 …………………………………… 205
　　第三节　未来劳动与美好生活 ……………………………………… 213

参考文献 …………………………………………………………………… 220

第一章
劳动概述

"人猿相揖别。只几个石头磨过,小儿时节。铜铁炉中翻火焰,为问何时猜得?不过几千寒热。"

——毛泽东《贺新郎·读史》

这首词用寥寥数语,为我们勾勒出了一幅人类进化历史的漫长画卷,从石器时代到青铜器时代,再到铁器时代,劳动工具的变化代表着人类文明的进步程度,也揭示了劳动在人类诞生过程中的根本性作用。几千年辉煌的人类文明史本质上是人类劳动的创造史和发展史,是由低到高的不同社会形态的历史演进。人类历史的发展演变,本质上是以劳动作为推动力的人类社会生产方式的历史嬗变。

第一节 劳动的基本内涵

劳动是人类社会存在与发展的基础,是人类维持自我生存和自我发展的唯一手段。劳动不仅创造了人本身,而且是人类社会一切物质、精神财富的根本源泉。在五千年璀璨夺目的历史长河中,勤劳勇敢智慧的中华民族依靠自己的双手创造了辉煌灿烂的文明,用厚重的实践与文化诠释了劳动创造人类的真谛。劳动是理解人类社会历史和人自身的钥匙,对于一切人类社会及其历史发展的矛盾问题都应从劳动实践的角度去理解。因此,只有充分理解何为劳动,才能更深刻、全面地理解纷繁复杂的人类社会及其本质。

一、劳动的概念

劳动是以人作为主体的有目的地认识和改造自然的能动活动,是人类最基本的实践活动,是创造物质财富和精神财富的主要手段。马克思主义认为,劳动属于人的类本质,即自由自觉的社会生产活动。作为人的生命活动,劳动可视为物质生活的生产,同时在生产物质资料的同时也生产精神资料。劳动也是人类所独具的、超越其他生物的本质之所在。正是在劳动中,人类反复实现和确证着自身的本质,换言之,人从事劳动的初始意义,体现于满足自身生活的需要。为满足自身生存发展的需要,人以自身的生产实践活动为中介,调节和控制其与自然之间的物质交换,这个完整的过程即是劳动。

在中华民族漫长的劳动实践过程中,"劳"文字始见于甲骨文,本义是费力、劳苦,引申为疲劳、劳累、功劳、功绩。《国风·邶风·凯风》提出"棘心夭夭,母氏劬劳",泛指一般的劳动、烦劳。《尔雅·释诂》:"劳勤也",指勤劳。《左传·僖公三十二年》提到:"师劳力竭,远主备之,无乃不可乎?"这里的劳就是劳累。动,指改变原来的位置或状态。

《三国志·魏志·华佗传》中"人体欲得劳动,但不当使极尔","劳动"在这里表示操作、活动的意思。"劳动"指一般的劳作、活动。《孟子·滕文公上》说过:"劳心者治人,劳力者治于人;治于人者食人,治人者食于人",有使劳作之意。宋朝《萍洲可谈》中所说:"但人生恶安逸,喜劳动,惜乎非中庸也。"可见,"劳动"一词是从古代"劳""动"中引申而来,最终演变为操作、活动之意。

从古至今,人类对劳动的理解呈现出逐步深化的趋势。尽管早期劳动是被鄙视、受歧视的一种活动,但人们逐步看到了劳动在创造物质生活资料、满足人类各种需求以及发展人的体力、脑力等方面的作用。英国古典政治经济学家威廉·配第最早提出"劳动是财富之父"的著名论断,新教伦理中关于"劳动创造财富"的理念为资本主义的发展提供了强大助力。到黑格尔那里,他看到了劳动是人实现自我本质的过程。马克思从黑格尔这里得到启发,他将黑格尔颠倒的世界观重新恢复过来,将劳动作为历史唯物主义的起点,作为他建立自己的经济学理论的基石,并将劳动看作人类自我发展、自我实现的必要条件。

二、劳动的内涵

作为唯物史观的核心范畴,把握劳动的内涵需要理解以下几个论断。

(一)劳动是人类特有的基本的社会实践活动

劳动首先是人类主观能动性的表现,劳动必须发挥人的主观能动性。人类和动物不同,动物只是在本能的驱使下同外物发生关系,一般而言是直接占有或消灭外物,而人类则是有目的、有计划地同外部客观世界发生关系,目的不仅是直接占有或消灭外物,而且将外物改造或创造成符合人类需求的新对象。

例如,我们把农民耕种粮食称作劳动,但是不把牛拉犁耕地称作"劳动"。不仅因为牛不属于人类,而且耕地绝对不是牛的目的。牛不会想要耕地种粮,是人给它架上犁耙迫使它耕地。牛为了生存需要吃草,所以它的目的只是要吃草,甚至吃掉农田里的禾苗麦穗,这是动物的生存本能。人类有目的地生产劳动,不是出于生存本能,而是出于对自然规律的认知——知道土地能长出粮食。因此,利用这一自然规律来达到自己的目标。人类即便挨饿了,也不会像牛一样把秧苗吃了,他会用心地培育秧苗,耐心地等待丰收的果实。

正是人类主观能动性的劳动,把人和动物区别开来。所以说,劳动是人类的本质属性,劳动创造了人本身。

(二)劳动是人和自然之间的物质变换

人本身是自然的一部分,人类的劳动一刻也离不开自然这个最基本的劳动对象。人的手臂、腿、头和手在劳动中的运动，其实也是自然力的运用。原始人的采摘、狩猎，就是自然界的果实、猎物与同样是自然界的人的肉体、力量的物质变换。无论过去、现在还是未来，所有的劳动都离不开自然。人类绝不可能单凭自己的劳动创造出劳动产品，所有的劳动产品归根结底都是人和自然之间的物质变换。

早期人类劳动是直接面向自然界的，自然界提供的各种劳动资料是保障劳动得以顺利进行进而产出物质生产生活资料的前提。但是，在劳动过程中，除了密切关注外部客观世界，还必须高度重视人类自身主体性、能动性和创造性的彰显，这些同样是保障劳动得以顺利进行的关键因素。人类在通过劳动直接作用于自然界的同时，也在创造性地改造自然界，正是将自身主体性、能动性、创造性同自然界所提供的客观物质结合起来，人类才能生产出自然界中原先不存在或是不能直接提供的新的物质，这也是人类和动物的本质区别。

（三）劳动是人类为满足生存发展需要而开展的活动

劳动最初是人类为维系生存而不得不开展的活动，随着社会生产力水平不断提升，人类劳动活动也不断进化发展，但劳动始终是人类满足自身生存发展需要的根本途径。正是在获取必需的物质生活资料的劳动过程中，人类逐步发展了四肢和大脑，产生了语言，人与人之间通过相互交往逐渐形成了一定的社会关系，由此开启了人类社会发展的历史进程。

此外，劳动是人类运用劳动资料对劳动对象进行加工改造的活动，它的目的是创造满足人类生活需要的使用价值。例如，吃喝玩乐的人也是有目的的，他会谋划吃喝玩乐的对象、地点、时间和朋友，这些人可能创造的消费，必然拉动生产的需求，但是，他们没有制造使用价值，只是消耗了使用价值，因此不构成劳动。

可以说，人类为满足自身生存发展需要所进行的劳动，是推动人类社会历史发展的源动力。

（四）劳动是人类在改造自然界的同时改造自身的活动

劳动为人类带来了丰富的物质财富，并在真正意义上推动了人类文明的产生和发展，由此创造出丰富多样的精神财富。这些精神财富，尤其是从劳动中折射出的劳动伦理、劳动品质和劳动价值观念，又反过来对人类劳动实践产生巨大影响。可见，人类在劳动过程中能够实现改造客观世界和主观世界的辩证统一。正是在劳动中，人类结成了复杂的社会关系，促进了自我身心发展，创造出丰富的物质和精神财富，并在尊重客观规律、运用工具技能、根据规划设想来利用和改造自然界的同时，完成了对人类自身的改造。

总之，劳动是人类自身的活动，它通过相互合作使人类群体融入自然，以自身的力量促进人类与自然的互动，并与物质、信息、能量进行交流，以满足人类和社会的需要。

三、劳动的独特价值意义

（一）劳动是人类社会历史的起点

现实的人是人类社会存在发展的基础，而人又是在从自然界获取生存资料的漫长劳动过程中逐渐进化发展而来。在现代科学研究下，我们已经知道人类进化起源于森林古猿，从灵长类经过漫长的进化过程一步一步发展而来，经历了猿人类、原始人类、智人类、现代人类等阶段。在人类漫长的进化史中，始终离不开的就是劳动，正是在劳动中，一部分类人猿渐渐学会了直立行走，懂得了使用制作最初的劳动工具，并逐步发展出了早期的语言。从狩猎、自我防卫、刀耕火种到机械化种植，处处都展现着劳动实践对人类智力发展的重大意义。可以说，没有劳动，就没有现在的人类，也没有现在的人类文明。

【案例1-1】

劳动促进人类智力的发展

苏联教育家苏霍姆林斯基说过"儿童的智慧在他们的手指尖上"，这句话深刻表明了劳动对人类大脑的发育起着更为积极的作用。劳动是一种手脑并用的活动，人的智力可以在劳动中得到发展，劳动可以促进大脑神经的发展。同时，人的手和大脑有着密切的关系，手的动作可以促进大脑相应部位的发展，而大脑的运动又可以促进手的灵活程度，二者相互促进，所以劳动有助于提高智力的发展，同时也表明劳动促进了早期人类的形成。

【案例1-2】

劳动与中华文明的起源

《史记·五帝本纪》记载："舜耕历山，历山之人皆让畔；渔雷泽，雷泽上人皆让居；陶河滨，河滨器皆不苦窳。一年而所居成聚，二年成邑，三年成都。"说的是舜曾在历山耕种田地，历山民众都学会了不侵犯别人的田产；曾在雷泽织网打鱼，雷泽边上的民众都学会了不侵犯别人的家产；曾在河滨挖窑制陶，河滨的器具皆质地良好。尊重农田产出、房屋产权和诚实地进行生产劳动、开展产品交易，这是农耕文明确立的根基。到文武周公又确立了与农业经济基础相适应的政治文化上层建筑，中国的农耕文明从此确定了坚实的基础。

另据《白虎通义》记载："古之人民皆食禽兽肉，至于神农，人民众多，禽兽不足，于是神农因天之时，分地之利，制耒耜，教民农耕。"这是说随着人口的增长，狩猎所得不足以维持人类生存。因此，神农顺应天时地利，发明农具耒耜，开创了农业文明。从采摘狩猎到农业耕作，这是中华农耕文明的重要节点。而黄帝、尧、舜带着广大劳动人民发明舟楫使得水陆交通得以便利化，发明城防弓箭使人民的生活安全有了保障，发明杵臼房舍使人民的生活变得健康舒适。在人民安居乐业的基础上，又教以丧葬礼仪，华夏文化政治得以形成。

可以说，中国上下五千年的文明是无数劳动人民共同创造的辉煌成就，正是劳动创造了文明，劳动对于文明创造与发展有着不可磨灭的作用。

（二）劳动是推动历史进步的动力

马克思主义认为，生产力与生产关系之间的矛盾运动是推动人类历史进步的根本动力。劳动者作为生产力中最活跃、最核心的要素，一方面通过辛勤劳动创造了大量的社会财富；另一方面在劳动中总结经验得失，改良劳动工具，创新生产方式，推动了社会生产力水平不断提高。与此同时，劳动也不断推动着生产关系进行重塑，正是在劳动生产中，人与人结成了最基本的社会关系，并衍生出了包括哲学、文学、数学、艺术、政治、法律、道德、宗教等在内的制度和精神文化，这些文化力量又反过来时刻影响和改造着人类劳动实践本身。

【案例1-3】

蒸汽机的发明与发展

16世纪末到17世纪中后期，英国的采矿业发展迅速，尤其是煤矿发展达到了相当大的规模，单靠人力、畜力已经很难满足排除矿井地下水的要求，而矿产中的煤又是廉价丰富的能源材料，这一现实需求和时代背景促使很多人致力于研究发明"以火力提水"的工具。

英国的萨弗里成功制成了世界上第一台实用的蒸汽提水机，并在1698年取得了英国专利，开始应用于矿业生产中。但是这种提水机的汲水深度不能超过6米，因而在几十米深的矿井中使用时，必须将提水机装在矿井深处，既困难又危险。于是纽科门与他的助手在1705年发明了大气式蒸汽机，用以驱动提水泵，被称为纽科门大气式蒸汽机。这种蒸汽机在欧洲得以广泛推广，其改进型号直到19世纪初还在制造。

瓦特通过观察研究，运用科学理论找到了大气式蒸汽机的弊病，于1765年发明了新式蒸汽机，并不断地在劳动生产中进行改进发明，最终发明出了工业蒸汽机。这种蒸汽机不仅可以用以采矿，还可以在工业领域普遍推广，使得英国的纺织品产量在20多年中增长了5倍，推动了蒸汽机轮船、蒸汽机火车等新式工具的诞生，促进了早期工业的空前进步，并推动了第一次工业革命的发生。

(三）劳动是人类自身发展的源泉

人类在劳动中不仅创造出丰富的物质和精神财富，还在这一过程中实现了人类自身的进化和发展。第一，劳动能够锻炼提升人的身心机能。人的感觉器官、语言能力、抽象能力、逻辑推理能力等都能够从劳动中得到充分锻炼，并在劳动中不断发展。此外，修复和提升人的身心机能的种种方法和手段，也能够伴随劳动发展过程而不断得到丰富和完善。第二，劳动能够促进人与人之间广泛深入的交往，从而使得人的社会属性在交往过程中得到充分彰显。人不仅具有自然属性，也具有社会属性。社会属性作为人的本质属性，是以人与人之间的相互交往为前提的。而在劳动中结成的人与人之间的关系，是最基本的社会关系，也是每个人实现自身发展的必要条件。第三，劳动能够为人类自身发展创造良好的物质条件。人类通过劳动创造出的丰富多样的物质生活资料，能够显著改善人的营养摄取，优化人的居住、出行等生活体验，打造出更优越的劳动环境和更先进的劳动工具，不断激发人的劳动动力和潜能，为人类自身发展打下坚实的物质基础。第四，从劳动中衍生出的优秀文化能够滋养人的精神世界。人不仅有基本的生理需求，也有着更高层次的精神追求。由无数可歌可泣的劳动典型和感人事迹所凝结成的劳模文化、工匠精神，能够引导激励广大劳动者自觉见贤思齐，努力在平凡的劳动岗位上讲奉献、敢担当、善作为，充分彰显出个体劳动的社会价值。

【案例1-4】

劳动与现代人的身心机能

在人类智力、文明、科技高速发展的环境下，人类从众多体力劳动中解放出来，为人类带来了更加轻松、合理的生活方式，同时也给人类带来诸多问题，如体力下降、抵抗力不足以及肥胖症等"生活方式病"。

早在20世纪60年代，就有研究人员针对劳动与运动训练之间关系进行了调查，结果表明，劳动后肌肉力量发生不同变化，体力增加，平均左手增加2.82千克，右手增加4.59千克。劳动还能够改善心脏血管系统和呼吸器官的技能，劳动后安静时的心跳频率减少5.9次，呼吸每分钟减少2.6次，还能够改善中枢神经系统的机能活动，如促进呼吸和血液循环、反应速度加快等，而一个月的集中劳动可以发展耐力素质。

所以，近现代的研究和生活经验都在表明劳动与体力发展之间有着密不可分的关系，劳动能够促进体力的发展（尤其是人类的肢体发展），改善生理循环，提高身体素质；而体力的改善又会反馈到劳动过程中，提高劳动效率。

（四）劳动是人类自我实现的手段

在马克思看来，劳动不仅是人类维持自身生存的手段，也是人的自我实现的活动。

第一，生存是人类最基本的需要，这是人类自我实现的基本前提，人类想要生存并"创造历史"，首先必须能够生活，而为了生活，必须首先生产最基本的生活资料，因此人类的第一个历史活动就是"生产物质生活本身"，也就是劳动。第二，马克思指出："正是在改造对象世界的过程中，人才真正地证明自己是类存在物。这种生产是人的能动的类生活。通过这种生产，自然界才表现为他的作品和他的现实。"可见，人只有通过劳动这种对象化活动才能真正证明自己的存在意义和价值，人也正是在劳动中与他人形成一定的社会关系，并在这种社会关系中得到他人的承认。按照马克思的设想，当消除私有制，消除异化劳动，实现自由劳动时，人才有可能达到自我实现的目标。第三，在劳动的过程中，人处于一个不断发展、不断完善的过程，劳动成果中凝聚的精神会形成一种对劳动本身的肯定与回报，劳动的过程是一个人的逐步解放的过程。人只有劳动，才能实现发展，才能实现自我的价值，进而成为全面发展的人。

第二节 劳动工具与劳动形态变迁

一、劳动工具的变革

劳动工具是劳动实践的重要手段和载体，并在一定程度上主导着人类社会的发展。能够创造和使用工具，是人类从蒙昧的野蛮时代进化到初具文明的原始社会的根本性标志。在人类历史上，劳动工具的每一次重大进步和变革，都会带来划时代的生产方式的变革，进而引起社会形态的变革。人类历史一路从原始社会发展到资本主义社会的过程，清晰地反映出了劳动工具与社会发展之间的深刻相互关系。

从刀耕火种以来，人类文明历经了五次显著的劳动工具变革，分别是石器时代、青铜器时代、铁器时代、工业时代和信息时代（表1-1）。石器是原始社会的主要劳动工具，极大地提高了人类的原始生产生存能力；青铜器的广泛使用使得劳动效率大幅提高，人类首次有了劳动剩余，阶级矛盾开始出现，人类进入奴隶制社会；铁器的推广进一步提高了劳动工具的使用性能，人类社会也相应地进化到封建社会。无论是石器工具、青铜器工具还是铁器工具，工具的催动力依然来自人力。因此，原始社会、奴隶制社会和封建社会也被称为无动力工具时代。

机器的大规模使用开创了人类的有动力工具时代，工业革命的发生促使社会形态过渡到资本主义社会。而随着动力工具的不断创新和发展，人类社会的发展进入到加速发展时期，大量人口从商品生产的劳动中脱离出来，成为新型劳动者，他们重新投入劳动工具

表1-1 劳动工具的五次变革

人类社会发展阶段		起始时间	代表性工具
石器时代	旧石器时代	距今200万~300万年前	以打制石器为主,如剥片石器、石英片、石头刀、石叉、石锥、石锯、骨器
	新石器时代	距今约1万年前	磨制石器,土器,利用草木的纤维以及绢丝、毛等制作的纺织物
青铜器时代		约公元前3000年	用铜、青铜制造的器具
铁器时代		约公元前1400年	用铁制造的器具
工业时代	蒸汽时代	18世纪60年代	蒸汽机、纺纱机
	电气时代	19世纪60年代	发电机、电动机、内燃机
信息时代	计算机时代	20世纪50年代	电子计算机
	智能化时代	21世纪	人工智能、机器人等

资料来源:刘向兵.劳动通论(第二版).高等教育出版社,2021.

的变革创新中，又进一步促进了现代科技的发展和人类社会的加速演进。科学技术水平的快速提高有力地促进了生产力的发展，随着智能技术的开发和应用，智能机器时代正向我们走来，当智能机器时代最终来临的时候，人类将从商品生产的劳动中彻底脱离出来。因此，智能化时代可能预示着崭新的社会形态的到来——马克思主义所预言的共产主义社会。

二、劳动形态的变迁

一定的劳动形态是由一定的生产力发展水平决定的，生产力是决定劳动形态，进而决定社会形态的性质及其具体特点的最终根据。在人类劳动发展的低级阶段，客观物质环境，尤其是自然条件，对人类劳动具有决定性的影响。正是由于自然界发展到某个阶段，才给人类产生和人类活动创造了必要的外部条件，才为人类劳动的出现和发展带来了现实可能性。但是，随着人类劳动的逐步发展、劳动经验的积累、劳动工具的发明和改良、劳动技能的提高，都极大地增强了人类认识世界、改造世界的本领，并由此带来了劳动形态的显著变迁。

依据人类劳动工具的演进，我们可以将人类劳动形态大致分为手工劳动、机器劳动、自动化劳动和智能化劳动四种。

（一）手工劳动形态

人类最早的劳动形态为手工劳动。在原始社会，人们主要使用石制劳动工具，因而该时期也被称为石器时代。约50万年前的"北京猿人"用打砸、磨制等方法打制出来的砍砸器、刮削器、尖状器就属于早期的手工工具。西安半坡遗址中出土的石刀、石斧、石锄就是经过磨制的手工工具。劳动及其产品是原始社会最为紧要的事情，是关乎每个人生死的首要问题。精卫填海、夸父追日、后羿射日、愚公移山、女娲补天、鲧禹治水、钻燧取火等神话传说都反映了古人对劳动的礼赞和对命运的抗争。在著名的《荷马史诗》中也有对劳动的崇高赞美，诗中的英雄们普遍认为，具有高超的劳动能力是他们力量的象征，如《奥德赛》的主角奥德修斯在向对手挑战时，就要求和对手比一比耕田、割草和收庄稼的本领。

进入原始社会末期，人们开始制造使用金属工具。到奴隶社会，金属工具的生产和使用逐渐普遍。随着冶铁技术的发展，人类迈入了铁器时代。在这个时期，劳动是一项单纯的活动，劳动力水平较低，人们大多从自然界中获取物质生产资料，劳动对象以土地、水、生物等为主。人类的活动受客观环境影响比较大，自然环境很大程度上影响了人们的劳动内容和劳动方式，多数劳动仅能满足基本的生存需求。

【案例1-5】

秦始皇修建长城

据记载，秦始皇使用了近百万劳动力修筑长城，占当时全国总人口的1/20。这些劳动力都是以军役、力役、杂役的身份参与这一伟大工程的。公元前215年，秦始皇派蒙恬北伐匈奴，秦民一直以来被匈奴骚扰，所以才修建长城将匈奴抵御在外，当时蒙恬击退匈奴

图1-1 修长城

之后,占领了黄河以南的地区,在此修建长城,利用了地形、河流、山脉依次设立屏障,并且还设立要塞,绵延万里,一眼望不到尽头(图1-1)。

长城地处边远地带,气候恶劣。建筑时为了起到防御作用,主要是利用险要地形,特别是要尽量利用陡险的山脊,外侧峭直,内侧平缓,易守难攻,由此可见建设时的艰苦程度。虽然是就地取材,但取石量非常巨大,还要凿成整齐的条石,再内填灰土和石灰,没有山的黄土地带主要用土夯筑。沙漠地带用芦苇和红柳枝条层层铺上沙粒小石子,在工具落后的时代,全是依靠双手来完成。

当时运输工具落后,牛车、马车加手推小车,大型石料全靠滚木、撬棍、绞盘等简单的工具,在陡峭的山坡上,出现危险的概率非常大。唐代诗人王建曾描述到:"长城窟,长城窟边多马骨。古来此地无井泉,赖得秦家筑城卒。"在手工劳动形态时期,劳动人民的生产生活条件十分艰苦。

(二)机器劳动形态

18世纪中期到19世纪,人类的劳动形态以机器劳动为主,手工劳动为辅。欧美一些主要的资本主义国家先后开始了以机器大工业代替手工劳动的产业革命,农耕文明向工业文明过渡,产业结构也从以农业为主转变为以工业为主。机器得到了广泛的使用,人类的劳动形态发生了根本变化,不再是以往松散的个体劳动,而是变成了有组织的劳动。劳动也产生了细化分工,工厂将需要施加在一个产品上的劳动分割成若干部分,将各个部分的劳动分配给流水线上的工人。

【案例1-6】

欧洲三大工人运动

法国里昂工人起义

里昂是法国丝织业中心,在工厂主和包买商残酷剥削下,丝织工人和手工业者生活极为困苦。1831年初里昂工人掀起一场以要求提高工价为主要内容的运动,工人多次举行集会、请愿、游行。10月间,与包买商谈判达成最低工价协议。但随之在七月王朝商业大臣的支持下,包买商撕毁协议。1831年11月21日工人举行抗议示威,与军警发生冲突,转为自发的武装起义。起义者提出"不能劳动而生,毋宁战斗而死"的口号。经过3天战斗,工人一度占领里昂城。起义很快被七月王朝政府调来的军队所镇压。

1834年4月9日里昂再度爆发丝织工人起义。起义的直接原因是政府逮捕和审判罢工领袖,发布禁止工人结社集会的法令。这次起义具有更鲜明的政治性质,不仅提出经济要求,还提出废除君主制度,建立共和政体的口号。起义者在旗帜上写着:"我们为之斗争的事业是全人类的事业。"工人组织互助社和小资产阶级民主主义者组织人权社、进步社的成员组成总委员会领导这次斗争。起义群众同政府军在里昂郊区和市内进行6天激战,终因力量悬殊被政府军镇压。起义在巴黎和法国许多地区引起强烈反响,推动了法国工人运动的发展。

英国宪章运动

英国是第一个发生资产阶级革命和进行工业革命的国家。19世纪时被称为"世界工厂"。多少年来在这个以实行"议会民主"而闻名的国家里,只有缴纳高额所得税的人才有选举权,广大工人被排斥在议会大门之外。

1842年5月2日,伦敦街头人山人海。浩浩荡荡的工人队伍来到国会下院,宪章派全国协会的负责人向下院递交了全国宪章派第二次请愿书。

《人民宪章》是1837年由伦敦工人协会向国会提出的一份请愿书,它提出年满21岁的男子都有普选权,选举投票应秘密进行,废除议会候选人的财产资格限制,国会每年举行一次改选,平均分配选区。次年5月,这份请愿书公布后,被称为《人民宪章》,1839年在请愿书上签名的有125万人。

1840年7月,各地宪章派的代表在曼彻斯特召开了大会,宣告成立全国宪章派协会。它的宗旨是"实现下院的彻底改革,使下院能全面地忠实代表联合王国的全体人员",为了"达到这一目的,只宜采取和平和合法的手段"。协会在全国各地设有几百个分会,入会者须交纳会费,它是近代第一个工人政党的萌芽。

1848年,在欧洲大陆革命风暴的推动下,宪章运动再度高涨。第三次全国请愿书进一步提出,劳动是一切财富的唯一来源,劳动者对于自己的劳动果实享有优先权。人民是权力的唯一来源。在请愿书上签名的有197万人。伦敦、曼彻斯特、伯明翰、利物浦、格拉斯哥等城市的工人举行了声势浩大的示威游行。

1848年4月10日,全国宪章派第三次代表大会的代表把请愿书装在四套华丽的马车上向国会驶去,途中遭到宪兵的镇压。国会拒绝接受请愿书。接着,政府下令解散全国宪章派协会。

列宁评价英国的宪章运动是"世界上第一次广泛的、真正群众性的、政治性的无产阶级革命运动"。

西里西亚纺织工人起义

1844年6月普鲁士王国所属西里西亚纺织工人的起义。当时西里西亚有发达的纺织业。这个地区从事棉麻纺织的工人和家庭手工业者受到工场主、包买商以及地主的残酷剥削。在 40 年代,由于资本家把英国机器纺织品冲击带来的损失转嫁给工人,加剧了他们的贫困。1844 年 6 月 4 日,以争取提高工资被拒绝为导火线,在欧根山麓两个纺织村镇彼特斯瓦尔道和朗根比劳爆发纺织工人自发的起义。起义队伍扩大到 3000 人,集中打击工人最痛恨的工厂主。起义者以简陋武器迎战前来镇压的包括骑兵和炮兵的政府军。坚持到 6 月 6 日,起义被镇压。它推动了工人运动的发展。西里西亚主要城市布勒斯劳的手工业者和学徒、柏林和亚琛的纺织工人、马格伏堡的糖厂工人等,先后举行罢工以及局部起义,响应西里西亚织工的斗争。

三大工人运动标志着现代无产阶级已经作为一支独立的政治力量登上了历史舞台,开始显示出无产阶级的伟大历史作用。

(三) 自动化劳动形态

20 世纪四五十年代,电子计算机的研制成功和广泛应用使得生产过程逐步迈向自动化。机器逐渐替代了人们繁重的体力劳动。自动化机器的特点,就是具备一定的运算、判断、操作甚至思维能力,能够独立完成人们设计的生产过程。自动化机器不仅把劳动者与生产工具隔离开来,还把劳动者排除在直接的生产之外。人类第一次有能力完全以脑力劳动取代体力劳动来获取生产资料和发展资料。与机器大工业生产链条不同,自动化机器把人排除在直接的生产过程之外,但在设计智能机器及其软件的环节增加了劳动者。

(四) 智能化劳动形态

进入 21 世纪,智能化劳动开始普及。人类正在经历以人工智能、虚拟现实、量子信息技术、可控核聚变、清洁能源等为技术突破口的新技术革命。随着人工智能和互联网的快速发展,人类社会正在从自动化时代迈向智能化时代,人类生产、交换和消费的内容与方式发生了深刻的变革,其中一个重要而显著的劳动形态变化是机器人代替人的主要体力劳动和部分脑力劳动。人工智能不仅在工作精度方面远胜于人类劳动,同时也将人从很多危险岗位上解放出来。这一时期人主要从事无形的知识、信息、数据等生产、服务和交换的劳动,这些智力密集型的工作除了需要劳动者身心健康外,还需要其拥有通过人力资本所形成的存量"智力",劳动者体力在智能化劳动中的作用大幅下降。

第三节　学习劳动理论的意义

科学的理论成果是对自然界和客观规律的正确理解与把握,是立足实践之上的高度智慧凝结。掌握科学的理论也是思想教育的基础,而思想教育是修身之道的根本所在。一个人社会生活能力的强弱、认知水平的高低、分辨是非能力的深浅,集中体现在其修身功底的深厚程度上。劳动理论是对千百年来人类劳动实践的科学总结与规律把握，是坚持认识与实践相统一的理论基础。坚持马克思主义的真理观，就需要努力做到以正确的理论为指导，在实践中坚持和发展真理。

一、有助于树立正确的劳动价值观念

思想决定行动，行动决定未来。劳动价值观的确立，直接影响着人们对于劳动的看法、态度和行为，也决定着大学生能否以积极的态度投入学习与生活，更关系到青年学生步入社会之后的成长与成才。高等教育的目标不仅是青年学子知识能力的学习与提高，也是理想信念、爱国情怀、道德品质、思维导向、综合素质等方面塑造和形成。当前中国特色社会主义进入了新时代，推进社会主义现代化建设，助力实现中华民族伟大复兴中国梦，必须依靠最广大劳动者，而青年劳动者则是其中的中坚力量，青年学生唯有树立"劳动最光荣、劳动最崇高、劳动最伟大、劳动最美丽"的劳动观念，才能真正跟上时代的步伐，成为社会主义现代化建设的参与者和推动者。大学阶段是每位青年学子从学校过渡到社会的重要时期，也是树立人生价值观的关键阶段，"五育并举"全面发展更是新时代社会主义现代化建设对高校人才培养的要求。

新时代是奋斗者的时代，劳动教育作为高校教育的基础和重要内容之一，是实现大学生思想政治教育的有效路径，通过劳动能够促使大学生更加直观感受到自身存在的思想问题。只有让广大青年学生对劳动本质及劳动价值有更清晰的认识，才能使其真正意识到劳动是实现人的自由而全面发展的活动，从而切实认可劳动、重视劳动、向往劳动，成为新时代合格的劳动者。因此，我们应在专业学习和实践锻炼中主动培养创造性劳动意识，提升创造性劳动思维能力，构建科学合理的知识体系，掌握创造性劳动的方法与技巧，不断培育"热爱劳动"的真挚情感。

【案例1-7】

我国首例人工智能侵权案

2018年8月20日，腾讯公司在腾讯证券网站上首次发表了标题为《午评：沪指小幅上涨0.11%报2671.93点通信运营、石油开采等板块领涨》的财经报道文章（以下简称"涉案文章"），末尾注明"本文由腾讯机器人Dreamwriter自动撰写"。

此文在腾讯证券网站上首次发表后，上海盈某科技有限公司在当日复制涉案文章，通过其经营的"网贷之家"网站向公众传播，发布标题为《午评：沪指小幅上涨0.11%报2671.93点通信运营、石油开采等板块领涨》的文章。经比对，该文章与涉案文章的标题和内容完全一致。

腾讯公司遂将上海盈某科技诉至南山区法院。腾讯公司认为，涉案文章作品的著作权应归其所有，上海盈某科技的行为侵犯了其信息网络传播权并构成不正当竞争。故起诉要求被告立即停止侵权、消除影响并赔偿损失。

针对腾讯公司的诉请，被告上海盈某科技未发表答辩意见。

南山区法院审理后认为，涉案文章是否构成文字作品的关键在于判断涉案文章是否具有独创性，而判断步骤应当分为两步：首先，应当从是否独立创作及外在表现上是否与已有作品存在一定程度的差异，或具备最低程度的创造性进行分析判断；其次，应当从涉案文章的生成过程来分析是否体现了创作者的个性化选择、判断及技巧等因素。在具体认定相关人员的行为是否属于著作权法意义上的创作行为时，应当考虑该行为是否属于一种智力活动，以及该行为与作品的特定表现形式之间是否具有直接的联系。

法院同时认为，涉案文章是由原告主持的多团队、多人分工形成的整体智力创作完成的作品，整体体现原告对于发布股评综述类文章的需求和意图，是原告主持创作的法人作品。

从涉案文章的外在表现形式与生成过程来分析，该文章的特定表现形式及其源于创作者个性化的选择与安排，并由 Dreamwriter 软件在技术上"生成"的创作过程，均满足著作权法对文字作品的保护条件，法院认定涉案文章属于我国著作权法所保护的文字作品。

（素材源自 OFweek 维科号）

二、有助于提升创造性劳动能力

随着时代的变迁，多数大学生生活的基本需求已不需要通过自身劳动来获取，求学升学成为头等大事，劳动似乎也逐渐与大学生渐行渐远。父母家长如温室般的呵护导致部分高校青年学子最基本劳动技能的缺失，养成了"衣来伸手，饭来张口"的不良生活习惯。部分大学生宿舍环境脏乱、不讲个人卫生、个性懒惰、做事拖延等，这些都反映出他们缺少基本的劳动技能与良好行为习惯。开展劳动教育，可以有针对性地弥补大学生劳动技能的缺失，帮助他们养成良好的行为习惯，促使他们更好地融入集体生活中，也为日后进入社会、实现人格独立打好基础。

知识是创造性劳动能力的基础，创造性劳动必须建立在一定的知识、技术、技巧、技能之上。随着科学技术的快速发展，大学生提高创造性劳动能力既要通过各方面知识的学习，来构建合理完整的知识体系，还要注重新知识、新技术、新工艺、新方法的应用以及在实践中培养和锻炼综合运用这些知识、技术、技巧的能力。

在大学生的学习过程中，基础知识、专业基础知识和专业知识是构成大学生知识结构体系基本框架最为关键的三类知识。完成创造性劳动不仅需要掌握一定的专业知识，其他方面的基础知识和专业基础知识同样发挥着重要作用。基础知识不仅包括与本专业直接相关的内容，还包括诸如社会生活中的一些常识类知识、思维方法知识、伦理道德和政策法规知识等。大学生如果在学习过程中只重视专业知识的学习，而忽视其他基础性知识的掌握，最终的结果就是知识面狭窄、基础知识薄弱、学习活动局限于某一专业领域，缺少一些必要基础理论知识修养，这必然会影响其创造性劳动能力的提升。大学生要提高自身的创造性劳动能力，必须要全面掌握基础知识、专业基础知识和专业知识，通过构建合理完整的知识体系为完成创造性劳动奠定坚实基础。

【案例 1-8】

在中国航天史上，"两弹一星"工程是具有里程碑意义的重大事件。

1999 年 9 月 18 日，中共中央、国务院、中央军委在《关于表彰为研制"两弹一星"作出突出贡献的科技专家并授予"两弹一星功勋奖章"的决定》中提到,大批优秀的科技工作者……他们和参与"两弹一星"研制工作的广大干部、工人、解放军指战员一起……完全依靠自己的力量,用较少的投入和较短的时间,突破了原子弹、导弹和人造地球卫星等尖端技术,取得了举世瞩目的辉煌成就。

新中国成立初期,我国刚进入国民经济恢复时期,但紧接着又进行了抗美援朝。在取得了抗美援朝的伟大胜利后,为保卫祖国、争取维护和平的权利,负责国防工业建设的聂荣臻元帅等老一辈无产阶级革命家敏锐地意识到,在科技、工业基础薄弱的中国,要想快速造出尖端武器,摆脱受制于人的局面,就必须分清主次,集中力量,有所为有所不为。

早在事业的起步期,中央便确定我国的国防尖端科技发展要坚持"自力更生为主,争取外援为辅"的方针。从1955年到1958年,中苏两国政府先后签订了6个有关协定,由苏联对中国提供技术援助,我国把仿制作为"爬楼梯"的第一步,在仿制中把技术吃透,为转入自行设计创造条件。但是,从一开始,苏联的援助就是有条件和有限度的。随着中苏关系的紧张和恶化,1960年7月苏联单方面毁约断援,8月撤走全部专家、带走全部资料,进入冲刺阶段的导弹仿制工作遭遇极大困难。对此,毛泽东明确指示:"要下决心搞尖端技术,尖端不能放松,更不能下马。"逼上梁山的航天人依靠自己的力量,用不到3个月的时间成功发射了我国自己制造的第一枚近程导弹。"争气弹"标志着仿制阶段的彻底结束、自行设计阶段的正式开始。

1956年2月1日,毛泽东在中南海怀仁堂宴请全国政协委员,将原本坐在第37桌的钱学森请到身边,交谈中,说了那句影响航天事业的话:"新生的、最有生命力的东西,总是在同旧的、衰亡着的东西斗争中生长起来的。"

1961年,党中央《关于加强原子能工业建设若干问题的决定》中指出:"为了自力更生突破原子能技术,加强我国原子能工业建设,中央认为有必要进一步缩短战线,集中力量,加强各有关方面对原子能工业建设的支援。"由此,在中央统一领导下,全国"一盘棋",集中26个部委、20个省(自治区、直辖市)、1000多家单位的科技人员大力协同、集中攻关。

1964年10月16日,罗布泊上空炸出了一朵巨大的蘑菇云,我国第一颗原子弹成功爆炸;1966年10月27日,我国使用东风二号甲中近程导弹成功地进行了一次导弹、原子弹结合实验,导弹非常精确地命中了目标。1970年4月24日,我国第一颗人造地球卫星发射成功,揭开了中国进入外层空间的序幕。

导弹、原子弹、"东方红一号"人造卫星这三项重大成果,就是准确意义上的"两弹一星"。以"两弹一星"为基础,我国又独立自主地研制成功了一系列液体、固体导弹,运载火箭,各类卫星、氢弹、中子弹等科技成果。

伟大的事业孕育伟大的精神,伟大的精神成就伟大的事业。"两弹一星"精神——热爱祖国、无私奉献,自力更生、艰苦奋斗,大力协同、勇于登攀也是"两弹一星"工程的成果之一。它是从事航天、核工业广大干部、职工与解放军指战员在长期科研、生产、试验实践中创造、提炼出来的,其形成过程是军工文化和现代企业文化在我国兴起的典型表现。

当前,科技发展日新月异,新形势和新任务更要求我们继承和发扬"两弹一星"精神,不断开创新时代国防科技工业和航天事业新局面。正如习近平总书记所说："'两弹一星'精神激励和鼓舞了几代人，是中华民族的宝贵精神财富""一定要一代一代地传下去，使之转化为不可限量的物质创造力"。

（来源：中国航天报；原标题：《我国为什么能在"一穷二白"的条件下创造"两弹一星"的奇迹？》）

三、有助于培养集体合作和创新创业意识

开展劳动教育有利于使大学生明确劳动的本质，即真切地懂得劳动是什么。把劳动教育融入大学生生涯成长发展的各个环节之中，渗透到学生学习、生活和实践的全过程，以劳树德，以劳育人，培养高素质的劳动人才是对高校提出的新任务、新课题。

马克思认为劳动是人的自由自觉的活动，习近平总书记指出："劳动是人类的本质活动"。劳动是人类赖以生存的实践活动，只有参与劳动的人，其自然属性和社会属性才能得到满足。就我国的劳动实践来说，为中华民族伟大复兴梦的实现而努力奋斗的劳动群众才是劳动的主体，使青年学生正确认识劳动，自觉成为劳动群众的一员，是高校劳动教育需要解决的首要问题。开展劳动教育有利于使大学生明确劳动的价值，即劳动将个体相互联结，有助于青年学生在社会实践中不断认识自我、发展自我。通过引导大学生参与到社会劳动之中，与他人共同参与劳动，共享劳动成果，在劳动合作中体察个体在集体中的作用，能够有效培养大学生的集体合作意识，增强沟通能力，引导大学生更为深入地理解个人与集体、个人与社会的关系，塑造担当社会责任的劳动品德、勇于创造的劳动精神、实干兴邦的家国情怀，使其在毕业后能够更好地融入社会、服务社会。

对当代大学生而言，劳动是创造未来的武器，是成就自我的工具，掌握必需的劳动知识与技能是其生存与发展的前提条件。在当前激烈的社会竞争中，一个缺乏劳动技能的人必然不能成为合格的劳动者，注定会被时代所抛弃。随着国家层面对高等教育的创新创业战略要求，只有掌握必备的劳动知识与技能的劳动者才是真正的有用人才。大学生已经走上社会发展与进步的大舞台，只有热爱劳动才能具有上进心和进取心，走上工作岗位才能真正做到爱岗敬业，才能成为实施创新驱动发展战略和推进大众创业、万众创新的生力军，才能进入社会主义现代化建设的主力军之中。大学生不仅需要牢固掌握专业学科知识，更需要提升自身各方面的综合素质能力。要充分利用好学校提供的创新创业实践平台资源，在劳动实践中培养创新创业意识，并将劳动实践知识运用到创新创业之中，同时在实践中尝试不同的创造性劳动方法，最终培育和提升自身的创新创业劳动能力。

【案例1-9】

南水北调工程是党中央、国务院决策兴建的缓解北方水资源严重短缺局面的重大战略性基础设施，其规划建设史是新中国建设史的集中体现。

1952年10月30日，毛泽东同志第一次提出南水北调的宏伟设想。随后，党中央统一指挥部署，几代人筚路蓝缕，接续奋斗，以功成不必在我的精神境界和功成必定有我的历

史担当，开展工程规划论证及建设工作。1958年8月29日，党中央在《关于水利工作的指示》中指出"全国范围的较长远的水利规划，首先是以南水北调为主要目的的"，这是"南水北调"第一次见于中央正式文件。1995年6月，国务院召开会议指出，南水北调是一项跨世纪的重大工程，关系到子孙后代的利益，一定要慎重研究，充分论证，科学决策。2000年9月，国务院召开南水北调工作座谈会，专题研究部署南水北调工作。2002年8月，国务院召开会议，审议并通过了《南水北调工程总体规划》。至2002年年底工程开工，经历50年科学论证和50多个方案比选，开展了一系列跨学科、跨部门、跨地区的联合研究，110多名院士献计献策，成千上万名水利科技人员接续奋斗。工程的开工建设，是反复论证、慎重决策的结果。经过12年艰苦奋战，南水北调东、中线一期工程于2014年12月12日全面建成通水。

南水北调这一大国重器，离不开科技工作者和建设者攻坚克难、匠心铸造。东线一期工程和中线一期工程全长共2899公里，配套线路5500多公里，各类单位工程2700多个，土石方量16亿方，是三峡工程的12倍，混凝土量4200万方，是三峡工程的2.5倍，与数百条河流、50多条铁路和1800多条公路交叉，沿线大大小小建筑物超3000座，可以说南水北调是工程建筑的"博物馆"和"展览馆"。无论是世界规模最大的调水工程、世界规模最大的泵站群和世界规模最大的"U"型输水渡槽工程，还是国内穿越大江大河直径最大的输水隧洞、国内规模最大的大坝加高工程，抑或攻克世界公认为"工程癌症"——膨胀土处理、世界首次大管径输水隧洞近距离穿越地铁下部，均取得了一系列重大突破，创造了多项世界纪录。同时，取得新产品、新材料、新工艺等63项成果，填补了多项国际国内空白，申请国内专利110项。一渠清水，承载着一部厚重历史，凝结了上万科技工作者的智慧，数十万建设者的匠心，还有四十多万移民舍小家、为大家的情怀。

六年多的通水实践证明，南水北调是我国改革开放和社会主义现代化建设取得的重大成就，是我国社会主义制度集中力量办大事的生动实践。中国共产党几代领导人擘画、重视，目标明确、接力奋斗，充分体现了党中央集中统一领导的体制优势，实施中最大限度地凝聚思想、形成共识，有效解决投资保障、征地移民、治污环保、技术攻关等重大问题，妥善处理各方利益关切，各地区、各部门同心协力，高效联动，全国一盘棋、上下一条心，是社会主义制度调动各方面资源、统一各方面行动、高效有力办大事的突出标志和集中展示。南水北调工程彰显了中国特色社会主义制度和国家治理体系的鲜明特点和显著优势，彰显了中国共产党领导下的中国智慧、中国速度和中国力量。

(来源：《光明日报》；原标题：《集中力量办大事的生动实践》)

【案例1-10】

来自农村的杜好田，是西北农林科技大学水土保持研究所2017级的一名在读硕士研究生。求学路上踏实认真的他，曾获"大学生自强之星"称号，还多次获得学校的各类奖助学金。

在校期间，他主动申请加入研究生助力团，并成为陕西省镇巴县兴隆镇的挂职科技副镇长。在兴隆，他发现这里的土豆种植面积大、品质好，可是由于大山阻隔、交通不便，好土豆却常常滞销，甚至只能拿去喂猪。

看在眼里、急在心上的杜好田，经多方联系，在2018年为当地引进了西北农林科技大学研发的彩色马铃薯，并在此基础上开发出独具特色的彩色马铃薯锅巴，帮助村民增收致富。

变成彩色锅巴的彩色马铃薯，迅速打开了销售渠道，为当地解决了土豆滞销的老大难问题。为更好地帮助当地村民，杜好田决定将彩色锅巴产业化，他带领创业团队建厂，实现了彩色马铃薯的就地种植、就地加工生产。

为提升彩色马铃薯生产线建设，本该在2020年6月毕业的杜好田，向学校提出了延迟毕业一年的申请，这个决定最终得到的导师的支持。

2021年年初，每年可加工5000吨锅巴的生产线正式投产。据介绍，这套生产线将为每吨彩色马铃薯提高附加值1000元到1500元。

目前，杜好田的团队已帮扶几十户农户。在他看来，"扶贫是使命，能参与其中就感觉很荣幸"。

（来源：《中国青年报》；原标题：《火了！为研发彩色马铃薯锅巴西农大学生申请延期毕业》）

本章小结

劳动是人类的本质活动，劳动光荣、创造伟大是对人类文明进步规律的重要诠释。劳动可以树德、可以增智、可以强体、可以育美。中华民族是勤于劳动、善于创造的民族。社会主义建设者和接班人要有所作为，就必须投身于民族复兴的伟大事业中去。一代人有一代人的奋斗，一个时代有一个时代的担当。习近平总书记曾寄语青年大学生："有信念、有梦想、有奋斗、有奉献的人生，才是有意义的人生。当代青年建功立业的舞台空前广阔、梦想成真的前景空前光明，希望大家努力在实现中国梦的伟大实践中创造自己的精彩人生。"广大青年生逢其时，也重任在肩。

当前，我国在劳动教育中存在着一定的薄弱环节和问题，青年大学生劳动机会减少、劳动意识缺乏，出现了一些学生不会劳动、轻视劳动、不珍惜劳动成果的现象。这些状况不利于青年大学生的健康成长。我们的国家正在走向繁荣富强，我们的民族正在走向伟大复兴，我们的人民正在走向更加幸福美好的生活。同人民一起奋斗，青春才能亮丽；同人民一起前进，青春才能昂扬；同人民一起梦想，青春才能无悔。

思 考 题

1. 劳动的概念及内涵是什么？劳动具有怎样的独特价值意义？
2. 简述劳动工具的演变历程及劳动形态的历史演进。
3. 谈一谈当代青年学生接受劳动教育的重要意义。

第二章

马克思主义劳动观

"哲学家们只是用不同的方式解释世界,而问题在于改造世界。"

——马克思《关于费尔巴哈的提纲》

马克思认为,"全部人的活动迄今为止都是劳动"。劳动是马克思主义思想体系中的核心概念,从某种程度上讲,马克思主义的整个思想体系是围绕着劳动问题展开的,《1844年经济学哲学手稿》提出了"异化劳动",《德意志意识形态》提出了"物质生产劳动",《资本论》和很多手稿则是围绕"雇佣劳动""剩余劳动""自主劳动"等展开论述的。马克思把劳动比喻成整个社会围绕其旋转的太阳,劳动是人类生存的本质,人类的发展过程就是劳动的发展史。

第一节 劳动与人类

马克思在《1844年经济学哲学手稿》中指出,"正是在改造对象世界中,人才真正地证明自己是类存在物。这种生产是人的能动的类生活。通过这种生产,自然界才表现为他的作品和他的现实。因此,劳动的对象是人的类生活的对象化:人不仅像在意识中那样理智地复现自己,而且能动地、现实地复现自己,从而在他所创造的世界中直观自身"。劳动是日新月异的,人类随着不断更新的劳动而发展,劳动是社会经济生活的实质内容。正是从劳动的发展史中,马克思找到了理解人类历史的关键钥匙。

一、劳动创造人

马克思主义认为,劳动创造了人本身。恩格斯在《劳动在从猿到人转变过程中的作用》中指出:"经济学家说:劳动是一切财富的源泉。其实劳动和自然界一起才是一切财富的源泉,自然界为劳动提供材料,劳动把材料变为财富。但是劳动还远不止如此。它是整个人类生活的第一个基本条件,而且达到这样的程度,以致我们在某种意义上不得不说:劳动创造了人本身。"

人的形成有一个从"类人猿"到"正在形成中的人"再到"完全形成的人"的历史过程。在此过程中,劳动起着决定性作用。

首先,劳动完成了类人猿的手脚的彻底分工,并促进了类人猿的手脚的专门化发展。来到地面生活的古猿,"手和脚的运用已经有了某种分工",并且开始直立行走,但此时的手脚协调能力还不完善。在古猿"动物式的本能的劳动形式"的长期锻炼中,手脚的彻底与分工专门化发展才得以完成。

第二章 马克思主义劳动观

图 2-1 类人猿进化历史过程

【案例 2-1】

直立行走和手脚的彻底分工，对人的体质形态的形成及其能力的发展具有重要的意义。一方面，它扩大了古猿的视野，为附着于头上的各种感觉器官（眼、耳、鼻）和发音器官（喉管、口腔）的发展创造了条件，并使大脑接收和处理的信息急剧增加，从而也促进了大脑的发展。另一方面，它解放了猿的前肢，使前肢从撑持身子的重负中解脱出来，专门从事获食和御敌的活动，从而使古猿生存的能力显著增强。更为重要的是，由于古猿经常用前肢把握自然界现成的"工具"从事各种取食和御敌的活动，这就使前肢日益灵活并精巧，"而这样获得的较大的灵活性便遗传下来，一代一代地增加着"，从而使猿的前肢逐渐地变成了人的手。所以恩格斯说："手不仅是劳动的器官，它还是劳动的产物。""手的专门化意味着工具的出现，而工具意味着人所特有的活动，意味着人对自然界进行改造的反作用，意味着生产。"所以，恩格斯称直立行走和手脚的彻底分工"完成了从猿转变到人的具有决定意义的一步"（图 2-1）。

其次，劳动完成了类人猿的发音器官的改造，并为语言的诞生创造了条件。随着原始劳动规模的不断扩大，古猿生理结构和心理特征的日益完善和发展，为了更好地协调彼此之间的活动，"这些正在形成中的人，已经到了彼此间有些什么非说不可的地步了"。随着交流的不断增多，类人猿的发音器官缓慢地然而肯定地得到改造，逐渐地引起了语言的出现。

最后，劳动完成了类人猿的大脑和感觉器官的改造，形成了人的心理感知及抽象思维能力，创造了人们所特有的思维意识。由于劳动和语言的推动，这些"正在形成中的人"的脑量不断增大优化，人类体态特征越来越区别于猿而近似于现代人，而且使劳动工具日益改进和多样化，人类智力得到进化，物质生活逐渐丰富起来。人不仅能从周围环境中获得较之猿类更加丰富的感性印象，而且能借助语言把这些感性印象概括起来和巩固下来，从而使人的意识所特有的抽象思维能力形成和发展起来。这种能够借助语言进行抽象思维的人，已经是"完全形成的人"。

就这样，"首先是劳动，然后是语言和劳动一起，成了两个最主要的推动力，在它们的影响下，猴的脑髓就逐渐地变成人的脑髓"。正因为人的体质形态、心理特征以及意识和语言都是在社会劳动的作用下形成的，所以恩格斯说"劳动创造了人本身"。

恩格斯在《自然辩证法》中着重论述了劳动在人类起源中的重要作用，指出了劳动是人类区别于其他动物的根本标志，并阐述了人类应该怎样成为自然界真正的主人，从而搭建了马克思主义劳动观从自然科学过渡到社会科学，从自然辩证法过渡到历史辩证法的桥梁，在马克思主义理论当中具有重要的地位。此后，学术研究领域以此为基础，诞生了以研究"人的科学"为价值追求的马克思主义人学理论。

二、马克思主义劳动观的基本内涵

马克思曾对劳动过程进行过深入的考察，认为"劳动首先是人和自然之间的过程，是人以自身的活动来中介、调整和控制人和自然之间的物质变换的过程"。这一界定，解释了劳动范畴最广泛的含义。一方面，劳动包括人与自然界之间的物质变换过程，是创造有形的使用价值的过程，即创造物质财富的过程；另一方面，劳动也包括由人和自然界之间的物质变换引起的任何自身所处的社会之间、人与人之间的物质变换过程，是创造无形的使用价值的过程，即创造精神财富的过程。

关于劳动本质的问题，学术界存在两种观点。一种观点认为劳动的本质是劳动力的使用，是由劳动、需要、交往、意识四个要素构成的，其中劳动是核心。在《资本论》中，马克思指出"劳动力的使用就是劳动本身"。正是劳动使人类区别于动物，并体现其社会存在，人的本质得以规定，并在满足需要的过程中形成交往和意识。另一种观点认为劳动的本质是作为现实个人的对象性活动，因为"劳动的产品是固定在某个对象中的、物化的劳动，这就是劳动的对象化。劳动的现实化就是劳动的对象化"。

马克思认为劳动是体现人的本质的核心要素。他指出，劳动是人特有的活动，也是人类最基本的实践活动，劳动不仅创造了人本身，还促进了人类社会的形成。人类是劳动中起源的，而动物只有本能活动，它们不能劳动，也没有能动意识。因而，劳动是人与动物的本质区别。

从以上论述可以看出，第一，劳动是人的客观物质活动。第二，劳动是人有目的的能动的活动。第三，劳动一开始就是社会活动。劳动的目的、方式和劳动能力的发挥都受到当时社会历史条件的限制。第四，人的劳动具有双重效果，即劳动不仅改变了劳动对象，同时在劳动中也改变了人本身及其人类的社会状况。

由此，我们可以将劳动简单定义为：劳动是人类特有的，为满足自身的物质精神发展需要，有目的地、能动地调整和控制人和自然界之间物质交换过程的对象性、现实性社会实践活动。

三、劳动的主要特性

在给劳动概念初步定义之后，劳动还具有四个主要特性。

（一）劳动的人类专属性

从表面上看，劳动作为一种活动，是对自身生活有用的自然物质的占有，这与自然界的动物的活动没有什么区别。如蜘蛛通过织网来捕食猎物，蜜蜂通过建筑蜂房来储存蜂蜜，燕子通过衔草筑巢来繁殖后代。然而，动物的这些活动，并不能称为劳动，因为它是一种动物生存的本能。人的劳动和动物的本能活动最不同的地方，是在于人的劳动是具有自觉意识支配的、能动的和具有一定目的的活动。

（二）劳动的自觉意识和能动性

劳动的人类专属性集中体现于它的自觉意识和能动性。马克思指出："蜘蛛的活动与织工的活动相似，蜜蜂建筑蜂房的本领使人间的许多建筑师感到惭愧。但是，最蹩脚的建筑师从一开始就比灵巧的蜜蜂高明的地方，是他在用蜂蜡建筑蜂房以前，已经在自己的头脑中把它建成了。"人类的劳动不仅知道为什么去做，怎样去做，而且知道将会做成怎样，从而为人类劳动和动物本能活动之间划开了清晰的界限。

（三）劳动的创造性

劳动是具有目的的活动，但有自觉能动意识、有目的性的活动，并不都是劳动。因为人是有意识和思想的，人的一切活动都受意识的支配，只有那些能够创造出物质财富和精神财富的创造性活动，才能称为劳动。例如，消费性活动也是能动的、有意识的活动，但是不能称为劳动。

（四）劳动的革命批判性

劳动是推动社会变革进步的现实性物质力量，在社会关系中，联合起来的劳动人民是历史的创造者。马克思在《〈黑格尔法哲学批判〉导言》中明确指出："批判的武器当然不能代替武器的批判，物质力量只能用物质力量来摧毁；但是理论一经群众掌握，也会变成物质力量"，并进一步提到："理论只要说服人，就能掌握群众；而理论只要彻底，就能说服人。所谓彻底，就是抓住事物的根本。"事物的根本即是人的根本，人的根本就是人本身。即是说，劳动与接受了科学理论武装的人民群众的联合是具备摧毁一切旧世界的强大力量，是最具现实性、最具革命性的"武器的批判"。

第二节　劳动与社会进步

在马克思看来，劳动是一切历史的基本条件，有了人类的劳动这一满足人类生存必需的前提，才有了人类历史。他充分肯定了劳动对于整个人类和人类历史的重要意义，同时进一步强调："任何一个民族，如果停止劳动，不用说一年，就是几个星期，也要灭亡，这是每个小孩子都知道的"。在人的形成和人类社会诞生和发展的过程中，劳动起着决定性作用，正是由于劳动，人类告别了刀耕火种的蒙昧时代，走向文明。

一、唯物史观与人类劳动

作为思想家，马克思一生有两个最伟大的发现，即唯物史观和剩余价值规律，这两大发现是以哲学和政治经济学的方法，将劳动以及劳动者作为基本出发点展开的科学理论研究。其中，唯物史观是发现剩余价值规律的前提和基础，剩余价值学说是对唯物史观的验证和发展。恩格斯认为，与费尔巴哈对抽象人崇拜的唯心史观不同，唯物史观是"关于现实的人及其历史发展的科学"。

唯物史观研究的是社会历史的总体规律性，对于马克思来说，社会是由人的相互作用和相互关系构成的；社会历史实质上是人的劳动史和人在劳动中的自我发展史。正是在对劳动充分深入的研究中，马克思形成了一系列科学的理论观点。简要梳理如下：

① 在人和自然的关系中，自然界对于人的优先地位，世界历史不外是人通过人的劳动而诞生的过程。

② 在人和社会的关系中，社会本身即处于社会关系的人本身，人的本质在其现实性上是一切社会关系的总和。

③ 在人和劳动的关系中，人是劳动的前提，也是劳动的结果，社会生活本质上是实践的，自由自觉的劳动是人的类特性。

④ 在人和历史的关系中，人是剧作者，也是剧中人，社会历史规律也即人的活动规律。

⑤ 在个人和群众的关系中，历史是群众的事业，各个人的意志产生的无数个力的平行四边形融合为一个总的合力。

⑥ 在个人和阶级的关系中，人的个性受到非常具体的阶级关系所制约，社会发展就是由"偶然的人"向"有个性的人"转变，最后达到"自由个性"。

二、价值、资本与人类劳动

人类的一切活动,包括经济活动、政治活动与文化活动,在本质上都是价值的劳动,都是各种不同形式的价值不断转化、循环、增殖的过程,只有通过劳动,才能实现这种价值的循环。劳动通过作用于自然物,解决了人类吃、穿、住、行的问题,推动了社会生产力的发展。只有生产力的发展,才能进一步促进物质的丰富,才能充分满足每个社会成员的需要,社会发展才能得以持续。

(一) 劳动与物质资料的生产

人类为了满足其生存和发展的需要而进行的物质资料的生产活动,是人类社会最直接、最现实的基础,是人类社会生活的起点。不同类型的生产方式决定了社会生活与文化的不同形貌,甚至也对人口自身的生产和环境资源产生了不同的影响,从而改变着社会运行的人口、环境与文化条件。

在《家庭、私有制和国家的起源》的第一版序言(1884)中,恩格斯指出:"根据唯物主义观点,历史中的决定性因素,归根结底是直接生活的生产和再生产。但是,生产本身又有两种。一方面是生活资料即食物、衣服、住房以及为此所必需的工具的生产;另一方面是人自身的生产,即种的繁衍。一定历史时代和一定地区内的人们生活于其下的社会制度,受着两种生产的制约:一方面受劳动的发展阶段的制约;另一方面受家庭的发展阶段的制约。劳动越不发展,劳动产品的数量、从而社会的财富越受限制,社会制度就越在较大程度上受血族关系的支配。"

马克思在《德意志意识形态》中明确指出:"我们首先应当确定一切人类生存的第一个前提,也就是一切历史的第一个前提,这个前提是:人们为了能够'创造历史',必须能够生活。但是为了生活,首先就需要吃喝住穿以及其他一些东西。因此第一个历史活动就是生产满足这些需要的资料,即生产物质生活本身,而且正是这样的历史活动,一切历史的一种基本条件,人们单是为了能够生活就必须每日每时去完成它,现在和几千年都是这样。"

因此,物质资料的生产方式,从最简单的意义上讲就是指人们运用生产资料进行生产以保证自己生活的方式,生产方式并非是抽象的、静止的,它总是与一定的历史阶段、一定的生产条件和社会形态相联系的。

(二) 物质资料生产方式的基本特征

根据马克思、恩格斯的阐述,可以概括出物质资料生产方式所具有的客观性、社会性、历史性三大基本特征。

第一，客观性。无论任何社会，生产方式作为人们保证自己生活的方式，实际上都并不是人们主观规定和选择的，而是由一定的社会生产力发展水平所客观决定的。生产力对生产方式的决定作用主要表现在两个方面：一方面生产力状况决定生产方式的性质，也就是生产力各种要素（劳动者、生产资料与科学技术）的性质和生产社会化程度，从根本上决定着生产方式的性质。另一方面生产力的发展必然引起生产方式的变革。无论是从小生产方式向资本主义生产方式的转变，还是从资本主义生产方式向未来联合生产方式的过渡，都只是生产力发展的客观要求与必然结果。换言之，生产方式无论其存在还是其变革，都是不以人的意志为转移的，人们不可能脱离或超越一定的生产力发展水平而随意地选择和人为地改变生产方式。

第二，社会性。生产方式不仅是由一定的生产力水平客观地规定的，也总是与一定的生产关系，进而与特定的社会形态密切联系、不可分割的。一定的生产方式必然产生或形成与之相适应的生产关系。在马克思看来，物质资料的生产方式从根本上决定着生产资料的占有方式。同时，物质资料的生产方式决定着消费资料的分配方式："消费资料的任何一种分配，都不过是生产条件本身分配的结果；而生产条件的分配，则表现生产方式本身的性质。"因此，生产方式必然地与一定的社会形态相联系，超脱于一定社会形态的所谓一般的、自然的或抽象的生产方式是根本不存在的。

第三，历史性。生产方式总是与一定的经济社会发展阶段相联系。任何生产方式，必定都体现为一定历史阶段的特殊的生产方式，不存在一种永远不变、普遍适用于任何历史阶段的永恒的生产方式。生产方式之所以具有历史性，是因为它所产生与存在的生产力基础是不断发展变化的。新的生产力的获得，必然使生产的技术条件与社会条件发生变革，从而必然出现新的生产组织形式及新的劳动与生产资料的结合方式，也必然出现生产者之间新的社会经济联系形式，并使社会生产过程的调节方式不断发生新的变化，由此必然改变人们的生产方式，带来社会的根本变革。

（三）劳动生产是社会发展的基础

物质资料的生产活动是人类社会最基本的活动，无论是个体生命的维持，还是他人生命的生产，都取决于一定的物质资料基础。马克思指出："物质生活的生产方式制约着整个社会生活、政治生活和精神生活的过程。不是人们的意识决定人们的存在，相反，是人们的社会存在决定人们的意识。"

劳动生产之所以是社会存在和发展的基础，首先是因为人类生产活动的特殊性。相较于动物的"生产"而言，人类的生产是全面的。动物只是在直接的肉体需要的支配下生产，而人甚至不受肉体需要的支配也进行生产，并且只有不受这种需要的支配时才进行真正的生产。动物只生产自身，而人再生产整个自然界和人类社会。人与人之间在生产中所形成的关系一经产生，就具有了一种特殊的性质，并且成为所有社会关系，进而是社会的起点和基础。

（四）马克思劳动价值理论

马克思劳动价值理论是马克思主义政治经济学的出发点和理论基础。在马克思之前，资产阶级古典政治经济学家已经奠定了劳动价值论的基础。但是，古典政治经济学的一个根本缺陷就在于没有提出科学的劳动范畴，因而没有解决什么样的劳动创造价值的问题，从而导致其理论体系内在的逻辑矛盾和最终破产。马克思在前人的研究基础上，通过对劳动深刻系统的分析，创立了科学的劳动价值理论。

1. 资本与劳动的矛盾对立

马克思的劳动价值理论的核心是围绕劳资关系(劳动—资本关系，下同)而对资本主义社会经济生产展开的彻底审视与批判。在他看来，劳资关系实际上可体现为劳动力商品购买方(资本)与劳动力商品出售方(劳动)在实现资本主义生产过程中所缔结的一种社会经济关系，人类在劳动过程中，既生产着赖以生存的物质条件，又生产着历史性的人与人之间的社会关系，即生产关系。

马克思在政治经济学领域内对劳动的社会规定性着重加以甄别，指出人类的劳动力"在特殊的有一定目的的形式上的耗费"，生产种类各异的特定产品，为"异质"性的具体劳动；而人类劳动力在生理学意义上的耗费，可作为广义上的一般劳动损耗，为"同质"性的抽象劳动。据此，马克思提出了劳动二重性是商品价值二重性产生的根源，即具体劳动生产商品的使用价值，抽象劳动形成商品价值，商品价值的本质是凝结在商品中的无差别的人类劳动。因此，"资本主义经济条件下的劳动力只能是商品"。

进而，在资本主义生产中，劳动不再是自由自觉，而是异化为自身的异己力量——劳动力商品，进入流通领域与资本实现价值交换，进入生产领域而被迫从事剩余价值生产。此时的"活劳动"已经完全沦落至依附于"死劳动"而生存，并充当不断迫使自己交换价值增殖的工具，因为不进行价值交换，劳动力就会失去基本的生存依靠。人格化的资本和被异化的劳动，是资本主义生产关系的基本内容。因此，在资本主义生产关系中，资本与劳动具有天然的不可调和的矛盾对立性。

2. 资本与劳动的历史统一

劳动者、劳动对象、劳动工具是构成生产力的三要素，其中劳动者是人格化的劳动，生产资料可作为资本的羽化形式，在这个意义上，劳动和资本正是生产的基本要素。因此，资本和劳动在共同推动社会生产力发展这一层面上的有机结合，对于促进社会经济发展乃至人类历史进步具有重要的理论和现实意义。资本与劳动的统一性主要体现在以下三个方面：

一是资本与劳动相互依存、互为价值。就劳动而言，资本原始积累与初级社会分工后，劳动与生产资料相分离，使得提供劳动的一方将自身劳动力作为商品出售给资本方，以维持基本生存需要，而社会分工的不断发展则使得劳动提供者无法独立完成一项工作，提供商品成品，劳动只有在资本为其提供的条件与环境下才能得到充分利用、实现价值。就资本而言，生产资料、生活资料、货币等作为积累的财产时，它只能称为资产而非资本，只有作为占有剩余价值、剥削工人、实现价值增殖的手段与关系时才是真正的资本；要想占有、剥削劳动，资本就必须先购买工人的劳动力，借以获得能够带来增殖的劳动。由此可见，资本与劳动是实现价值的"一鸟双翼"，缺一不可。

二是资本与劳动分工协作，为实现生产社会化奠定物质基础。人类从事物质资料生产的前提条件是资本与劳动相结合。资本与劳动的分工协作，促进了劳动生产率的提高、熟练工人的培养、能源资源节约等，为人类社会由分散的工场手工业生产向机器大工业生产过渡奠定了雄厚的物质基础。就人类社会发展进程而言，资产阶级占统治地位的历史时期，其核心使命就是为建立新社会形态而攒足充足的物质基础：一方面推动科学技术创新发展，大力提升人类社会生产力；另一方面建立全人类相互依赖、命运与共的基础性"世界交往"，并不断革新践行此类交往的工具。

三是资本与劳动相统一，为人类自由全面发展提供必要准备。资本获得剩余价值一般有两个途径：其一是通过延长劳动者的绝对劳动时间而获得剩余价值，但这一方法通常会受到法律、道德或工人的生理因素制约，是为次要手段；其二是通过缩短必要劳动时间而获得相对剩余价值。在激烈的社会竞争中，资本家为了获得更多剩余价值而不断引进先进技术、改良劳动生产方式、培育素质较高的工人，这样以变革生产为核心的激烈竞争在客观上便造就了社会生产力的普遍提高。随着科学进步、技术创新、机器化大生产不断推广，用于规模性产品生产的社会必要劳动时间大幅减少，为资本创造出更多的相对剩余价值；而事实上，此刻的资本是有违自身意志的——它的增殖本性促使社会必要劳动时间不断缩减，却为全体社会成员特别是广大劳动者自身发展争取更加充分的可自由支配时间创造了条件，为全人类实现自由全面发展提供了必要准备。

三、马克思主义对未来社会劳动形态的预见

在马克思理论成熟时期的一些著作中，对于本来意义上的劳动，即作为人的自主的生命活动的一般人类劳动，作为人的个性和才能发挥的劳动，马克思并没有加以否定，

相反，马克思多次谈到未来社会的劳动形式。例如，联合劳动者的劳动、职业的自由变换、全面发展的劳动者的劳动、劳动时间的缩短和劳动的普遍化、一般剩余劳动的继续存在和社会必要劳动时间的缩短等。马克思曾经设想，直接劳动（活劳动）的具体形式、范围和地位会在未来社会发生变化，马克思已经看到，未来社会的财富创造较少地取决于直接劳动，而是取决于复杂劳动、科学劳动和管理劳动，与此相适应，财富的尺度也不是劳动时间，而是劳动者可以自由支配的用于人的全面发展的"自由时间"。

可见，劳动并不是一个单纯的物质变换过程，而是要受到一定的社会经济关系制约的。对于劳动的认识不能拘泥于是不是物质变换过程，而必须结合时代的实际不断地深化其内涵。马克思关于劳动的学说体现了深刻的社会历史性，为我们深化对劳动与人类社会的发展规律奠定了坚实的理论基础。

【延伸阅读2-1】

社会分工与劳动形态的演变

考察人类社会发展的历史，我们不难发现，生产力的发展直接推动了社会分工，而社会分工的发展推动了劳动形态的变化，它既促进了劳动内涵的深化，又拓展了劳动的外延。

大约在公元前4000年，随着生产力的发展，畜牧业开始从农业中分离出来，出现了专门从事牧业和农业的部落，这是人类第一次社会大分工。在牧业和农业发展的同时，手工业也有了一定的发展，人类从用天然铜来制作工具到用冶炼铜来制作工具，这样，手工业渐渐从农业、牧业中分离出来，形成了专门的行业，这是人类第二次社会大分工。在这次社会大分工以后，由于出现了农业、牧业、手工业，人们已经不是为自己进行生产，而是为交换进行生产，商品交换成为必要。到了奴隶社会初期，又出现了专门从事商品交换的商人，商人从农业、牧业、手工业中分离出来，形成第三次社会大分工。事实上，随着生产力和人们的消费需求的发展，社会分工仍在继续，在现代社会，交通运输业、文化娱乐业、金融业等行业相继出现，这些主要为生产和消费提供服务的服务业的形成是新的一次社会分工。

在经济社会的发展过程中，几乎每一次重大的科技创新都会导致新的社会分工。例如，人类发明了电以后，就出现了电气设备制造业、发电业、电器产品制造业；电子计算机技术产生以后，也出现了计算机制造业、软件产业、计算机服务业；可见，只要存在商品生产和商品交换，只要科学技术不断发展，社会分工就不会停止。

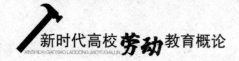

第三节 劳动与人的自由全面发展

人的全面发展是马克思主义的基本原理之一,也是我国教育方针的理论基石。

无论是自然界、人类社会还是人的思维都在不断地运动、变化和发展;发展的实质是事物的前进和上升;人类社会的发展是前进性与曲折性的统一。马克思以异化劳动理论为基础,尖锐批判了资本主义社会的异化扭曲人的本质。在私有制条件下,本应是"自由自觉的活动"的生产劳动却变成了异化劳动,劳动本身成为劳动者的一种异己的力量。从本质上来看,劳动异化折射出的恰恰是因私有制而导致的无产阶级和资产阶级的对立。在马克思看来,在未来的共产主义社会里消灭了旧式的社会分工,消灭了异化劳动,将人的本质重新还给人,从而实现人的自由全面发展。正是在以上论述的基础上,马克思深刻指出,生产劳动同智育和体育相结合,它不仅是提高社会生产的一种方法,而且是造就全面发展的人的唯一方法。

【延伸阅读 2-2】

人的全面发展是马克思主义的核心价值。习近平总书记曾这样论述人的本质和人的发展:"人,本质上就是文化的人,而不是'物化'的人;是能动的、全面的人,而不是僵化的、'单向度'的人。人类不仅追求物质条件、经济指标,还要追求'幸福指数';不仅追求自然生态的和谐,还要追求'精神生态'的和谐;不仅追求效率和公平,还要追求人际关系的和谐与精神生活的充实,追求生命的意义。"

一、人的全面发展的基本内涵

人的全面发展思想是由马克思、恩格斯最早提出来的。在《1844 年经济学哲学手稿》中,马克思通过对劳动和生产的深刻分析,指出共产主义是使人以一种全面的方式、作为一个"完整的人"占有自己的全面的本质。在《德意志意识形态》中则第一次正式使用"个人的全面发展"这一概念。后来马克思和恩格斯在《共产党宣言》中把人的发展概括为"每个人的自由发展是一切人自由发展的条件"。《资本论》的问世,标志着马克思主义关于人的全面发展思想的成熟,认为每个人的自由而全面发展是共产主义的基本原则。

理解人的全面发展,首先要理解关于人的三个重要论断。

第一,自由自觉的劳动是人的类特性。马克思认为,作为类存在物,人是劳动的产物,也是劳动的主体。劳动是人和动物的最后的、本质的区别。劳动的产生,就是人类的产生;劳动的发展,就是人的发展。人只有通过劳动在改造客观世界的同时才能改造自己本身，在劳动发展中获得自身的发展。在此意义上，人的发展实质上就是人的劳动的发展、人的劳动能力的发展。

第二，人的本质是一切社会关系的总和。马克思指出，人是社会关系的产物和社会关系的主体。人的存在无不历史地受到他在具体的社会关系体系中的地位所制约，人的发展无不现实地表现在具体的社会关系变革中。正是社会关系的不同，使我们得以区分不同时代的人和同一时代不同阶级、阶层的人，得以了解人的国民性、民族性、阶级性。在此意义上，人的发展就是人的社会关系的发展，就是人的社会交往的普遍性和人对社会关系的控制程度的发展。

第三，人是自然、社会和精神的统一体。马克思指出，人是世界上最复杂的存在物。人的存在是自然存在、社会存在和精神存在的统一，人的需要是自然需要、社会需要和精神需要的统一，人的活动是自然活动、社会活动和精神活动的统一。人是由自然因素、社会因素和精神因素构成的有机整体。人的发展就是在社会实践基础上人的自然素质、社会素质和心理素质的发展，就是在人的各种素质综合作用的基础上人的个性的发展。

在马克思看来，真正的人的发展只能是全社会的每一个人的发展，而不能是一部分人的发展和另一部分人的不发展，因为"一个人的发展取决于和他直接或间接进行交往的其他一切人的发展"。资本主义的现实说明，工人经常地为满足最迫切的生存需要而进行斗争，失去了全面发展的可能性，而作为资本代言人的资本家，虽然可以实现一定程度上的"领先"发展，但这种发展是片面的发展，也是不可持续的发展。

此外，人的发展不仅应当是全面的，而且应当是自由的。人的"自由发展"是指人作为主体的自觉、自愿、自主的发展，是为了自身人格完善和促进社会进步而发展，是把人作为目的而发展。马克思批判了私有制条件下分工的片面性和强迫性，提出到了共产主义社会每个人都可以得到自由发展。因为只有在共产主义社会，才能彻底打破旧式分工，消灭剥削和压迫。此时，人无论是作为猎人、渔夫还是批判者，都不再是作为他人致富的工具和个人谋生的手段，而是为了满足人的自我发展、自我实现的需要。

综上所述，人的全面发展即是"人以一种全面的方式""作为一个完整的人，占有自己的全部的本质"，就是作为目的本身的人的本质力量的全面发展。与人的本质规定相联系，人的全面发展表现为人的劳动及其能力的全面发展、人的社会关系的全面丰富和人的个性的自由实现。

二、人的全面发展的先决条件

人的全面发展并不是天然的、绝对的，而是受制于一系列的自然条件和社会条件。人的发展首先立足于人类社会的经济物质基础，即以物质资料的生产为前提，受到劳动者素质、劳动工具、劳动水平等方面的制约。这种制约集中体现于经济所有制。

第一，物质基础的不平等决定了人的发展的不平等。马克思在《德意志意识形态》中指出："分工发展的各个不同阶段，同时也就是所有制的各种不同形式。这就是说，分工的每一个阶段还决定个人的与劳动材料、劳动工具和劳动产品有关的相互关系。"在《资本论》中，马克思探讨工人与资本家的关系，揭示资本主义社会"人的异化"、社会环境的"非人的性质"，以及工人承担全部的义务，资本家拥有全部的权利等不合理现象，认为这些都是由资本主义财产所有制决定的。

第二，人的个性化发展受制于经济物质基础。马克思结合原始社会及其解体的历史指出，人的个性发展不是社会的自然实现，不是个人的自我完成，而是不可避免地受到经济所有制关系、社会经济条件的制约。他说："先是个性摆脱最初并不是专制的桎梏（如傻瓜梅恩所理解的），而是群体即原始共同体的给人带来满足和乐趣的纽带——从而使个性的片面发展。但是只要我们分析这种个性的内容即它的利益，它的真正性质就会显露出来。那是我们就会发现，这些利益又是一定的社会集团共同特有的利益，即阶级利益等，所以这种个性本身就是阶级的个性等等，而它们最终全都以经济条件为基础。"

第三，人的全面发展依赖于社会共同体的整体进步。马克思主义认为个人与社会是统一历史进程的两个侧面，社会的构成离不开人，人的存在也离不开社会；作为社会的存在物，人的发展是人类共同体变迁的组成部分。马克思和恩格斯指出："既然人天生就是社会的，那他就只能在社会中发展自己的真正的天性；不应当根据单个个人的力量，而应当根据社会的力量来衡量人的天性的力量。"而且，"人总是生活在社会中的"，因此，"只有在共同体中，个人才能获得全面发展其才能的手段"。同时，个人的私人利益和社会的普遍利益总是相互伴随的；每一个人的利益、福利和幸福同其他人的福利有不可分割的联系。正因如此，在马克思看来，正像社会"生产"了人一样，人也生产社会。人的社会关系体现了人的本质的具体性、实践性、动态性，并反映着人的全面发展的理想性与实践性、可能性与现实性。随着社会的进步，在人的发展的高级阶段，个人通过自由地发展个性，成为有个性的个人、真正的个人、能够实现自由的个人，这样的个人表现了一种新的社会本质，马克思将这样的社会视为新的联合体，他也称之为"自由人的联合体"。

三、人的全面发展的历史性

在马克思主义看来，人的发展的各个不同阶段都伴随着社会共同体的变迁，人的全面发展是与全新的人类共同体相联系的历史进程。马克思主义基于人类历史一般进程的考察，创立了唯物史观，阐明了人的全面发展是人类社会演进的一个历史趋向。

首先，人的全面发展受劳动发展阶段的制约。恩格斯在《家庭、私有制和国家的起源》

一书中指出，"根据唯物主义观点，历史中的决定性因素，归根结底是直接生活的生产和再生产。但是，生产本身又有两种。一种是生活资料，即食物、衣服、住房以及为此所必需的工具的生产；另一种是人自身的生产，即种的繁衍。一定历史时代和一定地区内的人们生活于其下的社会制度，受着两方面生产的制约：一方面受劳动的发展阶段的制约；另一方面受家庭的发展阶段的制约"。同时，"劳动越不发展，劳动产品的数量、从而社会的财富越受限制，社会制度就越在较大程度上受血族关系的支配"。

其次，人的全面发展受到生产力与生产关系从低级到高级的历史发展阶段的制约。按照唯物史观的基本原理，社会作为人们相互交往的产物和各种社会关系的总和，最实质的是由生产力与生产关系所构成的生产方式。生产力与生产关系从适合到不适合，再由不适合发展到适合，这一过程决定了生产方式的动态性。恩格斯指出："社会制度中的任何变化，所有制关系中的每一次变革，都是产生了同旧的所有制关系不再相适应的新的生产力的必然结果。"人类社会发展的这种规律性，即生产力与生产关系"适合—不适合—新的适合"，这一矛盾运动使旧的生产方式发生的一次又一次根本变革，促成了人类社会从低级阶段向高级阶段的发展。人的发展与社会发展是人类历史进程的两个侧面，而人的全面发展是这一历史进程的一个基本趋向。

最后，人的全面发展既是一个基本的历史趋向，也是一个具体的历史进程。人的发展经历了由最初的人的片面发展到人的不充分发展，由人的不充分发展到人的较充分发展，再由人的较充分发展逐渐过渡到人的全面发展，这是一个漫长的历史过程。在前资本主义和前现代阶段，人类社会从早期的原始公有制发展到私有制阶段，这一时期被一些古代及近现代思想家赋予了理想化、浪漫化的含义，形成了原始社会阶段的自由的、个性的、完美的人的话语和叙事。事实上，由于生产力的不发达和落后生产关系的制约，这一时期的社会生产方式处于低级形态，有关自由的、个性的、完美的人的设想是缺乏基本的历史条件的。当人类社会进入了资本主义和现代阶段，社会生产力有了较大发展，但由于生产社会性与生产资料私人占有之间的剧烈矛盾，社会危机难以从根本上得到解决，社会发展在整体上是不可避免的恶性趋势。有鉴于此，马克思主义劳动观以强烈的批判立场和革命态度，揭示了资本主义社会工业制度下的劳动异化，由于"本真劳动"变为了"雇佣劳动"，劳动异化导致了劳动的分裂和人的本质的分裂，使劳动者丧失意义、尊严甚至自我。马克思主义认为，必须改变劳动的异化状态、恢复劳动的本真含义，使人回归自我，这个过程必须通过整个人类的解放来实现，由此指明了人的全面发展、建立"自由人联合体"的方向和道路。

四、人的全面发展的阶段性

正如人类社会是一个渐进的发展过程，人的全面发展也是逐步推进的。马克思和恩格斯指出，"一定的生产方式或一定的工业阶段始终是与一定的共同活动方式或一定的社会阶段联系着的，而这种共同活动方式本身就是'生产力'；由此可见，人们所达到的生产力的总和决定着社会状况，必须把'人类的历史'同工业和交换的历史联系起来研究和探讨"。也就是说，人的发展是与生产力和生产关系及其构成的生产方式密切相连的。人所处的生产力和生产关系的特定发展阶段，制约着人的活动的具体内容、实践方式。在特定历史发展阶段，随着新生产力与生产关系的获得促使旧的生产关系和生产方式发生改变，也为人的谋生方式、生存状态的改变提供了新的社会条件，人的发展也因此进入到更高阶段。正因如此，伴随着历史具体进程，人的发展呈现出不同的阶段性特征。

事实上，在原始公有制阶段，由于生产力水平极为低下，谈不到人的全面发展。在私有制产生以后的很长时期里，生产力虽然有了一定发展，但人类的物质生活必需品仍然十分匮乏，只有极少数上层社会的精英群体才有一定的物质条件和闲暇时间从事文化活动、关注精神生活，广大劳动者则缺乏基本的条件去考虑自我发展问题。在资本主义社会条件下，资本主义生产关系使得劳动者阶级成为资本的附属品，不合理的社会分工使人的发展受到限制，造成了人的片面发展甚至畸形发展，也导致了个人与社会、个人与他人之间关系的异化。资本主义制度的弊端带来了一系列的消极后果，如人自身价值的丧失以及人的深刻的问题性，而这种不合理的社会现实，也孕育着人的自由发展、人的个性发展、人的充分发展的时代议题，这正是马克思主义关于人的全面发展思想形成的历史条件。

马克思主义不仅从理论上阐述了人的全面发展的思想性和可能性，也论述了作为历史过程的人的全面发展的实践性和现实性，指出了实现人的全面发展的道路。正如恩格斯所言："我们的目的是要建立社会主义制度，这种制度将给所有的人提供健康而有益的工作，给所有的人提供充裕的物质生活和闲暇时间，给所有的人提供真正的充分的自由。"马克思也论述了共产主义社会高级阶段人的全面发展，迫使个人奴隶般地服从分工的情形已经消失，脑力劳动和体力劳动的对立也随之消失，劳动已经不仅仅是谋生的手段，而且本身成了生活的第一需要，生产力增长、社会财富充分积累。这一历史进程也即马克思和恩格斯在《共产党宣言》中指出的，"每个人的自由发展是一切人的自由发展的条件"。

"我们，在我们的那些牧羊人的带领下，总是只有一次与自由为伍，那就是在自由被埋葬的那一天。"

——马克思《〈黑格尔法哲学批判〉导言》

"革命需要被动因素，需要物质基础。"这个物质基础必然是生产力，是劳动创造的价值与财富。

五、新时代人的全面发展与社会全面进步

改革开放40多年来，我国经济社会发展取得了举世瞩目的成就，在此基础上中国特

色社会主义进入了新时代，人的全面发展思想也被赋予了更为丰富的时代内涵。

（一）全新理论视野下人的全面发展思想

习近平总书记在党的十九大报告中指出，"中国特色社会主义进入新时代，我国社会主要矛盾已经转化为人民日益增长的美好生活需要和不平衡不充分的发展之间的矛盾"。经过几十年发展，我国社会生产力水平总体上显著提高，社会生产能力在很多方面进入世界前列，更加突出的问题是发展不平衡不充分，这已经成为满足人民日益增长的美好生活需要的主要制约因素。习近平指出，实现社会主义现代化和中华民族伟大复兴是坚持和发展中国特色社会主义的总任务，要在全面建成小康社会的基础上，分两步走全面建成社会主义现代化强国。并进一步强调"现代化的本质是人的现代化"。我国社会主要矛盾的变化是关系全局的历史性变化，进一步凸显了人的全面发展这一历史任务的新意蕴。

（二）以人民为中心的人的全面发展思想

人民是人类社会的主体，是历史发展的动力源泉。在实现社会主义现代化和中华民族伟大复兴的总任务过程中，我们面对社会主要矛盾的重大转变，发展的不平衡不充分制约着人民日益增长的美好生活需要，只有尊重人民主体地位、坚持以人民为中心的发展思想，把人民对美好生活的向往作为奋斗目标，依靠人民创造历史伟业，才是必胜之道。中国特色社会主义的一项艰巨任务，就是让人民共享改革发展成果，坚持以人民为中心，顺应人民对美好生活的需要，实现全体人民共同富裕，不断促进人的全面发展。

人的全面发展最根本的是指人的劳动能力的全面发展，即人的体力和智力的全面、和谐、充分、统一的发展，同时也包括人的道德、志趣、才能的多方面发展。人的发展同其所处的社会生活条件和历史发展状况紧密相连，早期的资本主义分工造成了人的片面发展，机器大工业与信息化时代的到来为人的全面发展提供了基础和可能。而纵观古今世界风云，我们不难发现，唯有社会主义制度是实现人的全面发展的社会条件。

第四节　马克思主义劳动观的方法论原则

马克思主义劳动观是唯物史观和剩余价值理论的核心内容，具有重要的理论意义和实践意义。这一思想理论的诞生也同时促进了科学的马克思主义方法论原则的形成。马克思主义劳动观的方法论原则具有重要的普遍性意义，因此理解和掌握马克思主义劳动观的方法论原则，并运用这些原则进一步深入探讨当代社会人的生存与全面发展问题，不断丰富和发展马克思主义中国化理论成果，具有重要而深远的现实意义。

一、现实性原则

马克思在对劳动的深入研究中，挖掘了劳动与人、劳动与社会、劳动与历史的深层逻辑脉络，在整个理论发展过程中，始终强调要坚持"现实性"原则。

马克思主义劳动观之所以具备真理性，就在于这一理论思想都是以历史唯物主义为前提的。在人与自然的关系中，坚持"自然界对于人的优先地位"；在物质和精神的关系中，主张"物质决定精神，精神反作用于物质"；在人和劳动的关系中，强调"人是劳动的前提，也是劳动的结果"；在人和社会的关系中，提出"人就是人的世界、国家、社会""社会决定个人的特质"；在人和历史的关系中，认为"人是剧作者，也是剧中人"。这是马克思主义劳动观区别于非马克思主义劳动观的最重要内容之一。

现实性原则是唯物史观客观性原理在马克思主义劳动观中的具体体现。马克思主义指出，劳动是人的"对象性"的实践活动，而人的一切能动性都是建立在对客观规律的正确认识和利用的基础之上，人的一切活动的成功都取决于主观与客观的统一，并明确提出了"人的本质不是单个人所固有的抽象物，在其现实性上，它是一切社会关系的总和"。现实性原则要求我们在认识活动中坚持观察的客观性，使认识的结果符合客观实际；在实践活动中坚持从实际出发，使主观的目的、计划对象化、客观化，在实践的结果中达到主观和客观的统一。

二、实践性原则

实践性是马克思主义区别于一切唯心主义和旧唯物主义的一个根本特征，是马克思主义劳动观的一个根本原则。

劳动本身就是实践，科学的实践观是马克思主义劳动观的首要的、基本的观点。唯心主义和旧唯物主义关于人、社会、历史的理论研究之所以是不科学的，从根本上说，就是没有找到劳动实践这一现实的、客观的基础。在《关于费尔巴哈的提纲》中，马克思开篇即指出："从前的一切唯物主义(包括费尔巴哈的唯物主义)的主要缺点是：对对象、现实、感性，只是从客体的或者直观的形式去理解，而不是把它们当作感性的人的活动，当作实践去理解，不是从主体方面去理解。"在一系列关键性问题上，马克思主义的回答都是实践性的。关于人是什么，马克思的回答是：人是劳动的产物和主体；关于社会是什么，马克思的回答是：社会是由人的劳动及关系构成的，"社会生活在本质上是实践的"。要认识人，就要通过劳动实践及其成果，"工业的历史和工业的已经产生的对象性的存在，是一本打开了的关于人的本质力量的书"；要认识社会，就要认识人的劳动实践及其历史，"在劳动发展史中找到了理解全部社会史的锁钥"。对于人类社会的历史，指出"整个所谓世界历史不外是人通过人的劳动而诞生的过程"。

三、主体性原则

主体性原则是现实性原则、实践性原则的逻辑延伸,是马克思在现实性原则、实践性原则基础上提出来并运用于劳动与人的研究的又一方法论原则。

主体性原则首先要求对事物要从实践的角度去理解。主体性是指在实践过程中,人的主体意识和倾向以及人作为主体所具有的各种功能属性的总和,集中表现为主体的能动性、创造性、主导性和意识性。同实践性原则一样,主体性原则也是在《关于费尔巴哈的提纲》中首先提出来并上升到原则性高度的。在对旧唯物主义的批判中,马克思指出从前的一切唯物主义对于事物、现实和感性"只是从客体的或者直观的形式去理解",而新唯物主义对事物和现象不仅要从客体方面,更要从主体方面,"当作感性的人的活动,当作实践去理解"。这样,人才成为现实的人,真实的人和能动的人。

主体性原则还要求对实践要从人的角度去理解。人的实践活动是人和物的相互作用,其中人是最主要的,是实践活动的能动因素,始终处于主导地位。人是实践活动的主体,实践活动的成败得失都取决于人,取决于主体性的性质、大小及其发挥。马克思指出:"最强大的一种生产力是革命阶级本身"。列宁指出:"全人类的首要的生产力就是工人,劳动者"。主体性原则要求不仅要把人当作实践的主体,还要把人当作实践的目的。人在改变客观事物的存在形式的同时,实现自己的预期目的,满足自己生存、享受和发展的需要。

另外,主体性原则还要求对人要从主体的角度去理解。人既是主体也是客体,是主体和客体的统一。马克思主义始终把人当作活动主体来看待。虽然有时也把人当作客体来研究,强调人的受动性,受客体及其规律的制约,但目的仍然是为了提高人的主体能力,巩固人的主体地位和增强人的主体性。

四、批判性原则

马克思主义按其本质来说是批判的和革命的。马克思主义劳动观的形成过程就是一个不断批判旧世界、旧哲学、旧政治经济学的过程。

马克思主义劳动观坚持的是人民立场,其鲜明地表现在揭示无产阶级及劳动人民的地位,唤醒无产阶级及劳动人民的意识,指明无产阶级及劳动人民的前途,从而为无产阶级和劳动人民服务的立场上。

为人类工作,为无产阶级工作,就要求马克思对于一切违背人类利益和无产阶级斗争的现象展开无情的批判。马克思主义劳动观就是在批判各种腐朽的社会现象和错误的理论思潮中形成和发展起来的，这种理论斗争和批判贯穿于马克思的一生。在19世纪40年代，他批判青年黑格尔派、"真正的社会主义者"和魏特林主义；在经济理论方面进行了反对蒲鲁东主义的斗争，在哲学领域彻底清算了黑格尔的唯心主义和费尔巴哈的人本主义；50年代完成了批判1848年欧洲革命中显露过头角的党派和学说；60年代反对拉萨尔主义；70年代反对杜林主义和巴枯宁主义。这些批判反映在了他的每一部著作的名称上，25岁的第一部哲学著作便是《黑格尔法哲学批判》，《神圣家族》的副标题是"对批判的批判所进行的批判，驳布鲁诺·鲍威尔及其同伙"，《资本论》又称为《政治经济学批判》。

马克思不仅批判旧世界、旧理论，批判他人的错误思想，而且时时、处处从无产阶级的立场出发反省自己，清算自己，批判自己。没有批判，就没有马克思主义劳动观，就没有历史唯物主义的伟大发现，就没有科学社会主义的诞生。

批判是为了坚持真理，斗争是为了人类解放。

【案例2-2】

1835年，年仅17岁的马克思在《青年在选择职业时的考虑》的中学毕业论文中，把忘我地为人类服务视为毕生的任务，"如果我们选择了能为人类福利而劳动的职业，那么，重担就不能把我们压倒，因为这是为大家而献身；那时我们所感到的就不是可怜的、有限的、自私的乐趣，我们的幸福将属于千百万人"。马克思的一生是高尚地、忘我地为人类服务的一生。无论在青少年时期还是在以后的岁月，他最喜欢说的名言之一就是"为人类工作"。"为人类工作"，对于马克思来说，也就是为无产阶级和劳动人民工作。

1843年，年轻的马克思为抗议普鲁士政府查封《莱茵报》，在该报上刊登了一幅政治漫画——《被锁链锁住的普罗米修斯》。这正是马克思形象的自我写照：人类历史上的"盗火者"，无产阶级的普罗米修斯。1948年，马克思任总编辑的《新莱茵报》又被迫停刊，在最后一期发表了《致科伦工人的告别书》，结尾这样写道："'新莱茵报'的编辑们在向你们告别的时候，对你们给予他们的同情表示衷心的感谢。无论何时何地，他们的最后一句话始终将是：工人阶级的解放"！

1848年，时年29岁的马克思在完成的《共产党宣言》中以天才的、透彻鲜明的笔调全面叙述了无产阶级的世界观，并把以往抽象的人道主义口号"人人皆兄弟"改为"全世界无产者，联合起来！"这一点，就足以证明马克思是如何把自己的一生和无产阶级的命运紧密地联系在一起的。直到晚年，为完成《资本论》的写作，马克思牺牲了健康、幸福和家庭，仍忠贞不渝，至死不悔。1967年4月30日，他在一封信中写道："我嘲笑那些所谓'实际的'人和他们的聪明。如果一个人愿意变成一头牛，那他当然可以不管人类的痛苦，而只顾自己身上的皮。但是，如果我没有全部完成我的这部书(至少是写成草稿)就死去的话，我的确会认为自己是不实际的。"

马克思实践了自己的诺言。他一生把"斗争"作为自己的座右铭。他在《自白》"您对幸福的理解"一栏中郑重写下"斗争"二字。在回答美国《太阳报》记者约翰·斯文顿"生存意味着什么"时，他"严肃而庄重地答道：'斗争'"。恩格斯后来在马克思墓前演说中说："斗争是他的生命要素"。他用一生解剖、揭露、批判现存的资本主义制度，用手中的笔同整个资本主义世界搏斗，无所畏惧，无所退让，无所遗憾。

【延伸阅读2-3】

敢于斗争、敢于胜利，是中国共产党不可战胜的强大精神力量。党的十八大以来，习近平总书记反复强调，中华民族伟大复兴绝不是轻轻松松、敲锣打鼓就能实现的，实现伟大梦想，必须进行伟大斗争；必须安不忘危、存不忘亡、乐不忘忧，时刻保持警醒，不断振奋精神，勇于进行具有许多新的历史特点的伟大斗争；必须深刻认识错综复杂的国际环境带来的新矛盾、新挑战，敢于斗争，善于斗争，逢山开道、遇水架桥，勇于战胜一切风险挑战。

（来源：《毛泽东思想和中国特色社会主义理论体系概论》，高等教育出版社，2021）

本章小结

马克思主义劳动观在纷繁复杂的人类社会关系中，抓住了人的创造性活动——劳动这一本质，并由此揭示人类历史发展的基本规律，同时也意味着要不断开发和利用人的创造性潜能，来推动人类社会的不断进步。劳动是人区别于动物的本质特征，是人类社会生存和发展的根本条件。在一定意义上，人类社会的历史，就是一部人类劳动在一定社会形式中不断展开的历史。劳动创造了人，创造了人类社会，创造了人类社会的物质文明、精神文明和政治文明。我们之所以要坚持马克思主义劳动观，是因为这一科学论断强调了劳动是人类社会存在和发展的根本原因。任何人对社会的真正贡献唯有劳动。虽然创造财富的因素是多种多样的，但是人类经济和社会发展的本源是劳动，人类只有不断地进行劳动和创造，才能繁荣和发展。因此，在整个社会主义现代化建设和实现中华民族伟大复兴的历史进程中，都必须贯彻尊重劳动、尊重劳动者的根本指导思想。

另外，解放生产力首先解放劳动和劳动者，发展生产力首先是发展劳动者的潜能。马克思主义认为，劳动是积极的、创造性的活动，而劳动又表现为劳动力的使用。劳动创造财富，但是需要和其他生产要素结合才能实现。劳动者和生产要素的结合，构成了现实的生产力，它反映了人和自然之间的相互依存、相互实现的关系，因此在人与社会的发展中，首先应当突出劳动和劳动者的作用，因为"劳动是生产的真正灵魂"。所以，重视生产力，应当首先重视劳动和劳动者；解放生产力，应当首先解放劳动和劳动者；发展生产力，应当首先提高劳动者的素质和劳动效率。从这个意义上来说，我国现代化的过程，不仅是劳动和财富积累的过程，也是劳动者的素质不断提高、潜能充分发挥的过程，更是劳动和劳动者不断解放的过程，是劳动者自由全面发展的过程。

思 考 题

1. 马克思主义劳动观怎样看待人的现象与本质？
2. 劳动的本质是什么？马克思主义劳动观如何理解人的诞生？
3. 人的全面发展的内涵是什么？人的全面发展与劳动的关系是怎样的？
4. 如何理解"人是劳动的前提，也是劳动的结果"？
5. 如何理解人类劳动与社会发展之间的关系？
6. 简述马克思主义劳动观的方法论原则。

第三章

劳动教育概述

劳动以外的教育和没有劳动的教育是不存在也不可能存在的。

劳动是有神奇力量的民间教育学，给我们开辟了教育智慧的新源泉。这种源泉是书本教育理论所不知道的。我们深信，只有通过有汗水，有老茧和疲乏人的劳动，人的心灵才会变得敏感、温柔。通过劳动，人才具有用心灵去认识周围世界的能力。

劳动的崇高道德意义还在于，一个人能在劳动的物质成果中体现他的智慧、技艺、对事业的无私热爱和把自己的经验传授给同志的志愿。

——苏霍姆林斯基

第一节　劳动教育的基本内涵

新时代，以习近平同志为核心的党中央集体高度重视劳动和劳动教育。习近平总书记多次在"五一"国际劳动节和"六一"国际儿童节的重要讲话中发出号召，要在全社会，特别是广大青少年中弘扬劳动精神、加强劳动教育。2015年7月，教育部、共青团中央、全国少工委联合发布《关于加强中小学劳动教育的意见》，旨在解决"劳动教育在学校中被弱化，在家庭中被软化，在社会中被淡化"的现象。2020年3月，中共中央、国务院印发《关于全面加强新时代大中小学劳动教育的意见》，针对"近年来一些青少年中出现了不珍惜劳动成果、不想劳动、不会劳动的现象，劳动的独特育人价值在一定程度上被忽视，劳动教育正被淡化、弱化"的现象，提出了"把劳动教育纳入人才培养全过程，贯通大中小学各学段，贯穿家庭、学校、社会各方面，与德育、智育、体育、美育相融合"的新要求。2020年7月，教育部印发《大中小学劳动教育指导纲要（试行）》，面向教育系统，重点针对劳动教育是什么、教什么、怎么教等问题，细化有关要求，加强专业指导。

一、劳动教育的一般定义

关于劳动教育的定义存在多种观点。

《辞海》与《中国大百科全书》将劳动教育视为德育的内容之一，侧重热爱劳动和劳动人民的情感、正确的劳动观念和态度的培养，把劳动习惯和技能的教育看作日常生活培养的结果。

《教师百科辞典》将劳动教育定义为"向受教育者传播现代生产的基本知识和技能，培养他们具有正确的劳动观点、劳动习惯和热爱劳动人民、劳动成果的感情"。并指出劳动教育"十分重视劳动过程中的智力因素，把平凡的劳动同创造性劳动结合起来，把简单的劳动与富有知识的劳动结合起来"。这一定义更强调劳动教育的智育属性，将劳动教育的主要价值定位为传播现代生产基本知识和技能，提高社会劳动生产的智力水平。

《中国百科大辞典》以及黄济、徐长发、檀传宝等学者将劳动教育视为德育和智育的综合体，兼具德育和智育的双重属性，包含了劳动思想观念的教育、劳动技术知识教育、劳动技能的教育等方面，目的是促进学生形成正确劳动价值观和养成良好劳动素养。

苏联著名教育家苏霍姆林斯基认为劳动教育"是对年青一代参加社会生产的实际训练，同时也是德育、智育和美育的重要因素"，学者李强认为"劳动教育的本质含义是指通过参加劳动实践活动所进行的一种有目的、有计划、有组织地培养受教育者多种素质的教育活动，是融德育、智育、体育、美育为一体的全面提高学生素质的综合性教育"。这两种观点都将劳动教育视为促进学生全面发展的实践教育形式。

以上定义从不同的方面揭示了劳动教育的不同属性，但没有揭示劳动教育不同于德育、智育或实践活动的独特价值。

二、劳动教育的独特育人价值

（一）加强劳动教育是落实立德树人根本任务的基本要求

立德树人是大学教育的根本任务，包含了以德为先，积极培育和践行社会主义核心价值观和以人为本，促进学生自由全面发展的双重使命，内含了育德与育才相统一、塑造社会品质与发展个性才能相统一的教育辩证逻辑。劳动教育作为五育中唯一直接通向生活世界、工作世界的教育，是连通学校、家庭与社会的重要桥梁。

习近平总书记在给全国涉农高校的校长书记和专家代表的回信中强调："农林高校要以立德树人为根本，以强农兴农为己任"。大学不仅要做好教学活动、开展科学研究，还要做好社会服务工作，主要目标就是要培养人才。作为新时代的青年，我们不仅要学习劳动教育知识，也要做好劳动的继承和创新。我们应该认真思考劳动的价值，重新唤起对劳动者的尊重，不断丰富劳动的内容，不断创新劳动的形式，在社会形成一种劳动光荣的氛围。作为农林高校的学生，更应该认识到劳动的价值，注重劳动实践，把知识写在大地上。

概言之，新时代加强劳动教育，是党中央站在"如何培养人""为谁培养人"和"培养什么样的人"的高度上，对社会主义教育方针、教育目标的完善和重构。加强劳动教育，就是要切实加强青少年理想信念教育、劳动精神熏陶、综合素质提高，使其崇尚劳动价值、追求劳动创造、尊重劳动主体，以辛勤劳动为荣、以好逸恶劳为耻，自觉把人生理想、家庭幸福融入国家富强、民族复兴的伟业之中，不断成长为有理想信念、有过硬本领、有责任担当的社会主义建设者和接班人。

（二）加强劳动教育是坚持和发展马克思主义唯物史观的客观需要

马克思主义一直强调劳动的意义和价值，这是马克思主义的基本观点，是马克思主义唯物史观的核心内容和本质规定。列宁也曾指出："没有年轻一代的教育和生产劳动的结合，未来社会的理想是不能想象的：无论是脱离生产劳动的教学和教育，或是没有同时进行教学和教育的生产劳动，都不能达到现代技术水平和科学知识现状所要求的高度。"苏霍姆林斯基认为，离开了劳动就没有真正的教育，"教育的任务就是让劳动渗入我们所教育的人的精神生活中去，渗入集体生活中去，使对劳动的热爱在少年早期和青年早期就成为他的重要兴趣之一"。中国在社会主义革命、建设和改革的历史进程中，正是在中国共产党领导下，依靠广大人民群众的辛勤劳动，才使久经磨难的中华民族"站起来"，让底子薄、人口多的中国人民"富起来"，继而走上中华民族伟大复兴的"强起来"道路。

可以说，尊重劳动、倡导劳动、保护劳动，是社会主义社会先进性的显著标志；勤奋劳动、诚实劳动、创造性劳动，是社会主义国家劳动者的鲜明特征。农林高校加强劳动教育，是中国特色社会主义的要求，是在新时代的历史背景下，旗帜鲜明地坚持和发展马克思主义，坚持和发展中国特色社会主义。

【案例 3-1】

南泥湾精神

南泥湾位于陕西省延安城东南 45 公里处，是发展农、林、牧、渔的理想地区，是延安旅游名胜景点之一。

百年前，这里人烟稠密，水源充足，土地肥沃，生产和经济都十分繁荣。到了清朝中期，清统治者挑起回汉民族纠纷，互相残杀，使这里变成野草丛生，荆棘遍野，人迹稀少，野兽出没的荒凉之地。1941 年 3 月，八路军三五九旅在旅长王震的率领下，在南泥湾开展了著名的大生产运动。

1940 年，朱德总司令根据中共中央关于开展大生产运动的指示精神亲赴南泥湾踏勘调查，决定在此屯垦自给。1941 年春，在八路军一二○师三五九旅长兼政委王震的率领下，奉命开进南泥湾，披荆斩棘，开荒种地，风餐露宿，战胜重重困难，开垦了大量耕地。1942 年，生产自给率达到 61.55%；1943 年，生产自给率达到 100%；到 1944 年，三五九旅共开荒种地 26.1 万亩①，收获粮食 3.7 万石，养猪 5624 头，上缴公粮 1 万石，达到了"耕一余一"。广大官兵用自己的双手和汗水，将荒无人烟的南泥湾变成了"平川稻谷香，肥鸭遍池塘。到处是庄稼，遍地是牛羊"的陕北好江南。

---

① 1 亩 ≈ 0.0667 公顷。

(三) 加强劳动教育是构建德智体美劳全面培养教育体系的必然要求

新时代加强劳动教育，是构建德智体美劳全面培养的教育体系、形成更高水平的人才培养体系的必然要求。我国高等教育肩负着培养社会主义事业建设者和接班人的重大任务，肩负着"为人民服务、为中国共产党治国理政服务、为巩固和发展中国特色社会主义制度服务、为改革开放和社会主义现代化建设服务"的神圣使命，其培养的人才就应该有正确的世界观、人生观、价值观，以及包括正确的事业观、审美观和劳动观等。

德智体美劳既有密切联系又有各自不同的功能，就劳动教育与其他教育的联系而言，劳动精神的培育是高校德育的重要内容，劳动科学和技能的教育是高校智育的重要内容，劳动能力的锻炼是高校体育的重要内容，劳动者对美的追求和创造是高校美育的重要内容。将劳动教育与德智体美育并列，既是对劳动教育本身的有效加强，也是对德智体美育的有力支撑。同时，德智体美劳既有密切联系又有各自不同的功能，劳动教育应该独立为完善人才培养目标、支持德智体美育的重要平台，高校劳动教育是高等教育人才培养体系的一部分，是中国特色高等教育的显著特点，是扎根中国大地办大学的本质要求。

(四) 加强劳动教育是富国强民、建设高素质劳动大军的重要举措

改革开放 40 年来，我国经济社会发展取得了巨大成就，这种成就离不开改革红利、自然资源红利、人口红利、国际贸易投资环境红利等。当前，我国同时面临"人口红利"逐渐消失、资源和环境约束不断强化、投资和出口增速放缓、传统的发展动力不断减弱等发展瓶颈。在我国转变经济增长方式、实现中国制造 2035 目标、做强实体经济、建设知识型技能型创新型劳动者大军的今天，高度重视劳动教育，是富国强民的大事，具有更加迫切的现实意义和历史意义。转变发展方式、优化经济结构、转换增长动力，是突破瓶颈、跨越"中等收入陷阱"的唯一出路，必须拥有一支爱劳动、能劳动、会劳动的劳动者大军。新时代加强劳动教育，有利于培育一支高素质的产业工人队伍和大量的"能工巧匠""大国工匠"，为"中国速度"向"中国质量"转变、制造大国向制造强国转变、"中国制造"向"中国智造"转变提供人力支撑、智力支撑和创新支撑。

高校加强劳动教育，有利于大学生在课堂教学、自身学习、实验实践等教育环节上注重付出劳动，提高教育教学质量，使自己成长为优秀人才；有利于大学生在体味艰辛、挥洒汗水中塑造坚强的心理素质，在艰苦奋斗、顽强拼搏中磨炼自己的意志，由衷热爱与尊重体力劳动和体力劳动者，从而获得受益终身的宝贵精神财富；有利于大学生形成积极向上的就业创业观，形成自主多元的积极就业观，在国家社会需要与个人价值实现、专业学习与岗位匹配等方面找到平衡，提升创新创业意识和能力；有利于大学生不断强化新时代

的劳动责任感、使命感和荣誉感，培养和造就辛勤劳动、诚实劳动、创造性劳动的品格，激发其主动融合日常工作与理想事业，敢于担当、勇于创新、不懈奋斗、乐于奉献，收获劳动带来的获得感、幸福感和安全感。

【案例 3-2】

大学生自强之星

张伟(化名)，男，汉族，中共党员，西北农林科技大学食品科学与工程学院2019级硕士研究生，先后获评2019年陕西省大学生志愿服务西部计划优秀志愿者、2019年度"大学生自强之星"等荣誉。

张伟出生于皖北临泉县的一个农村家庭，父母是勤勤恳恳的农民，本科期间的学费均来自国家助学贷款。他聚焦学生主责主业，在求学路上勤奋扎实，屡获学校、社会等奖助学金。他心怀感恩，多次参加三下乡、支教支农、志愿者等公益活动，默默回馈着社会。2018年本科毕业时，出于对公益事业和贫困地区教育事业的向往，他在支教团与普通保研双重选择下，毅然加入中国青年志愿者扶贫接力计划研究生支教团，带着年轻大学生的活力奋斗在祖国最需要的地方。他一头扎进农村教师队伍，服务于陕西省渭南市合阳县坊镇中心小学，不问苦乐、不计得失，不断创新教学方法，多次受到服务学校表彰，接地气的方言被同事们笑称为"合阳人"。支教期间，用支教补助在月考总结会上给娃娃们发钢笔和本子，在运动会上给娃娃们买糖加油鼓劲，利用周末家访帮扶贫困学子，关心帮助留守儿童，经常与孩子们打成一片，获评"温雅教师"。他用实际行动弘扬了"西农精神"，放弃保研，选择一条并不好走的路，用劳动换来了更出彩的人生，在农村支教中找到了自己的价值，获得了成长，践行了身为一名农林高校大学生的责任。

（五）加强劳动教育是新时代农林高校培养"一懂两爱"三农人才的重要途径

乡村振兴，人才振兴是基础和前提。"三农"人才队伍是党的"三农"事业的基础和支撑，是实施乡村振兴战略的中坚力量。习近平总书记在党的十九大报告中指出要"培养造就一支懂农业、爱农村、爱农民的'三农'工作队伍"；2018年12月，他在对做好"三农"工作的重要指示中再次要求"加强懂农业、爱农村、爱农民农村工作队伍建设"；2019年中央一号文件再次强调"培养懂农业、爱农村、爱农民的'三农'工作队伍"。"一懂两爱"成为以习近平同志为核心的党中央对"三农"工作队伍的基本要求。

懂农业，就是要成为"三农"工作的行家里手。专业能力、专业精神是"三农"工作队伍的必备素养。作为新时代农林高校的青年学子，就要不断提升专业素养，优化知识结构，始终保持专业精神和创新精神，不断丰富"三农"专业知识和实践经验；要深入研究农业农村发展的新情况新问题，提出科学合理的政策建议，拿出务实管用的措施办法。

爱农村，就是要对农村充满情感、充满正能量，在内心深处为乡村谋振兴。热爱是最好的老师，是职业发展的前提。只有爱农村，才能有望得见山、看得见水、记得住乡愁的情感，把农村当家乡，对农村有归属感和责任感，长期扎根农村，投身乡村振兴。习近平总书记曾给大学生村官张广秀回信说："希望你和所有大学生村官热爱基层、扎根基层，增长见识、增长才干，促农村发展，让农民受益，让青春无悔"。爱农村，就要倾注感情、肩负责任，树立起建设美丽家乡、投身伟大事业的自豪感和使命感，在推动农村产业发展、改善生产生活环境等工作中建功立业，在乡村振兴道路上行稳致远。

爱农民，就是把农民当亲人，心里装着农民，凡事想着农民，工作依靠农民，一切为了农民。没有一颗真爱农民的心，不把群众当亲人，就不会把农民的事当成自己的事，想农民之所想、急农民之所急，真心帮农民做实事。只有爱农民，才能对农民有亲近感，一心造福农民。爱农民，才能赢得农民的信任和支持，调动农民的积极性、主动性和创造性。习近平指出："老百姓在干部心中的分量有多重，干部在老百姓心中的分量就有多重。"爱农民，就要加深对农民的感情，为农民谋幸福。

劳动教育在农林高校中具有天然的土壤，是培养"一懂两爱"三农人才的主阵地。通过劳动教育，倡导农林高校学生参与到乡村振兴具体工作，在劳动实践中深入农业、了解农业，在朝夕相伴中爱上农村、爱上农民，在"三农"实践中增强社会责任感与历史使命感，为做好新时代"三农"工作，加快推进农业农村现代化，实现乡村全面振兴贡献力量。

三、劳动教育的基本特征

劳动教育作为以提升学生劳动素养的方式促进学生全面发展的教育活动，有以下基本特征：

第一，劳动教育具有普通教育的特征。劳动教育旨在落实全面发展的教育方针，具有普通教育的属性。从马克思主义经典作家开始，"教育与生产劳动相结合"等劳动教育命题的着眼点就在于培育在体力、脑力上均获得全面发展的人。因此，虽然职业教育往往包含较多的劳动教育成分，但是劳动教育是覆盖不同教育类型的教育形态，职业教育、普通教育、大中小幼不同学段的教育都要开展劳动教育。

第二，劳动教育具有价值教育的属性。劳动教育区别于当代社会以发展基础技术能力为核心目标的"通用技术教育"等概念。劳动教育所要培育的劳动素养，当然包括形成劳动习惯、有一定劳动知识与技能、有能力开展创造性劳动等，但劳动价值观才是劳动素养的核心。虽然劳动教育的开展离不开具体的劳动形式以及专门劳动技术的学习，但真正科学的劳动教育则应当特别注重核心目标的达成，即在接受劳动教育的过程中树立正确的劳动观点、积极的劳动态度，形成尊重、热爱劳动过程、成果和劳动主体——劳动人民的价值态度。

第三，劳动教育具有强烈的时代特征与社会属性。由于人类劳动的形态处在不断演进的过程之中，劳动形态也在不断变化，具体表现为脑力劳动的比重不断增加、新形态的劳动不断形成。所以，劳动教育包括参加体力劳动，但又不能狭隘理解为简单的体力劳动锻炼。劳动教育应依据劳动形态的演进而与时俱进。创造条件让学生参加服务形态的劳动、创造性劳动等，形成与时代发展相适应的劳动教育的新方向。此外，劳动价值观形成的基础是社会大众对劳动价值的真实确认，若社会没有尊重劳动的分配机制与舆论氛围，学校的劳动教育必然孤掌难鸣，难有实质成效。因此，学校必须与家庭和社会携手合作才能取得劳动教育的实效。

综上所述，可以得出劳动教育开展的三点方向性启示：一是劳动教育不等于一般性的活动、实践等，劳动教育要义在于通过劳动教育、培育受教育者全面发展的人格；二是劳动教育不等于具体劳动技术的学习，劳动教育当然包括劳动技术的学习，但劳动教育的核心目标应当是劳动价值观的培育；三是劳动教育包括但不等于体力劳动锻炼，那种有意无意将劳动教育等同于20世纪五六十年代"学工、学农"等劳动教育旧形态的思维，已经无法适应新时代的社会现实。在当前形势下劳动教育应当大力倡导，同时也要落到实处，其观念与实践无疑都应当与时俱进。

第二节 我国劳动教育的回顾

从中国教育史的发展来看，鸦片战争以前的我国封建社会教育有着较为鲜明的时代特征，历朝历代形成了独特的教育思想和理论体系，也在不同程度上表达着执政者的立国之道；鸦片战争以来，西方思想文化的传入对我国的教育思想产生了强烈的冲击，辛亥革命、新文化运动等影响下，教育思想和教育改革异常活跃，不断探索教育救国的路径；中国共产党成立以来，确立了红色主旋律的教育方针，将教育与社会发展需要紧密结合，同时注重将教育回归人本身，实现人的自由而全面的发展。

纵观中国教育史，劳动教育在其中扮演着重要的角色。我国劳动教育的探索最早可追溯到中国传统文化孔孟先贤的教育思想中，直至近代西方文明的入侵至新中国成立前后，知识分子和有识之士开始探索教育救国的路径，其中不乏对劳动教育的重视与弘扬；新中国成立后，中国共产党不断探索劳动教育在国民教育中的地位，其间历经波折和改革，至2012年党的十八大召开，劳动教育的重要性进一步彰显，焕发出新的时代光彩。

一、近代以来至新中国成立前的劳动教育

早在封建社会和半殖民地半封建社会，我国已有劳动教育的基本雏形。从传统神话所宣扬的愚公移山、精卫填海等对劳动精神的礼赞，到孔孟经典典籍中对"不违农时，谷不可胜食也；数罟不入洿池，鱼鳖不可胜食也；斧斤以时入山林，材木不可胜用也"等劳动经验的记述，都包含着古人的劳动智慧，也成为后人劳动教育理论的重要思想来源。古代先民所倡导的耕读文化，将"耕"和"读"结合起来，希望拥有耕读相结合的生活方式，表达了传统文化所倡导的实践和学习相统一的劳动教育理念，至今仍值得后人推崇。

1840年鸦片战争以来，西方的文明无不冲击着中国传统文化。面对西方列强的坚船利炮，爱国志士不断探索着救亡图存的路径，其中黄炎培、陶行知、梁漱溟、晏阳初等教育家、思想家，旨在通过自己的探索和试验，打造教育救国的道路，劳动教育的思想和理念在这一阶段也有了新的探索。如黄炎培在国内最早宣传推介实用主义，改善传统教育理念的弊端；创建并发展了一整套相对完整的中国职业教育理论体系，其中劳动教育占有重要位置。

黄炎培(1878—1965年)，江苏川沙县(今属上海市)人，我国近现代著名教育家、政治家和社会活动家。黄炎培本着实用主义的思想，创办职业教育，解决失业的问题，即"使无业者有业"，为穷困大众提供了一条生路又推动了古老的中国农耕社会走向进步，把握中国社会从农业社会转化为工业社会的发展需求，改变脱离社会生活和生产的传统教育，提倡"双手万能，手脑并用"，强调一个人联系实际的能力，倡导劳动光荣的精神。黄炎培在研究职业教育的过程中，深入开展劳动教育的研究与实践，高度肯定劳动教育的地位与作用，充分发挥劳动教育在教育救国中的独特价值，积极探索劳动教育在革除教育弊病、矫正社会风气上的重要意义，为探索教育强国做出了许多开创性的贡献。

陶行知(1891—1946年)，安徽省歙县人，我国著名教育家、思想家，中国人民救国会和中国民主同盟的主要领导人之一。陶行知以西方现代教育为主要参照对象，认真审视中国教育的不足、社会发展的缺陷，推进中国教育近代化的一系列举措彰显了对劳动教育和劳动精神的推崇。他提出的生活教育理念，使教育走进生活，丰富了劳动教育的载体。他以国民素质重塑、乡村平民教育为主要发力点，为提升劳动者综合素养做出了积极贡献。他的"行是知之始"理念深刻阐释了劳动是实现教育目标的重要手段，劳动教育是教育体系中必不可少的一环。陶行知的劳动教育思想充分挖掘了劳动的价值与意义，以劳动与实践推进了中国近代教育改革、国民素质重塑、乡村教育改革，为近代中国教育写下了浓墨重彩的一笔。时至今日，对推进新时代劳动教育仍具有非常重要的借鉴意义。

【延伸阅读3-1】

陶行知"生活即教育"的理念蕴含着丰富的劳动实践观：

"是生活就是教育，不是生活就不是教育；

是好生活就是好教育，是坏生活就是坏教育；

是认真的生活，就是认真的教育，马虎的生活，就是马虎的教育；

是合理的生活，就是合理的教育，是不合理的生活，就是不合理的教育；

不是生活，就不是教育；

所谓之生活，未必是生活，就未必是教育。"

"是康健的生活，就是康健的教育，是不健康的生活，就是不健康的教育；

是劳动的生活，就是劳动的教育，是不劳动的生活，就是不劳动的教育；

是科学的生活，就是科学的教育，是不科学的生活，就是不科学的教育；

是艺术的生活，就是艺术的教育，是不艺术的生活，就是不艺术的教育；

是改造社会的生活，就是改造社会的教育，是不改造社会的生活，就是不改造社会的教育。"

梁漱溟（1893—1988年），原名焕鼎，字寿铭。曾用笔名寿名、瘦民、漱溟，后以漱溟行世。原籍广西桂林，出生于北京，著名思想家、哲学家、教育家、社会活动家、爱国民主人士、著名学者、国学大师，现代新儒家的早期代表人物之一。作为一名以文化复兴为己任的学者，梁漱溟的劳动教育落脚点在于对学生、对个人价值的养成、重塑与改良，其思想主要来源于传统儒家文化中积极进取的入世之学、中国自古以来的勤劳美德、西方教育体系中的实用之学。梁漱溟的乡村建设理念包含两个主要思想，一是只有乡村事业兴起，才可以广收过剩的劳动力；二是以农业引导工业的民族复兴。他将农业、手工业培训与实践纳入乡村教育课程内容，通过劳动，避免学生成为不事生产的贵族，成为食利阶层。他把解决中国问题的重点，落实在社会改造上，提出的办法就是"乡治"。他清楚地看到，中国大部分人都生活在乡村，而农民面临的最大问题就是愚、穷、弱、私，教育就是要让人们认识到中国国民的劣根性，并克服这个劣根性。中国就是个乡村社会，中国的出路在乡村，要救中国就要从改良中国乡村教育做起。发挥农民的自身优势，以教育启迪其情感，完善其道德，最终实现民众个人的成长与发展，而这个教育一样从基层的劳动开始。

晏阳初（1890—1990年），原名兴复，又名遇春，字阳初，中国著名教育家，近代乡村建设的开拓者和奠基人之一，被誉为世界平民教育之父。晏阳初的劳动教育思想大多来自平民教育与乡村改造的实践。他曾邀请了五十多位专家编写简易识字教材，和多名学者一起积极投身乡村教育实践，以劳动精神、劳动情怀克服物质困难，开展了诸多卓有成效的工作。他推崇苦行精神和以劳作、以工作为荣的观念，以生计教育为重点督促劳工、农民等最底层的劳动者积极参与各类培训学习、各种职业技能的训练，教育他们以劳动克服懒惰、以劳动取代等待。他还创办《劳工周刊》，刊载劳工言论，不少参加过扫盲学习的劳工的发言对其产生了重大影响。晏阳初认识到中国人并不笨，他们所缺乏的不是"救济"，而是"发扬"，他们不是不可教，而是无教；当时中国所谓的"苦力"，不在于苦力的"苦"，而在于"苦力"的潜在力，只要发掘出来，就会产生无穷无尽的力量。这些认识，一方面使晏阳初对当时的劳动者更加尊敬，另一方面对引导当时社会树立正确的劳动价值观起到了积极作用。

晏阳初的乡村改造理念对于农林高校的劳动教育实践具有非常重要的借鉴意义：一是不谋建设的教育是会落空的，是无补于目前中国农村社会的；二是从农民生活中找材料，根据农民的需要编写教材；三是要使农业科学深入民间，做到科学与农村实际相结合。

【案例 3-3】

从扫盲到生产生活，创造定县奇迹

近代以来平民教育是教育界非常重要的浪潮，由此诞生了面向中国最广大人群的乡村改造运动。晏阳初结合自身的学术训练以及在欧洲战场的经历，以河北定县为舞台，开展了规模宏大、周期完整、几乎面面俱到的乡村改造实验，开辟了自己的乡村教育模式。晏阳初刚到定县的时候，全县共设立初级和高级普通学校 427 所，学生达 1.3 万余人；至 1934 年，全县小学已经普及，14~25 岁的青少年文盲人数比 1931 年减少 34%，男青年文盲已减至 10%。同时，在乡村改造过程中，农村经济发展取得显著成绩。如培育农作物新品种，棉花、小麦、高粱、谷子新品种的亩产量比土种分别增产 56%、14%~20%、30%、20%；先后完成水车、播种器、中耕器、收获器、点播器、花生筛、脱粒机的改良；在动物饲养业方面，完成了主要家畜及鸡种的改良。中华平民教育促进会还进行了合作社的实验和推广工作。1933 年，成立自助社三百余社，有些自助社又上升为合作社，合作社县联合社也应运而生。到 1936 年，形成了比较完备的合作组织制度。中华平民教育促进会还开创了中国县级现代卫生建设的先河，建立的三级医疗保健制度在国内外产生了较大反响，国民政府卫生署成立后，要求各县采用这一制度。此外，中华平民教育促进会还对学校卫生、产妇与儿童保健、生育节制进行了试验。在疾病预防方面，以种痘工作最为突出，据 1936 年的报告，"近年来邻县时有天花流行而本县无之""定县天花已经绝迹"。在乡村改造中，定县农村的医疗条件、预防和治疗等方面都得到了极大的改善。

二、新中国成立以来至改革开放前的劳动教育发展

新中国成立初期，国家百废待兴，为了在短时间内恢复国民经济、稳定政权，中国共产党将"为工农服务，为生产建设服务"作为新民主主义教育的重要方针。在教育方针的指导下，劳动教育面临着探索建构符合现实需求的劳动教育课程体系的重要任务。1949 年发

布的《中国人民政治协商会议共同纲领》,将"爱劳动"列为国民的五项公德之一。1950年,《中学暂行教学计划(草案)》规定"生产劳动与正课配合进行"。1952年,《小学暂行规程(草案)》要求所举办的小学应"以广泛吸收工农子女入学并便利其参加家庭劳动"。劳动教育逐步纳入中小学课程体系,1955年9月,教育部颁发《小学教学计划及说明》,规定小学阶段设立手工劳动课,每周1课时,并与相关学科的教学密切联系。该政策解决了劳动教育游离于教学之外的困境,使学校的教育教学有了清晰的发展方向。自此,劳动教育在我国基础教育的历史上确立了正式的课程地位,新的生产劳动教育体系建设由此起步。

随着我国教育事业的飞速发展,在校学生人数突增(图3-1)。教育经费支出出现了明显下降趋势,教育供给与需求之间有悬殊,并成为人民内部矛盾在教育领域的一个突出体现。在此背景下,劳动教育作为解决教育经费问题的重要手段得到了重视,主要表现为开展勤工助学。1957年,毛泽东在《关于正确处理人民内部矛盾的问题》中指出,"我们的教育方针,应该受教育者在德育、智育、体育几方面都得到发展,成为有社会主义觉悟的有文化的劳动者。"自此,劳动教育成为当时教育方针的重要组成部分。

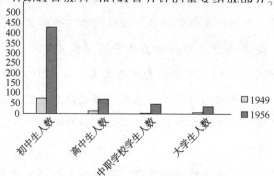

图3-1 1956年与1949年受教育人群对比(单位:万人)

1966年,《中共中央关于抓革命、促生产的十条规定(草案)》颁布,组织青年学生上山下乡,参加生产劳动,许多学校师生陆续到工厂、农村参加劳动和运动。劳动教育的内容更加强调体力劳动至上,文化知识学习不受重视,普通高等学校招生全国统一考试被取消。此时劳动教育的作用被盲目夸大,在"左倾"思想的影响下,劳动教育的意义和内涵出现偏差,以至"异化",劳动教育异化为政治工具和手段,道德色彩浓厚,演变为阶级斗争的武器,劳动教育的内容也单一化为体力劳动。

这一时期,劳动教育顺应新中国成立初期国家建设和社会发展的需要,在教育体系中扮演愈发重要的角色,劳动教育课程化、体系化进一步突显;同时,劳动教育的政治意义被上升到前所未有的高度,一定程度上将劳动简化为"体力劳动"或"生产劳动"。

三、改革开放以后至21世纪前的劳动教育(1978—1999年)

1978年召开的党的十一届三中全会,重新确立了解放思想、实事求是的思想路线,确定把全党工作的重点转移到社会主义现代化建设上来，做出实行改革开放的重大决策，实现了党的历史上具有深远意义的伟大转折。中国教育发展由此进入新阶段，劳动教育的探索也开始了新的进展。1978年，邓小平在全国教育工作会议上明确指出，教育与生产劳动相结合既是党的教育方针，也是党的教育优良传统，"我们制定教育规划应该与国家的劳动计划结合起来"，并提出了要"在新的条件下贯彻教育与生产劳动相结合"的方针，我国劳动教育的发展进入了"纠偏"的工作阶段。

20世纪80年代后，党中央重新审视劳动教育，将"脑力劳动与体力劳动相结合"作为教育方针，要求学校培养学生手脑并用的能力。通过长期的探索，劳动教育不再强调直接作用于日常生产，而是愈发注重学生综合素质的培养。这一时期出台了一系列政策文件，在制度上予以劳动教育充足的发展空间和政策支持，并从课程目标、内容、实施等方面做了相应调整和改进，课程体系日趋完善。

1986年，时任国务院副总理兼国家教育委员会主任李鹏在第六届全国人民代表大会第四次会议上做了《关于中华人民共和国义务教育法（草案）的说明》，在贯彻党的教育方针方面提出"应当贯彻德、智、体、美全面发展的方针，适当进行劳动教育，使青少年儿童受到比较全面的基础教育"。这里将劳动教育作为比较全面的基础教育中的一部分提了出来。同年10月，国家教育委员会副主任彭珮云在中学德育大纲研讨会上的讲话中更明确地提出"把德育作为德、智、体、美、劳五育全面发展的一个有机组成部分，使五育互相配合、互相渗透"，正式提出了"五育全面发展"的说法（表3-1）。

表3-1 1981—1999年中国共产党对劳动教育的探索路径

年份	场合或提出者	关于劳动教育的表述
1981	教育部	培养学生劳动观点、劳动习惯，使学生初步学会一些劳动技能
1982	教育部	学生参加劳动过多，影响基础知识的学习，是不对的；现在学生不参加或很少参加劳动不利于学生的健康成长，也是不对的
1983	万里	教育与生产劳动相结合，是马克思提出来的，这是一条正确的方针，必须坚持
	胡乔木	勤工俭学的第一个目的就是要把受教育者培养成为有社会主义觉悟、有文化的劳动者
	《全国中小学勤工俭学暂行工作条例》	开展勤工俭学活动，实行教育与生产劳动相结合，是坚持马克思主义教育思想，全面贯彻党的教育方针，培养德、智、体全面发展的有社会主义觉悟的有文化的劳动者的有效途径之一
1986	全国中学劳动技术教育工作座谈会纪要	各级各类学校都要根据各自的特点适当加强劳动教育，坚持把提高教学质量培养合格人才放在首位
	《关于第七个五年计划的报告》	劳动技术教育是全面贯彻国家的教育方针全面提高教育质量，培养全面发展的一代新人所不可缺少的重要措施，也是提高民族素质的重要措施之一

(续)

年份	场合或提出者	关于劳动教育的表述
1987	教育部	劳动技术课是实施劳动技术教育的主要途径,是普通中学的一门必修课程
1993	国务院	劳动教育的目的是多出人才、出好人才,劳动教育成为实现学校培养目标的重要途径和内容
1994	江泽民	忽视劳动教育会让学生疏离劳动人民感情,不利于他们健康成长和全面发展,生产劳动应成为一门必修课
1995	《中华人民共和国教育法》	教育必须与生产劳动相结合
1999	中共中央、国务院:《关于深化教育改革全面推进素质教育的决定》	中小学要鼓励学生积极参加形式多样的课外实践活动,培养动能力;职业学校要实行产教结合,鼓励学生在实践中掌握职业技能;高等学校要加强社会实践,组织学生参加科学研究、技术开发和推广活动以及社会服务活动
	教育部	教育与生产劳动相结合是培养全面发展人才的重要途径

资料来源:王明钦,刘英钦. 新中国成立后中国共产党劳动教育思想的脉络梳理与体系建构. 河南大学学报(社会科学版),2021年第9期.

四、全面建设小康社会以来的劳动教育(2000—2012年)

从21世纪开始,我国进入了全面建设小康社会,加快推进社会主义现代化建设的新发展阶段。党中央站在新的历史高度重新诠释了新时期劳动教育的内涵。

2001年国务院发布的《关于基础教育改革与发展的决定》中,将"坚持教育必须为社会主义现代化建设服务,为人民服务,必须与生产劳动和社会实践相结合,培养德智体美等全面发展的社会主义事业建设者和接班人"作为新世纪基础教育改革与发展的基本方针。这一表述既继承了我国教育方针的原有表述,又融入了国家领导人新时期的新思想,成为全面建设小康社会时期我国教育方针的新表述,被正式写入党的十六大报告。新方针第一次将"为人民服务"纳入教育方针,充分体现了新时期中国共产党"立党为公、执政为民"的人本理念。此外,新方针强调教育不仅要与生产劳动相结合,更要与社会实践相结合。"教育与生产劳动和社会实践相结合"是新时期"教育与生产劳动相结合"理念的进一步丰富和拓展,因为"社会实践更注重对知识的运用和创新。社会实践的过程就是对思想意识和知识的检验、运用和创新的过程",而且社会实践的含义更广、更贴近时代和现实,在信息社会它不仅包括生产劳动、科学活动,同时还包括各种第三产业的社会活动,所以,它更能体现新时期劳动实践的多样性和劳动创造的无限空间。

江泽民在党的十六大报告中指出，创新是一个民族进步的灵魂，是一个国家兴旺发达的不竭动力，并将"尊重劳动、尊重知识、尊重人才、尊重创造"明确为党和国家的一项重大方针。胡锦涛在2010年全国劳动模范和先进工作者表彰大会上的讲话中重申了"劳动最光荣、劳动者最伟大"的思想，提出了"体面劳动"的概念。

第三节 新时代劳动教育的创新发展

党的十八大以来，习近平将"坚持社会公平正义，排除阻碍劳动者参与发展、分享发展成果的障碍，努力让劳动者实现体面劳动、全面发展"作为施政目标之一，将"人民日益增长的美好生活需要和不平衡不充分的发展之间的矛盾"视为中国特色社会主义进入新时代后我国社会的主要矛盾，强调"坚持以人民为中心的发展思想，不断促进人的全面发展、全体人民共同富裕"。伴随着中国特色社会主义进入新时代，以习近平同志为核心的党中央站在历史高度，立足中国国情和发展实际，提出了符合新时代特征和要求的一系列关于劳动的重要理论成果，为实现"两个一百年"奋斗目标、中华民族伟大复兴的中国梦提供了强大思想理论支撑。

一、习近平关于劳动的重要论述的主要内涵

2013—2016年的"五一"国际劳动节，习近平连续四年发表系列重要讲话，就劳动、中国梦、劳动者、劳模精神等内容进行了深刻阐述。党的十九大报告也提出了一系列与劳动教育密切相关的重要论断。习近平新时代中国特色社会主义思想在充分汲取马克思主义关于劳动的重要理论的基础上，进一步发展了马克思主义劳动观，开创了新时代劳动理论的新境界。习近平新时代中国特色社会主义思想回应了新时代的重大关切，包含了"实干兴邦"的劳动实践观、"民族复兴"的劳动发展观、"崇尚劳动"的劳动价值观、"热爱劳动"的劳动教育观等丰富内涵，成为推动党和人民事业发展的强大思想武器和具体行动指南。

（一）劳动实践观

习近平总书记指出："人类是劳动创造的，社会是劳动创造的。"这一论述立足于唯物史观，强调了劳动对人类的重要性，进一步指出无论时代条件如何变化，人类文明进步的历史事实告诉人们，劳动不仅创造了人类，也是人类基本的实践活动和存在方式，更是人类生存和发展的最基本条件，还是人类创造物质财富和精神财富的基本途径。从马克思的"劳动创造了人本身"到习近平总书记强调"劳动是人类的本质活动"，既是对唯物史观劳

动思想的继承与发展,也是"劳动是人类的本质活动"这一思想在习近平新时代中国特色社会主义伟大事业中的生动体现。从这个意义上讲,习近平新时代中国特色社会主义思想中的劳动思想是对马克思主义劳动哲学的继承和发展,是马克思主义中国化最新成果,是中国特色社会主义理论体系的重要组成部分。

"我们所处的时代是催人奋进的伟大时代,我们进行的事业是前无古人的伟大事业,我们正在从事的中国特色社会主义事业是全体人民的共同事业。全面建成小康社会,进而建成富强民主文明和谐的社会主义现代化国家,根本上靠劳动、靠劳动者创造。"这些论述既彰显了一个基本观点,即"社会主义是干出来的",也充分体现了马克思主义实践观思想。同时,这些论述也深刻揭示了梦想与现实的辩证关系,梦想有了,怎么实现?"天上不会掉馅饼",只能靠勤奋不辍、持之以恒的劳动。如果只有梦想、没有行动,所设立的目标往往就会流于空谈,成为虚妄的黄粱美梦,而架起梦想与现实之间桥梁的则是实实在在的行动,即劳动实践。也只有在劳动实践中,人们的梦想才有可能变成现实。从个人与集体的互动关系角度上讲,中国梦也是每一个中国人的梦,每一个人的梦想同样也需要通过劳动来实现,而中国梦的实现则需要14亿中国人共同的努力。

"中华民族是勤于劳动、善于创造的民族。正是因为劳动创造,我们拥有了历史的辉煌;也正是因为劳动创造,我们拥有了今天的成就。"近代以来,中华民族实现了从站起来、富起来到强起来的伟大飞跃,依靠的正是一代又一代中国人的辛勤劳动、接续奋斗。干在实处,走在前列。习近平总书记指出,要坚持实干兴邦,始终坚持和发展中国特色社会主义。只有在全社会牢固树立崇尚劳动、劳动光荣的"实干"精神,才能实现"兴邦"的伟大梦想。习近平新时代中国特色社会主义思想夯实了全民族"实干兴邦"的劳动实践观,鼓励以辛勤劳动、诚实劳动、创造性劳动成就伟大梦想。

(二)劳动发展观

习近平总书记指出,"劳动是推动人类社会进步的根本力量""劳动是一切成功的必由之路"。这些论述深刻阐释了劳动创造的哲学意义,重申和强调了劳动创造的历史价值和重要意义,丰富和发展了马克思主义劳动观。应该讲,劳动不仅创造了人类,而且创造了社会,并推动着社会历史滚滚向前发展。正是站在这样的理论高度上,习近平总书记指出,"人民创造历史,劳动开创未来"。从马克思认为"劳动是任何一个民族存在和发展的基础"到习近平总书记的"劳动开创未来",进一步揭示了劳动与社会发展的本质联系。所以,全面建成小康社会、基本实现社会主义现代化、建成富强民主文明和谐美丽的社会主义现代化强国,以实现中华民族伟大复兴,根本上需要依靠劳动,依靠劳动者创造。劳动是通向未来的必经之路,只有通过全国各族人民辛勤劳动、诚实劳动、创造性劳动,才能让美好愿景变成现实,从而最终实现中华民族的伟大复兴。习近平总书记在党的十八大中外记者见面会上的讲话中指出,"人民对美好生活的向往,就是我们的奋斗目标"。之后,习近平总书记又多次强调,"全心全意为工人阶级和广大劳动群众谋利益,是我国社会主义制度的根本要求,是党和国家的神圣职责,也是发挥我国工人阶级和广大劳动群众主力军作用最重要最基础的工作"。基于这一出发点,习近平总书记强调劳动应以人民为中心,重视劳动对劳动者自身的价值与作用。

总体看来,习近平关于劳动的重要论述的重要内涵之一就是"造福劳动者",特别注重"共建"与"共享"的关系,即"国家建设是全体人民共同的事业,国家发展过程也是全体人民共享成果的过程",在共同建设的基础上,更要"实现好、维护好、发展好最广大人民根本利益,特别是要实现好、维护好、发展好广大普通劳动者根本利益",让改革发展成果更多更公平惠及人民,这也是"共享"作为新发展理念的具体体现。"造福劳动者"让马克思关于实现人的自由全面发展思想在新时代焕发出新的光芒。习近平总书记强调,"坚持社会公平正义,排除阻碍劳动者参与发展、分享发展成果的障碍,努力让劳动者实现体面劳动、全面发展",这充分彰显了习近平关于劳动的重要论述以人民为中心的本质特征,高扬了人的主体性。

"现在,我们比历史上任何时期都更接近实现中华民族伟大复兴的目标,比历史上任何时期都更有信心、更有能力实现这个目标。"同时,习近平总书记也指出,"劳动是人类的本质活动,劳动光荣、创造伟大是对人类文明进步规律的重要诠释"。这就意味着"说到底,实现中华民族伟大复兴的中国梦,要靠各行各业人们的辛勤劳动"。也就是说,实现中华民族伟大复兴是中国未来的发展方向,而劳动则是实现社会发展走向民族复兴的根本路径。这些论述既深刻阐释了依靠劳动实现发展的哲学意义,又揭示了劳动发展的本质所在,并赋予了丰富的时代内涵,重申和强调了劳动之于发展的历史价值和重要意义。

(三)劳动价值观

习近平总书记在多个场合、多次讲话中阐述了劳动态度、劳动模范、劳模精神在中国特色社会主义事业中的重要作用,他号召全社会应始终弘扬劳模精神、劳动精神、工匠精神,为中国经济社会发展汇聚强大正能量,为实现中国梦提供了"崇尚劳动"的价值引领。在每年的"五一"国际劳动节讲话中,习近平总书记都谈及劳动模范和劳模精神,并用较多篇幅论述劳动模范的历史贡献和劳模精神的宝贵价值。自2013年以来,我国先后使用"是民族的精英、人民的楷模""是我国劳动人民的杰出代表,是祖国和人民的骄傲""是坚持中国道路、弘扬中国精神、凝聚中国力量的楷模""是劳动群众的杰出代表,是最美的劳动者"等表述来充分肯定广大劳动模范和先进工作者。对于他们的贡献,多次用"他们以高度的主人翁责任感、卓越的劳动创造、忘我的拼搏奉献,为全国各族人民树立了光辉的学习榜样"予以强调。这些重要论述充分体现出党中央对劳动模范的高度认可和殷殷关怀。对于劳模精神，习近平总书记做了如下深刻阐述：劳模精神"丰富了民族精神和时代精神的内涵，是我们极为宝贵的精神财富""生动诠释了社会主义核心价值观，是我们的宝贵精神财富和强大精神力量""是伟大时代精神的生动体现"。这些重要论述既强调了劳模精神作为精神财富的重要意义，更突显了劳模精神的时代内涵。党的十九大报告提出，要弘扬劳模精神和工匠精神，营造劳动光荣的社会风尚和精益求精的敬业风气。从国家层面上讲，我们要始终弘扬劳模精神、劳动精神，为实现中华民族伟大复兴的中国梦注入强大的精神动力。从社会层面上讲，弘扬劳模精神有利于在全社会营造"崇尚劳动"的浓厚氛围和精益求精的敬业风气，为中国特色社会主义事业汇聚起强大的正能量。从个人层面上讲，榜样的力量是无穷的，劳模精神可以感染并引领广大劳动者勤奋做事、勤勉为人、勤劳致富，培育践行社会主义核心价值观。

二、习近平关于劳动的重要论述的时代价值

时代是思想之母，实践是理论之源。习近平新时代中国特色社会主义劳动思想正是基于时代的高度与实践的发展，回应了中国特色社会主义发展所面临的新使命与新课题，以劳动支撑起中国特色社会主义的现实关切。

（一）实现中华民族伟大复兴的中国梦必须依靠劳动

以习近平同志为核心的党中央以恢宏的理论勇气和卓绝的政治智慧，描绘了中国梦的宏伟图景，确立了中国人民的奋斗目标。实现中华民族伟大复兴是中华民族近代以来最伟大的梦想，这个梦想凝聚了几代中国人的夙愿。现在，我们比历史上任何时期都更接近中国梦。但我们也应清醒地认识到，在实现中华民族伟大复兴中国梦的征程中，幸福不会从天而降，梦想不会自动成真，如习近平总书记所指出的，"劳动是财富的源泉，也是幸福的源泉。人世间的美好梦想，只有通过诚实劳动才能实现；发展中的各种难题，只有通过诚实劳动才能破解；生命里的一切辉煌，只有通过诚实劳动才能铸就"，鉴于此，"中华民族伟大复兴，绝不是轻轻松松、敲锣打鼓就能实现的。全党必须准备付出更为艰巨、更为艰苦的努力"。该如何努力呢？习近平总书记也给出了答案，"实现我们的奋斗目标，开创我们的美好未来，必须紧紧依靠人民、始终为了人民，必须依靠辛勤劳动、诚实劳动、创造性劳动"。

"民生在勤，勤则不匮。"习近平总书记深情指出，"说到底，实现中华民族伟大复兴的中国梦，要靠各行各业人们的辛勤劳动"。毋庸置疑，展望未来，"两个一百年"奋斗目标的实现，仍然需要人民的劳动创造来铸就，更需要一代又一代的中国人努力拼搏。

（二）深化供给侧结构性改革需要构建和谐劳动关系

党的十九大报告提出，要构建和谐劳动关系。2015年，习近平在庆祝"五一"国际劳

动节暨表彰全国劳动模范和先进工作者大会上的讲话中指出，"劳动关系是最基本的社会关系之一。要最大限度增加和谐因素、最大限度减少不和谐因素，构建和发展和谐劳动关系，促进社会和谐"。针对生活暂时遇到困难的部分劳动群众，习近平总书记多次要求，"各级党委和政府要落实好失业人员再就业和生活保障、财政专项补贴等支持政策，落实和完善援助措施，创造更多就业岗位，确保安置分流有序、社会和谐稳定"。这也充分彰显了"以人民为中心"的发展思想，更彰显了习近平总书记强调构建和谐劳动关系的重要意义。2015年，中共中央、国务院还出台了《关于构建和谐劳动关系的意见》，旨在加强调整劳动关系的法律、体制、制度、机制和能力建设，加快健全党委领导、政府负责、社会协同、企业和职工参与、法治保障的工作体制，以建立规范有序、公正合理、互利共赢、和谐稳定的劳动关系。

习近平总书记在党的十九大报告中指出，建设现代化经济体系必须以"供给侧结构性改革"为主线，"建设知识型、技能型、创新型劳动者大军"，"完善政府、工会、企业共同参与的协商协调机制，构建和谐劳动关系"。鉴于此，必须从统筹推进"五位一体"总体布局和协调推进"四个全面"战略布局的高度来认识构建和谐劳动关系的重大意义。进入新时代，必须适应新情况、把握新规律，积极面对劳动关系出现的新变化，客观分析劳动关系呈现的新特点，准确把握构建和谐劳动关系的着力点，切实维护职工权益，进一步巩固劳动者的主体地位。

（三）中国制造转型升级需要一支高素质产业工人队伍

在全球深度嬗变的激荡变局中，国际竞争日趋激烈。而一个国家发展能否在全球格局中抢占先机，赢得主动，国民素质特别是广大劳动者素质起着至关重要的作用。人是生产力中最活跃、最根本的要素，无论是"中国制造"，还是"中国创造"，乃至"中国智造"，都需要一支结构优化、素质过硬的产业工人队伍，需要大规模布局合理、技艺精湛的技能人才，更需要一大批精益求精、追求卓越的大国工匠。

近年来，我国劳动者素质状况不容乐观：我国拥有产业工人1.4亿人，仅占就业人员的20%，其中，技术工人7000万人。高级技术工人245万人，仅占技术工人总数的3.5%，与发达国家高级技术工人40%的比例差距很大；工人技师100万人，仅占技术工人总数的1.4%，而发达国家的比例为20%；高级技师仅有7万多人，仅占技术工人的0.1%。由此可见，我国掌握"高、精、尖"技术的工人比例严重偏低。从一定意义上讲，高素质技术工人短缺是制约我国制造业发展的瓶颈所在，远不能支撑我国优化现代产业体系的需要，直接导致了我国制造业尚处于大而不强的业态。

基于这样的情势，习近平总书记提出："要实施职工素质建设工程，推动建设宏大的知识型、技术型、创新型劳动者大军……我们一定要深入实施科教兴国战略、人才强国战略、创新驱动战略,把提高职工队伍整体素质作为一项战略任务抓紧抓好。"理念是行动的先导。2017年4月,中共中央、国务院印发了《新时期产业工人队伍建设改革方案》,针对影响产业工人队伍发展的突出问题,创新体制机制,提高产业工人素质,畅通发展通道,依法保障权益,努力造就一支有理想守信念、懂技术会创新、敢担当讲奉献的宏大的产业工人队伍。中国梦的坚强领导核心,坚定不移全面从严治党,夺取反腐败斗争压倒性胜利,是我们党坚如磐石的决心。用习近平新时代中国特色社会主义思想武装全党,以劳动为载体锤炼作风、锻炼干部,是不断提高党的执政能力和领导水平的实现路径。

习近平总书记指出:"劳动,是共产党人保持政治本色的重要途径,是共产党人保持政治机体健康的重要手段,也是共产党人发扬优良作风、自觉抵御'四风'的重要保障。"这一重要论述将劳动的价值与全面从严治党有机结合起来,进一步阐述了劳动之于一个政党的重要意义。艰苦奋斗成为我党一个优良传统,就是因为在物资匮乏、环境恶劣的艰苦情势下,共产党人依然保持了昂扬向上、辛勤劳动的奋斗面貌,从而取得了一个又一个胜利。时至今日,经济社会发展取得显著进步,物质环境得到极大改善,如果一味地贪图享乐、好逸恶劳,必将疏远同劳动群众的情感滑入贪腐的深渊、走向自我毁灭,也将给党的肌体造成损害。为加强党的建设、确保健康发展,习近平总书记告诫广大党员干部,"要带头弘扬劳动精神,增强同劳动人民的感情,带头在各自岗位上勤奋工作、踏实劳动"。

【延伸阅读3-2】

习近平的劳动实践经历

1. 习近平七年知青岁月.中央党校采访实录编辑室.中共中央党校出版社,2017.
2. 知之深爱之切.习近平.河北人民出版社,2015.
3. 摆脱贫困.习近平.福建人民出版社,2014.
4. 之江新语.习近平.浙江人民出版社,2007.

第四节 新时代劳动教育的主要任务

自第三、第四次工业革命开创信息时代、数字时代和全新技术革命的"绿色时代"以来,人类社会步入更加富强、民主、文明、和谐、美丽的新时代。面对国际、国内各种不同因素的长期性、复杂性,如何在一个不稳定不确定的世界中谋求发展,要全面把握世界百年未有之大变局和中华民族伟大复兴战略全局,这是我们谋划工作的基本出发点。在这种新时代背景下,劳动教育作为构建德智体美劳全面培养体系的关键环节和综合体现,肩负建设新时代教育的使命。科学认识和把握新时代劳动教育,需要我们尊重和体现劳动教育的历史性、现实性和使命感。

一、劳动教育内涵的时代意义

一般而论,劳动不同于短暂的、有效的工作,它是永恒的,是为了满足人类需求所必需。然而,作为地球上的智慧生物,人又总是想着摆脱这种必需而获得自由。当然,这只是人类的空想,因为事实上,人始终臣服于必需的劳动。在这种状态下,人们认为劳动属于奴性,把所有耗费大量体力的活动统称为劳动,并产生对于那些耗费大量体力的职业和留不下纪念的活动(劳动)的蔑视。在现代,尤其是马克思基于唯物史观的劳动理论提出之后,劳动才真正被视作个人价值和社会价值的源泉,成为人的本质。究其原因,马克思基于现实的物质生产而非观念,认为自人类社会出现的那一刻起就有了劳动;人只有通过劳动,才能创造财富,满足自身物质所需,创造人的生命与生活;基于政治经济学,劳动的"生产性",即"劳动力",及其创造剩余价值的能力,展示劳动中人的力量和它带来的社会价值。

进而,马克思劳动及其教育理论的伟大贡献在于,他认识和发现劳动之于教育以及劳动教育本身的伟大意义,颠覆了数千年来将劳动教育与以理论理性主导的闲暇教育对立起来的历史传统,把代表社会绝大多数劳动者的劳动教育解放出来,认识到劳动教育既是人与自然的融合与相互改造,创造伟大的物质文明、社会文明和精神文明,也是人在劳动中充分发挥人的自然属性、社会属性和精神属性,构建人自己,创造历史,实现人的意义。

在现实意义上,劳动教育"是一种最必要的抗毒素,它被用来抵制下述社会制度的各种趋势,这种制度把工人降低为积累资本的简单工具,把那些被贫困压得喘不过气来的父母变成出卖亲生儿女的奴隶主"。劳动教育是"活劳动"的教育,它能够打破资本逻辑或资本主义生产方式和关系在教育中的统治地位,解放大众,实现弱势群体和阶层的教育平等。劳动教育作为自主的教育活动,是目的与手段的现实的统一,是人的类本质复归、社会的建构和共产主义实现的本质的统一。

二、新时代劳动新形式的挑战

步入信息化、数字化时代,传统形式的劳动逐渐发展为信息化、数字化、共享化的非物质劳动。非物质劳动是指创造非物质性产品和生产商品信息与文化内容的劳动,如信息、知识、关系、交往,以及情感反应的劳动。作为现代社会的劳动,非物质劳动表现为无所不在的代码、数码及其无时不在、无所不在地侵入和压制人们全部生活的后果,包括融合通信技术的信息化大生产、创造性与日常象征性的劳动和生产与操控情感的劳动等;

简言之，是有关智力、语言的劳动和情感劳动。

【延伸阅读3-3】

"情感劳动"（affective labor）由哈特、奈格里等新马克思主义批判理论家提出，指劳动产生或操纵者诸如轻松、幸福、满足、兴奋或激情等情感，具有不可度量性。

非物质劳动将决定其他劳动形式和社会本身的发展趋势，并且，以往从事物质劳动的广大劳动者转变为从事非物质劳动的普通"大众"。由于抽象劳动集聚在非物质形式产品中，其中天然地具有人与人之间的合作性、相互性，从而创造新型人际关系和社会形态。另外，其劳动过程的环节如生产与消费同时进行；劳动对象就是人本身；非物质劳动可以在任何时空、任何行业进行；劳动的时间和地点，进行劳动的各个行业，如工业、农业、服务业等，没有明显的界限。

另外，非物质劳动的最新发展形式是数字时代发生在"既是游乐场又是工厂的互联网"的"数字劳动"。在某种程度上讲，数字时代的每个人都是数字劳动者，他们在一个完全由一般数据组成的界面中进行交流和交换；以数据为中介，每个人既是受众或观众，也是参与到数字劳动中的创作者、读者、网络粉丝、行为艺术家等；既是增量文本，又把自己的个性、交际能力和情感融入其中。因此，这些工作既创造极大的剩余价值，也成为被剥削利润的源泉。更为关键的是，每个个体在大数据及其体制中都成为一串字符，个体及其交往被大数据透析，成为一种被数据中介化的现实存在物。

概言之，在新时代，劳动教育更需要科学分析生态教育、对话教育、非物质劳动教育、数字劳动教育等相关教育形式，探析劳动教育新的内涵、关系、形式、动力和主体，并对之进行客观的、联系的、全面的、动态的、积极的分析、反思和引导，对新的劳动异化形式进行批判和治理，坚持和发展正确的劳动教育价值观。

三、新时代劳动教育的使命与任务

首先，新时代劳动教育是新中国成立以来重要教育方针、教育内容和教育目的的继承与发展。1957年，毛泽东在《关于正确处理人民内部矛盾的问题》中提出，"我们的教育方针，应该使受教育者在德育、智育、体育几方面都得到发展，成为有社会主义觉悟的有文化的劳动者"。改革开放后，劳动教育汲取在"文化大革命"期间发展的教训，以培养自由全面发展的人为目的，展现其在现实关系中多面向、多层次的辩证关系，极大地丰富、发展了劳动教育理论。步入后工业社会的信息化、数字化时代，劳动教育的内涵和形式有迅猛的变化和发展，亟待重新认识劳动教育的主体、内涵、形式、效应及其与对话教育、生态教育，以及德智体美"四育"之间的辩证关系，对新时代劳动教育的异化进行治理。

其次，新时代劳动教育承载着建设新时代教育发展道路的重要使命。新时代对劳动教育反复的、重要的强调是，在当今"应试教育"主导下劳动教育"沙漠化"的背景下，吸取西方发达国家采取新自由主义和福利国家策略导致劳动教育缺失的经验和教训，根据新时代社会主义教育发展的实际需要，重新阐释并重塑劳动教育，唤醒劳动热忱，复兴劳动文化和精神的必然要求。

最后，防止劳动教育异化，是新时代劳动教育的紧迫任务。在新时代，虽然经济、社会和文化的发展为劳动教育的发展创造了有利条件，而且在本质上劳动教育具有消解体力劳动与脑力劳动二元对立的能力，但是，新时代劳动教育仍主要出现两方面的异化。一方面是体力劳动教育中身体的异化，没有认识到在哲学、心理学、认知神经科学等领域对身心融合关系的研究获得重大突破的时代背景下，劳动教育的"外在化""规训化""去身体化""去自然化"等问题忽视了身心统一，以及身体在创造亲知知识、个人知识、实践智慧、道德品质等方面独特而巨大的作用；另一方面是脑力劳动教育中精神的异化，轻视信息化、数字化时代对脑力劳动提出的更新更高的要求，忽视探究新时代劳动教育的物化、时空异化、自我异化和社会异化等问题，排斥劳动的精神属性、文化属性和交往特性，以及劳动过程中劳动人民创造的大众文化的价值和新时代数字文化创意的意义。

综上所述，为了科学认识和发展新时代劳动教育，我们必须要继续坚持马克思及现当代马克思主义的唯物辩证法，根据新时代物质生产和生活的主要矛盾，尤其是作为第一生产力的科学技术带来的社会主要矛盾的时代变化，客观地、深入现实地认识和把握劳动教育的变化和发展，探究劳动教育如何创造并实现生态文明、物质文明、精神文明和社会文明的现实、历史和具体的统一。

本章小结

从我国劳动教育的发展演进历程来看，对劳动者的人本关怀成为党越来越明确的执政理念，但21世纪劳动教育在关注技术之维的同时却有忽视人本之维的嫌疑。实际上，随着社会的进步与发展，体力劳动者可以变得越来越有文化，生活越来越丰富多彩，劳动的技术含量、收入、社会地位越来越高，但体力劳动永远不可能完全消失。因此，教育广大大学生树立正确的劳动观，正确认识社会的劳动领域和劳动群体发展势态，由衷热爱与重体力劳动和体力劳动者，为建构一个所有"劳动者参与发展、分享发展成果的"公平正义的社会而奋斗，也应成为当代劳动教育的重要目的之一。

在整体的时代意义上，基于新时代的劳动形式发生变化和新的发展，新时代劳动内涵的抽象性和象征性日益增强，新时代劳动关系的复杂多样性更易激发劳动主体的活力和创造力。在社会主义初级阶段，我国处于社会转型、科技和经济跨越式发展的时期,既需要在后工业社会背景下思考和应对信息化、数字化给劳动教育带来的挑战,继续坚持劳动成为教育的重要手段,不简单地以劳动为荣,也需要在工业社会背景下增加劳动的技术含量,通过劳动学到劳动技能、观念和价值,补充学校课堂教育的不足,让学生通过劳动知道劳动人民生活与工作的朴实与艰苦,保持社会主义社会的劳动本色,充分激发各级各类劳动主体的活力。

思 考 题

1. 劳动教育的定义与内涵是什么?
2. 劳动教育具有怎样的独特育人价值?
3. 近代以来四位教育家的劳动教育思想的主要理念是什么?
4. 新中国成立以来劳动教育经历了怎样曲折的发展?
5. 新时代劳动教育面临的挑战与使命是什么?

第四章

优秀传统劳动文化与新时代耕读教育

2013年12月，在中央农村工作会议上，习近平总书记指出，"农耕文化是我国农业的宝贵财富，是中华文化的重要组成部分，不仅不能丢，而且要不断发扬光大"。2017年12月，在中央农村工作会议上，习近平总书记指出，"走中国特色社会主义乡村振兴道路，必须传承发展提升农耕文明，走乡村文化兴盛之路"。农耕文明是中华文化的鲜明标签，承载着华夏文明生生不息的基因密码，彰显着中华民族的思想智慧和精神追求。本章将从中华农耕文明的起源入手，解读农业发展历史，体会我国以劳动为中心的乡土文化，阐释耕读教育作为农耕文明精华的缘由，探寻新时代耕读精神促进高素质人才培养的路径和举措。

第一节　中华农耕文明的起源与发展

我国是世界四大文明古国之一，并且是唯一没有中断、传承至今的文明，源远流长的农耕文明是孕育中华文明的母体和基础。我国是一个农业大国，在漫长的传统农业经济社会里，我们的祖先用他们的勤劳和智慧，创造了灿烂的农耕文明，它体现和反映了传统劳动的思想理念、生产技术、耕作制度以及中华文明的内涵，它的形成和发展，浸透着历代先贤的血汗，凝聚着我们民族的智慧。

一、原始农业

经历了漫长的采集渔猎时代，在距今万余年前原始农业萌芽，农业起源被誉为"新石器时代农业革命"，在人类发展史上具有划时代的意义。在1万年前左右，我国的原始农业已经起源，我国原始农业具有"多源起源、多元交汇"的发展特点，在诞生之初就具有浓郁的地域性特色，大致可以分为黄河流域旱作农业、长江流域稻作农业、东南沿海根茎农业、北方畜牧农业等基本类型。考古证明，距今五六千年前，在我国的黄河流域、长江流域等诸多区域就有了相当发达的农耕文明。

黄河流域土壤疏松肥沃，气候温暖干燥，为原始种植业的产生与发展提供了良好的自然条件。黄河流域的原始农业以粟的种植为代表。考古学资料表明，黄河中游的河北徐水南庄头遗址、河北武安磁山文化、河南新郑的裴李岗文化距今已有8000～10000年历史。遗址中发现大量粟类作物和工具，不仅有石斧、石刀、石铲、石镰等种、管、收农具，还有石磨盘和石磨棒等粮食加工工具。其后的仰韶文化以及黄河上游马家文化、齐家文化和下游的大汶口文化、龙山文化，均表明黄河流域是我国种植业起源最早的地区之一。

长江流域气候温暖湿润、雨量充沛，为以水稻种植为特色的原始水田农业的发展创造了条件。考古学上最早的稻作遗址江西万年仙人洞与吊桶环遗址距今12000～16000年。浙江余姚的河姆渡遗址是新石器中期文化遗存，距今已7000年。在河姆渡遗址中发现有稻谷、谷壳、稻秆、稻叶等遗存。此外，还发现大量的石斧和骨耜。在年代与之相近的桐乡罗家角遗址中还发现籼、粳等栽培稻，说明长江流域与黄河流域一样是我国古代农业文明的摇篮。

在原始畜牧业方面，经长期圈养驯化，家畜种类有所增加。河北武安磁山和河南新郑裴李岗遗址有家猪、家犬和家鸡的遗骨出土，说明七八千年前中原地区已有原始畜牧业。稍后的仰韶文化遗址中又有牛的遗骨出土。大汶口和龙山文化遗址中还发现马和羊的骸骨。至此，在我国北方马、牛、羊、鸡、犬、豕"六畜"俱全的畜牧业已具雏形。浙江河姆渡遗址出土有水牛和家犬的遗骨，说明六七千年前以饲养猪、狗、水牛为内容的南方畜牧业已初步发展。

我国是世界水稻的起源地，早在1万年前，活动在长江中下游地区的百越民族最早开始人工栽培水稻。在原始社会末期，中国水稻作分南、北两路向外传播，先传播至东亚的韩国、日本、东南亚的泰国、缅甸等，后来传到世界各地。中国水稻向世界传播被称为"稻米之路"。

二、夏商周春秋战国农业

夏商周是原始农业向传统农业的过渡时期，中华农耕文明的基本特质大致定型，传统农业的基本要素初步具备。这一时期出现了金属农具，开始进行治理江河的水利工程，原始的刀耕火种向比较成熟的种植和饲养技法转变，文化上出现了具有里程碑意义的甲骨文，创立了天文历法，夏历使农业生产从简单的物候经验进入了立法规范的阶段。

夏商周民族善于经营农业，他们所控制的疆域，实际上也大致是以农业为主要生产活动的地区，从这一角度来看，虽然其活动区域依然以黄河中下游地区为核心，但也呈现出不断拓展的发展趋势。特别是周王室的分封诸侯，可以看作是把周人发达的农业技术逐渐推广的过程，是我国最早的一次大规模农业推广。

井田制是夏商周时期最主要的土地制度，与这一土地制度相适应的劳动方式就是耦耕。耦耕是在大田耕作中广泛采用的协同耕作方式，周代最为流行。两个人并排各拿一个耒耜翻地，如果三个人并排翻地称为协田。据史书记载，在井田制下，集体耦耕的场景十分盛大，有"千耦其耘""十千维耦"之说。到春秋战国时期，随着井田制的破坏，铁犁牛耕推广，耦耕逐渐退出了历史舞台。

春秋战国是传统农业的奠基时期，农业生产关系的剧烈变革与生产力水平的显著进步，激发、创造出了灿烂的思想文化和物质文明，是我国传统农业的萌芽阶段。这一时期是我国社会生产力大发展、社会制度大变革的时期，我国农业进入了一个新的发展阶段。铁器农具在春秋战国时代发明并获得初步的推广，这些农具的发明及其耕作技术的配套与完善，奠定了我国传统农业的技术体系。

进入春秋战国时期，一些大型水利工程开始兴建，如西门豹与漳水十二渠、李冰父子与都江堰、郑国与郑国渠等水利工程。

【延伸阅读 4-1】

古代农具(图 4-1 至图 4-7)

图 4-1　石斧(旧石器时代)

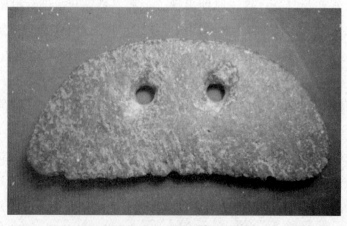

图 4-2　双孔石刀(大汶口文化期)

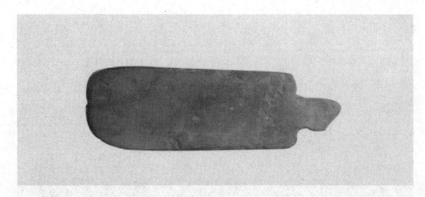

图 4-3 　有肩石铲（新石器时期的石器，铲为青石质，通体磨制光滑，
　　　　　两面磨刃呈弧形状。现收藏于新郑市博物馆）

图 4-4 　石镰（新石器时代）

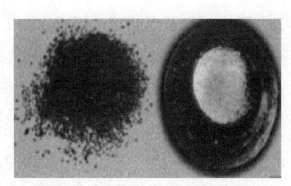

图 4-5 　碳化粟和菜籽（半坡遗址出土）

图 4-6 　碳化稻谷（河姆渡遗址出土）

图 4-7 协田耦耕(商周时期三人协作蜡像)

三、秦汉、魏晋南北朝、隋唐农业

秦汉、隋唐盛世深刻影响了我国乃至世界历史的进程。农牧文化的对峙与融合,构成了这一时期社会经济文化的基本内涵,展现了恢宏强劲、兼收并蓄的时代特征。中央集权制度的巩固、封建生产关系的确立、大型农田水利工程的兴修、铁犁牛耕的推广、北方旱作技术体系的成熟,为汉唐盛世农业发展与进步奠定了坚实的基础。

秦汉时期,我国北方精耕细作的优良传统逐渐形成。因时、因土耕作,大力推广代田法和区种法,连种制、轮作复种逐步出现,间作、混作也出现了。人们对于土壤肥力高低和作物产量的关系已有明确的认识,在作物的栽培管理方面也积累了丰富的经验。在汉代,农历二十四节气已经定型,其名称和顺序跟现在的内容完全一样。精耕细作是我国传统农业的重要特色,汉代出现的代田法、区田法就是集约经营、抗旱丰产的典范。

秦汉时期,铁业的迅速发展和冶铁工艺水平的提高,使得铁农具的种类大幅增加,质量也有较大提高,基本实现了铁器化。汉代发明的耧车,是世界最早的条播机。铁犁、耧车等新农具也日益得到推广,加之牛耕技术的广泛推行,使我国封建社会农业生产力的发展上了一个新的台阶。

秦汉时期的作物种类已十分丰富。人们在蔬菜栽培方面积累了丰富的经验。仅在《氾胜之书》中,就记载了葫芦嫁接、葫芦摘心和陶瓮渗灌技术;《四民月令》中则记载了分期播种、蔬菜移栽和生姜催芽技术,特别是温室栽培技术。

魏晋南北朝时期,北方地区以提高土地生产率为主,南方地区则以扩大耕地面积为主。在黄河流域形成了以"耕—耙—耱"为中心、以抗旱保墒为目的的旱地耕作技术体系，作物品种更加丰富，龙骨水车应用到农田灌溉，还出现了轮作倒茬、种植绿肥、选育良种等技术措施，加之一批大型水利工程相继兴建，使得农业生产各部门均获得长足进步。中原的畜牧业，不同于游牧地区单纯的畜牧业，而是以种植业为主的农牧结合。农业中畜牧成分的增加，实际是对土地荒芜情况的适应性变化。国家兴建和扩建了许多大型的国家牧场，并在饲养方法、选种、配种、兽医学等方面都有了新的发展。

隋唐时代步入国家统一、经济繁荣的稳定发展时期，农业生产也进入一个大发展、大转型阶段。唐初，社会在战乱中得到恢复，统治者采取了比较开明的政策，如实行均田法，计口授田；推行"租庸调"制（租即土地税，庸即劳役，调即土产供品），减轻农民负担；兴办水利，奖励开荒；减少力役，与民休息。社会经济迅速获得恢复和发展。唐中期，南方的水田耕作技术趋于成熟，与此相关的作物构成也逐渐发生改变，水利建设的重点也从北方转向了南方，水稻居于粮食作物首位，小麦超过粟而位居第二。茶、甘蔗等经济作物也有了新的发展。

汉唐时期中国的饮食文化也发生了重大变化，由开始的分餐到聚餐，由粒食到面食，食品加工、烹调方式也出现多元化。

【延伸阅读4-2】

中国人种茶、饮茶的历史非常久远，大约有3000多年的历史了，夏商周时期已有明确文字记载，从汉代始，茶叶进入对外贸易行列；隋唐时期，饮茶成风，有"人家不可一日无茶"之说，可见当时人们饮茶已成习惯。唐代陆羽的《茶经》就是世界最早的茶叶专著。

随着农业生产技术的不断提升，出现了一些总结农业生产经验的农书。包括《齐民要术》《兆人本业》等。其中，北魏贾思勰的《齐民要术》在中国农业发展史上具有里程碑意义，被誉为中国古代的农业百科全书。武则天的《兆人本业》则是我国第一部官修农书。

四、宋元农业

唐代中期以后，随着我国政治、经济重心的逐渐转移，我国传统农业发展的重心也逐渐转到了江南地区。宋代北方有辽、金不断侵扰中原，北方一度兵荒马乱、民不聊生，纷纷南迁。在人们大批南迁的同时，北方旱作体系的成熟技术也随之传到南方，促进了南方农业的开发与发展。江南经济地位显著提升，我国经济中心南移进程完成。先进的农业科技、生产工具、充足的劳动力和江南优越的农业自然条件，是宋元时期江南稻作技术体系成熟的基本要素。

宋元时期中国农业发展主要表现在形成了适应南方水田环境的"耕—耙—耖—耘—耥"水田耕作技术体系。与南方地理、水资源条件相适应，南方农田水利多以中小型水利工程为主，形成了诸多依托江、湖的陂、塘、浦、圩水利工程体系。

宋代还十分重视渔业和园圃，发展花卉种植、蔬菜种植。技术方面取得了一系列重大突破，现代熟悉的"移花接木""反季节栽培""无土栽培"等，在当时都已经出现。

宋末元初，棉花开始分南北两路逐步传入中原。元代中期，棉花在长江流域已经广泛分布，而新疆的棉花也经由河西走廊进入黄河中下游地区。与此同时，随着黄道婆将棉纺织技术由海南传到江浙，棉纺业也取得了突破性的发展，棉纤维逐渐取代葛、麻、丝绸以及裘皮，成为人们衣被原料的主要来源。

此外，北方的翻车、筒车等灌溉农具在江南稻区获得了普遍的运用，并出现了手转、脚踏、牛拉等种类繁多的水车改良形式。

五、明清农业

明清时期人口激增，人地矛盾成为必须应对的基本国情。在人口压力下，土地利用率显著提高，农业向更加精细化发展；农业地域空前拓展、促进了新农区的开发。第三次引种高潮改变了我国基本的作物与饮食结构，传统农业科技体系全面成熟，并发生了重大变化，出现了多熟制，由最初的一年一熟，发展到一年两熟或二年三熟等，并出现了间作、轮作、套种等耕作方式，大幅提高了土地的利用率。

清道光十四年(1834年)，我国人口达到了4亿。为了缓解人地矛盾，除了把开发触角延伸到高寒、边远地区之外，还创新了土地利用方式，"向山要田，与水争地"达到了高潮。梯田是向山要田，架田、垸田、垛田以及涂田则是与水争地，而柜田相当于今天的立体农业。

明清时期是我国传统农学思想走向辉煌的重要阶段，出现了很多农学家和大量的农书，如明代徐光启的《农政全书》，清代鄂尔泰的《授时通考》，清代杨屾的农学理论著作《知本提纲》等。

明清时期，农业、手工业中的商品性生产进一步发展，粮食、棉花、生丝、茶叶、烟草、瓷器等成为大宗商品。

【延伸阅读4-3】

新疆的坎儿井是明清时期兴修水利的杰出成就。坎儿井其实就是"井穴"的意思，早在《史记》中就有记载，称其为"井渠"，是荒漠地区一种特殊的灌溉系统，普遍存在于新疆吐鲁番地区。坎儿井的结构，大体上可分为竖井、地面渠道、地下渠道和涝坝(小型的蓄水池)四部分。吐鲁番盆地北部的博格达山和西部的克拉乌成山，春夏时节会有大量的积雪和雨水流入山谷，潜入戈壁滩下，人们利用山体的坡度，将竖井和渠道巧妙地结合，引地下水进行灌溉。吐鲁番的坎儿井总数达1100多条，全长约5000千米。坎儿井不会因为狂风、炎热而使水分大量蒸发，因而流量稳定，保证了自流灌溉。坎儿井与万里长城、京杭大运河并称中国古代三大工程。

六、近现代农业

1840 年以后，随着西方科技的大量传入，经验农学向实验农学转变，有机农业向无机农业发展，新型材料与技术替代传统工艺，农用动力由畜力向机械化过渡，我国农业开启了近现代化的进程。

洋务运动过程中，一批有识之士开始翻译西方农学著作、编纂近代农学著述，开西方近代农学中国化之先河。如我国近代农学家罗振玉对中国科学、文化、学术颇有贡献，参与了保存内阁大库明清档案、甲骨文字的研究与传播、整理敦煌文卷、开展汉晋木简的考究等，主持了《农学报》《农学丛书》的出版工作，是我国近代农学的开拓者之一。

洋务运动以后，国人开始兴办农业教育、建立农业科研机构，推广农业科研成果，促进了我国近代农业科学的体制化发展。我国各地先后出现了从事农业教育的学校，其中最早的是创办于 1891 年的浙江蚕学馆。这一时期不少学生经过政府和民间多种渠道赴日本和欧美学习农业科技，他们学成回国后，为我国近现代农业的创立与发展，为我国农业专门人才的培养做出了积极贡献。

图 4-8　西北农林科技大学的前身国立西北农林专科学校建校用砖

在我国农业近现代转型的过程中，有三个方面的重要标志：一是化肥与农药的使用，开始了由有机农业向无机农业的转型；二是水利新技术与新材料的应用；三是由经验农业向实验农业的转型。

水利工程方面，李仪祉和他主持的关中八惠最值得称道。李仪祉在主持兴修关中八惠时，开始大量采用新的工程技术和新材料，开启了我国水利建设的新篇章。

【案例 4-1】

李仪祉（1882—1938），水利学家、教育家，陕西省蒲城县人。先后亲自设计和指导建设洛惠渠、渭惠渠、黑惠渠、沣惠渠、漆惠渠、灞惠渠等，这些渠道同泾惠渠合在一起并称"关中八惠渠"。

在作物良种培育方面，有三位代表人物：赵洪璋、袁隆平、李振声。赵洪璋所培育的小麦品种'碧蚂1号',年种植面积达到9000余万亩,创我国一个品种年种植面积的最高纪录,也是新中国在北方地区推广种植面积最大的小麦品种,一生被毛泽东同志接见过三次。毛泽东曾高度评价说他"挽救了新中国"。杂交水稻之父袁隆平2000年获首届国家最高科学技术奖。李振声院士在杨凌工作了35年,用辛勤的汗水取得了辉煌的成就,他所培育的优质小麦品种"小偃系列",累计推广面积达到1.5亿亩,增产小麦40亿千克,是我国小麦品种中推广时间最长的品种,2006年获国家最高科学技术奖。

【案例4-2】

　　赵洪璋(1918—1994),育种学家,河南淇县人。1940年毕业于西北农学院农艺系。曾任西北农学院教授。1955年选聘为中国科学院院士(学部委员)。重视性状形成与生态环境和栽培条件的关系,形成了独特的以精取胜的选择技术,选育出'碧蚂1号''碧蚂4号''6028''丰产3号''矮丰3号''西农85'等小麦优良品种,对黄河中下游地区的小麦生产做出了重大贡献。'碧蚂1号'1959年种植达9000多万亩,是我国至今推广面积最大的小麦品种;抗吸浆虫品种'6028'种植面积达460多万亩,恢复和发展了陕西关中等省区吸浆虫危害地区的小麦生产;'丰产3号'1976年种植达3000多万亩,是当时黄淮麦区种植面积最大的小麦品种。'矮丰3号'的育成推广,推动了我国矮化育种的发展;高抗赤霉病的'西农85'的育成,开创了北方麦区小麦抗赤霉病育种的成功先例。

　　近现代园艺栽培蔬菜育种方面,付润民培育出了高产苹果品种'秦冠',李殿荣培育出了杂交油菜'秦油二号',王鸣培育出的优质西瓜品种'西农八号'荣获了科学大会奖。

　　在近现代畜牧业方面,中国农业科学家也培育出了大量的畜牧品种。其中,刘荫武教授培育的莎能奶山羊日产羊奶5千克,最高达9千克,被誉为"奶银行"。

　　近现代农业的又一重大转变就是农业机械化,在农业生产的各个领域都出现了机械化,如东方红拖拉机、联合收割机、播种机等。1959年11月13日,13台首批国产"东方红-54"拖拉机运抵黑龙江。新中国第一位女拖拉机手梁军跳上一台"东方红"开着转了一圈,现场的记者纷纷过来拍下了她与"东方红"的合影。1960年第三套人民币正式定版,一元纸币正面的女拖拉机手就是以梁军为原型,该券人民币于1962年正式发行(图4-9)。

图4-9　1960年发行的第三套人民币1元纸币的
正面是中国第一个女拖拉机手梁军驾驶拖拉机耕地的画面

第二节 农业劳动与乡土文化

人和自然的关系是从劳动开始的。土地最初以实物、现成的生活资料供给人类，在相当长的历史长河中农村土地决定了农民交往关系，土地决定了农村的生产方式、生活方式和文化地位。费孝通先生认为中国社会的基层是乡土性的，他对乡土的解释是"土"字。"土"最基本、最直观的意义是泥土，因为在乡下住，先祖们离不了泥土，种地是最普通的谋生方法，于是诞生了丰富而厚重的乡土文化。

一、乡土文化的基本内涵及特征

乡土文化是发端于传统农业社会，以广大农村生活为根基，带有浓厚地方色彩的物质文明和精神文明的总和，通过乡村农民个体和集体创造并长期积淀发酵，以及发现乡土智慧、传播乡土价值、激发乡土创造，实现了特定区域共性文化的积淀。乡土文化包括物质文化与非物质文化两种形态，如乡村的自然景观、文物古迹、民居建筑、古镇风貌、祠堂庙宇和民风民俗、民间曲艺、民间手工艺、民间口传历史、竞技游艺、园艺种植、风味餐饮、生活智慧等。

（一）乡土文化的空间特征

乡土性是乡土文化最为核心的特征。费孝通先生分析指出，我国传统社会结构中的乡土性最根本的表现是人与空间关系的不流动。因而，基于特定空间所产生的乡土文化，自然也就会带有空间特征。在传统中国，农业是社会的核心产业，虽然历朝历代也存在手工业、商业等，但与农业相比都处于微乎其微的地位，例如，手工业长期处于政府垄断的状态，而商业一直以来又是政府所限制的对象。广大的人民群众除了从土地中获取生活所需要的资源以外，别无他法。换言之，正是被土地所牢固束缚，才使得我国农民难以从土地中脱离出来，也才使得家族聚居，数百年不曾变动的情形成为中国传统社会的常态。当然，安土重迁并不意味着毫无变迁的可能，受战乱等因素而导致的流离失所乃至大规模人口迁移也屡见不鲜。

（二）乡土文化的人际关系特征

乡土文化实质上就是熟人社会构成的一种文化体系和文化内涵。乡土社会中生存的个体基本处于一定的社会关系之中，因而乡土文化的首要表现是一种人际关系形态。这种人际关系形态主要以"亲缘""地缘"关系为基础，并在这种社会关系中构建了他们交往与互动的"差序格局",这种"亲缘""地缘"关系所形成的朴素道义和情感义务,支撑着乡土文化和社会的持续。传统中国乡村多为聚村而居,村落内部的自然经济能够实现最为简单的自给自足要求,因而,农民群体对外交往的意愿并不强烈。

【延伸阅读 4-4】

所谓差序格局是费孝通在《乡土中国》中提出的一个概念,就好像一块石头被丢在水面上引发的一圈圈涟漪,每个人都是他社会影响所推出去的圈子的中心。圈子的波纹所推及的就发生了联系。在差序格局中,社会关系从一个一个人推出去,是私人关系的叠加,社会范围则是一根根私人联系构成的网络。因此,传统社会里所有的社会道德也只在私人联系中发生意义。

(三) 乡土文化的伦理本位特征

乡土文化作为中国传统社会文化的一部分,是在中国传统社会土壤上产生的。因而,其不可避免地对中国传统社会具有一定的依附性。著名社会学者梁漱溟先生认为,中国传统社会既不是个人本位,也不是社会本位,而是一种以道德准则、伦理规范为主要特征的"伦理本位的社会"。中国人"实存在于各种关系之上。各种关系,即是种种伦理。伦者,伦偶,正指人们彼此之间相与。相与之间,关系遂生。家人父子,是其天然基本关系;故伦理首重家庭。随着一个人年龄和生活之展开,而有四面八方若近若远数不尽的关系。是关系,皆是伦理;伦理始于家庭,而不止于家庭"。伦理社会本位贯穿于中国社会的各个层面,在乡土社会中体现得尤为明显,这和乡土社会家族聚居、封闭保守的形态有着非常密切的关联。乡土文化与乡土社会的伦理本位相互影响、共同作用,乡土社会的伦理本位思想使得乡土文化具有浓厚的伦理色彩,而乡土文化又会进一步影响到乡土社会中的各个成员,使得成员间也建构了一套独特的权利义务关系,以达成社会在道德意义上的整合。因此,"伦理本位"也逐渐成为人们日常生活的一部分,或者说,它严格地限定着乡土社会中人们的行为方式。

二、劳动与乡土文化

乡土文化是中华文明的根脉和灵魂,是凝聚民族认同的"共同记忆",是新时代劳动观和耕读文化的文化滋养和历史基础。在中华文明的传承中,劳动与乡土文化相依相生,共同构筑起了博大精深的传统文明的精神内核。劳动为乡土文化提供了丰富的实践素材和生动养料,乡土文化为劳动提供了充沛的精神滋养和承载沃土,乡土文化还进一步促进了古代劳动的生产发展。

在传统的乡土文化中,中国人民历来重视劳动教育,并把劳动作为美德。智慧勤劳的中国人民热爱劳动、自强不息,有许多尊重劳动和劳动教育的传统。远古时期有嫘祖教人养蚕制衣、神农教人耒耜耕作、后稷教民稼穑、有巢教民构木为巢等故事传说,推崇生产劳动的教育；春秋战国时期墨家更是尊重劳动和劳动者的思想家代表；两汉时期的统治者重农抑商，采取"与民休息、无为而治"的政策，减轻劳动者负担，关注劳动者权益，为国家稳固奠定了基础；盛世唐宋时期，更加尊重劳动和劳动者，"昼出耕田夜绩麻"生动展现了劳动场面；"粒粒皆辛苦"饱含着对劳动成果的珍惜。"晨兴理荒秽，带月荷锄归""忧劳可以兴国，逸豫可以亡身"等许多关于劳动的诗歌和典故，都为传承优秀乡土文化中的劳动精神提供了历史基础、智力惠泽和充足养料。

在漫长的文化传承中，中国古人把"习劳"作为必备品德和第一要义。无论是贵族子弟，还是平民百姓，童蒙初学就要学习洒扫的劳动第一课。朱熹《童蒙须知》中列有"洒扫涓洁"一章。曾国藩在《诫子书》中说："若农夫织妇终岁勤动，以成数石之粟数尺之布，而富贵之家终岁逸乐，不营一业，而食必珍馐，衣必锦绣，酣豢高眠，一呼百诺，此天下最不平之事，鬼神所不许也，其能久乎？古之圣君贤相，盖无时不以勤劳自励。"这种"耕读传家久""习劳则神钦"的优秀传统，在今天的劳动文化传承中依然显得弥足珍贵。

值得注意的是，传统文化中"重智轻劳"的现象也广泛存在，"学而优则仕""劳心者治人，劳力者治于人"等观念，使得传统乡土文化在与劳动结合中出现了一些反面情况，造成了一些诸如不会劳动、轻视劳动、不珍惜劳动成果等排斥劳动的现象，进而失去对劳动美德的追求和劳动者应有社会地位的尊重，乡土文化关于劳动教育的正反两方面的事例与经验、教训，在当今劳动文化传承中应当有选择地进行继承和批判。

三、乡村振兴背景下的乡土文化建设

20世纪90年代以来，社会出现了一些轻视劳动、轻视土地的现象，但乡土文化并未趋向于消亡，而是以一种新的形态重新确立在国人心目当中，乡土文化的文化内涵和文化核心也随着时代的进步而与时俱进，不断发生深刻的变化。

乡土文化建设是农村社会发展的重要内容，是新农村建设和美丽乡村建设的精神支柱，也是乡村振兴的灵魂。乡土文化中的生活方式、文化传统、农政思想等，与今天所提倡的和谐、共享、低碳等理念十分契合。因此，挖掘、传承与保护乡土文化，是时代的必然选择。自2004年起，国家连续十八年发布以"三农"为主题的中央一号文件。2021年中央一号文件《中共中央、国务院关于全面推进乡村振兴、加快农业农村现代化的意见》于2月21日发布。文件中明确指出，要把乡村建设摆在社会主义现代化建设的重要位置，全面推进乡村产业、人才、文化、生态、组织振兴，充分发挥农业产品供给、生态屏障、文化传承等功能，走中国特色社会主义乡村振兴道路，加快农业农村现代化，加快形成工农互促、城乡互补、协调发展、共同繁荣的新型工农城乡关系，促进农业高质高效、乡村宜居宜业、农民富裕富足，为全面建设社会主义现代化国家开好局、起好步提供有力支撑。

文件明确提出要深入挖掘、继承创新优秀传统乡土文化,把保护传承和开发利用结合起来,赋予中华农耕文明新的时代内涵。

乡村是文化的宝库。乡村文化可分为四大类。一是农耕文化。这是与农业生产直接相关的知识、技术、理念的综合,包括农学思想、栽培方式、耕作制度、农业技术等,农耕文化还包括了农业哲学思想和农业美学文化。二是乡村手艺。像木匠、石匠、篾匠、刺绣、酿造等技艺,凝结了先人的生存智慧,反映着村民们的精神信仰与心理诉求。三是乡村景观文化。乡村景观以农业活动为基础,以大地景观为背景,由聚落景观、田园景观、社会生活景观和自然环境景观等共同构成,集中体现人与自然的和谐关系。四是乡村节日与习俗。生活习俗作为生活中的文化现象,包括衣食住行的方式,生老病死、婚丧嫁娶的习俗,以及民间信仰与禁忌等广泛内容,也包括乡村艺术和娱乐活动等。

在乡村振兴战略背景下,中央强调要"深入挖掘优秀传统农耕文化蕴含的思想观念、人文精神、道德规范""培育文明乡风、良好家风、淳朴民风,改善农民精神风貌,提高乡村社会文明程度,焕发乡村文明新气象"。在理解乡村文化的内涵基础上,乡村文化建设应遵守两个原则。一是坚持农民主体原则。农民是乡村的主人,他们既是乡村文化的建设者,也是乡村文化的受益者,只有农民最理解乡村文化与自身生产、生活的关系。以农民为主体的农业经营方式有助于维系农耕文化的代际传递,强化农民把家庭责任和维护土地的责任、生态责任和社会责任统一起来。以农民为主体的乡村生活有助于维系优秀传统文化的传承。要尊重农民的创造,如倡导德孝文化、弘扬优秀家风、通过村规民约、移风易俗这些来自基层行之有效的乡村文化建设经验。二是坚持保护好村落原则。丰富的农业文化以及尊老爱幼、诚实守信、邻里互助、勤俭持家等传统美德,存在于乡村空间结构和社会结构之中,农家院落及其特定的排列方式构成的村落形态、村落公共空间,乡村的劳动与消费方式、节日与交往习俗,以及乡村的家庭、家族、邻里、亲缘关系等,都是乡村文化得以存在和延续的载体。乡村文化建设只有从保护村落开始,遵循乡村发展规律,做到与时俱进,才能取得事半功倍的效果,避免出现建设性破坏。

【案例4-3】

归园田居·其三

陶渊明

种豆南山下,草盛豆苗稀。

晨兴理荒秽,带月荷锄归。

道狭草木长,夕露沾我衣。

衣沾不足惜,但使愿无违。

公元405年(东晋安帝义熙元年),陶渊明在江西彭泽做县令,不过八十多天,便声称不愿"为五斗米向乡里小儿折腰",挂印回家。从此结束了时隐时仕、身不由己的生活,终老田园。归来后,作《归园田居》诗一组,共五首,本诗是其中的第三首。这首八句短章,在普普通通、平平常常四十个字的小空间里,表达出了深刻的思想内容,描写了诗人隐居之后躬耕劳动的情景。

【案例4-4】

《平凡的世界》中的乡土文化

《平凡的世界》是由中国作家路遥创作的一部百万字小说。1986年12月首次出版,取材于农业农村农民的日常生活。小说背景为我国20世纪七八十年代中期,以孙少安和孙少平两兄弟为中心,通过复杂的矛盾纠葛,刻画了当时社会各阶层众多普通人的形象;劳动与爱情、挫折与追求、痛苦与欢乐、日常生活与巨大社会冲突纷繁地交织在一起,深刻地展示了普通人在大时代历史进程中所走过的艰难曲折的道路。小说以极具陕北特色的信天游和陕北方言展开,在民俗式的表达和口语化的地方语言的浸润下,传达出一种朴素、真挚和浓厚的乡土情感。

《平凡的世界》中描绘了很多具有陕北特色的民俗。如乡村的打枣节是一个比较重要的节日,全村人齐齐出动去打枣,整个村子都处在一种丰收的欢乐气氛之中,无不体现着这个节日对村民的重要性。丰富多彩的习俗都展现着这一地区的风貌,各式习俗给黄土地日复一日的单调的生活带来几抹色彩,带来精神上的极大满足感。即使后来发家致富,孙少安还是在双水村这片土地上打拼,不仅给自家打起了新窑洞,也奋力带领其他村民一起致富,都体现了孙少安对生养他的这片黄土地的浓厚感情。

第三节 耕读文化与劳动教育

耕读教育将农业生产与文化教育相结合,在我国农耕历史文化中源远流长,无论对于农人还是文人,"以耕养家""以读兴家""耕读传家"都已成为几千年来我国社会盛行的优良文化传统。古人常常把"耕读传家久,诗书继世长"这条朴素的古训,或刻在门柱上,或挂在厅堂中。与之相伴的还有一块木隔,上面写着四个大字"耕读传家"。这是他们对自我理想生存状态的凝练表达。所谓"耕读",是农耕和读书的合称,是我国传统社会里最普遍的一种生活状态和价值追求。

一、耕读文化的内涵

耕,《说文解字》道:"耕,犁也,从耒井声。一曰古者井田,谓从井,会意。"指的是从事农业生产劳动,耕田可以事稼穑,丰五谷,养家糊口,以立性命。读,《说文解字》道:"读,诵书也,从言卖声"。本义为诵读诗书经文,后指的是读书,读书可以知诗书,达礼义，修身养性，以立高德。可以看出，"耕"即从事农业生产，不仅指农耕，也泛指各种农业活动，如渔、樵、织等；"读"即接受文化教育，不仅指读书，其内涵是围绕读书而展开的各种文化活动，如教育、科举、丧葬、祭祀等。

"耕读传家久，诗书继世长"，在漫长的农耕社会，古代的耕士人始终乐此不疲地追求既耕且读的生存境界，在繁重的农业生产劳动之余，挑灯夜读，修身养性，进而形成了中华民族独特的耕读文化。重视农业、教育、文化也成为农耕文明的生活传统。耕作与读书，是滋养我国古人身体与心灵的两大重要支柱。一耕一读，造就了我国传统社会的整体面貌与文明特征；一耕一读，奠定了我国在政治、经济、文化、民生、生态等领域的发展基调。

二、耕读文化的起源与发展

耕种是中国农业社会最日常的生活内容。中华民族自古以来就以农立国、重视教化，耕读不仅是一种生活方式，更是一种情怀、文化和价值追求。中国的耕读文化起源，可以追溯至春秋战国时期，一些知识分子以半耕半读的生活方式形成了一种"耕读文化"，汉魏时期耕读文化的发展已经非常成熟，唐宋时期耕读文化繁荣发展，明清时期达到鼎盛。

《周书》曰："神农之时，天雨粟，神农遂耕而种之。作陶，冶斧斤，为耒、耜、锄、耨，以垦草莽，然后五谷兴，助百果藏实。"《周易·系辞下》记载："古者包牺氏之王天下也，仰则观象于天，俯则观法于地，视鸟兽之文，与地之宜，近取诸身，远取诸物，于是始作八卦，以通神明之德，以类万物之情。"由此可见，中华民族在伏羲时代就有了向自然和天地万物学习的萌芽意识、神农时代就有了农业文明、尧舜时期就有了人伦教育的价值自觉。

西周时期，出现了"国学"与"乡学"之分，是典型的政教合一的官学体系。国学为天子或诸侯所设，包括太学和小学两种；乡学是与国学相对而言，泛指地方所设的学校。按《周礼·保氏》，"养国子以道，乃教之六艺：一曰五礼，二曰六乐，三曰五射，四曰五驭，五曰六书，六曰九数"。周代教育贵族子弟的六种科目被称为"六艺"，即礼、乐、射、御、书、数。这一时期，耕种和学习的关系为"三时务农而一时讲武"（《国语·周语上》），耕读只能说是周王室的教育内容，老百姓们还没有读书的机会，只是在耕。到了东周，官学开始衰微，私人办学开始兴起，民间教育逐渐兴盛，各国人才纷纷涌现。

春秋时期，分封制逐步发展，官学进一步下移，周王官学处的知识也逐渐下放到了诸侯大夫家中，我们最熟悉的孔子，就是通过私人身份把王学的内容教授给普通百姓弟子的第一人。孔子私学规模最大，存在了四十多年，相传弟子有三千。很多人都模仿孔子的方式，招收学生推广教育。孔子等人的私学冲破了"学在官府"的旧传统，使学校从宫廷移到民间，教育对象由贵族扩大到平民，教师可以随处讲学，学生可以自由择师，教学内容与社会现实生活有了较广泛的联系，促进了百家争鸣局面的出现，耕读并举的社会条件才开始具备。

《论语》中樊迟请学稼，子曰："吾不如老农。"请学为圃。曰："吾不如老圃。"樊迟出。子曰："小人哉，樊须也！"当时的孔子强调学习礼乐仁义，将学稼学圃作为小人才去做的事情，对于农耕不够重视。孟子则教育学生要将耕读区分开来，要有职业的分工，即"劳心者治人，劳力者治于人"。墨子崇尚大禹，主张拿着锄头耕作，并去疏通天下河流，甚至到了"腓无胈，胫无毛"的程度。因此，在墨家的教学过程中，更加讲究耕读并重。

耕读文化在唐宋代逐渐成熟。唐宋以前，我国传统的士、农、工、商四民之间有着较为固定的职业划分和等级秩序，士、农之间很难转化并相互融通，半耕半读主要集中在少数隐逸之士和学生身上。如"躬耕于南阳"的诸葛亮，"不为五斗米折腰"的陶渊明等。这一时期，耕读文化的主要特点是"读主耕辅"，耕种的目的是为了养学。隋唐以来，随着科举制度的实施和唐中后期门阀士族的瓦解，为士、农结合提供了可能。一方面，大量的平民可以通过科举考试，"朝为田舍郎，暮登天子堂"，大大激发了农民读书学习的兴趣和动力。另一方面，大量落榜士子回归农村，过着"半为儒者半为农"的乡居生活。至宋代，耕读文化的主体不仅是少数的耕隐知识分子，而逐渐呈现全民化。士大夫阶层不再以耕作为耻，读书之余也经营农业。农民阶层不再以书为无用，耕作之余又教导子弟读书。他们认为读不仅可以参加科举入仕，改变命运，而且可以明人伦，正家风。

明清时期，随着科举制的进一步发展和高度发达的基层自治——宗族制度的完善规范，耕读传家的思想盛极一时。梁启超在《先秦政治思想史》中说："中国古代的政治是家族本位的政治。"宋代以后，宗族制度在基层社会发挥了极大的管理作用，基层乡村形成了一定实力的经济体，也就有能力保障农耕子弟去读书了。明末清初的张履祥作为农学家坚持边教书边躬耕，他在《训子语》里说"然耕与读又不可偏废，读而废耕，饥寒交至；耕而废读，礼义遂亡"。在他看来，耕与读是辩证统一的关系，只读书而不去耕作，则衣食堪忧；只耕作而束书不观，则难明大义。

明清时期，我国人口增长迅速，而科举名额（包括举人、贡生和进士）并没有随人口增长而相应增加。与此同时，商品经济不断繁荣，商人的地位不断提高，人们开始"弃农弃儒而就商"，对半耕半读的生活方式形成了很大的冲击。士人耕读传家的传统异业治生模式日渐遭到破坏，士人开始大量涉足于其他异业领域，其异业治生的内涵也更为开放，不惟"农、工、商"可以"各执一业，又如九流百工，皆治生之事业"。

清朝的闭关锁国，让耕读思想重新占据社会主流。清朝末年，西方文化大范围入侵，鸦片战争的爆发，让中国面临着"三千年未有之大变局"，农业经济和科举制度面临前所未有的冲击，从而迅速衰落。1905年（光绪三十一年），清朝举行最后一届科举取士，这意味着只凭借耕作、读书、考试就可以飞黄腾达的时代已成为历史。

近现代以来，随着科举制度的废除，宗法氏族的没落，乡绅阶层的消亡，新兴学堂兴起,传统耕读结合的社会基础被颠覆,耕读传家的价值理念和文教传统走向式微。在新教育体制下,学堂顺着由高到低的等序向大城市递推,城市农村严重对立的二元经济结构出现,习惯了城市生活、接受西式教育的知识分子不愿意再回到乡村社会,知识分子与农村便逐渐疏离。改革开放以来,伴随着市场经济和农民进城务工潮的涌现,农村以农为本的产业结构、人口结构、生产生活方式发生了前所未有的变化。传统以村社为地理空间,以宗族为单元的耕读文化被现代社会的多元化场域和公民教育理念所替代。

中华人民共和国成立后,党对教育工作非常重视,教育事业也有了日新月异的发展。耕读教育重新具有了重要的现实意义,与公民道德、通识教育等方面相结合,实现了耕读教育的现代性转化和创新性发展。

【案例 4-5】

浙江松阳南直街的劳动教育习俗的养成

松阳南直街历史悠久,主街长四百多米,总面积 10.56 公顷。历经岁月磨砺,老街上依然保留着一百多栋明清时期的古民居。松阴溪穿城而过,是老街经商的"黄金水道"。

一千多年前松阴溪洪涝不断,时常给当地百姓带来灾难。唐贞元年间,松阳发生了一次特大洪灾。住在低洼处的百姓家园被毁,损失惨重。刺史张增为了给人寻求一处安身立命之所东奔西走,寻找新的落脚点,向朝廷请命,将县城迁到地势相对高的西屏,相对海拔有 20 多米,水患得以免除。

面对困境,松阳人走上了劳动致富之路。在刺史张增的带领下,人们在周边的山地进行垦荒,为了能早日过上安稳日子,大家除野草,翻土壤,每天披星戴月地忙碌在茫茫的山川盆地间,用了几年的时间终于开垦出数千亩良田。

白手起家的松阳百姓靠着自己勤劳的双手过上了安居乐业的新生活(图 4-10)。

图 4-10 浙江省丽水市西部的松阳南直街

(图片来源:中央电视台纪录片《记住乡愁》第五季《松阳南直街》)

【案例 4-6】

甘肃省定西市通渭县——耕读第

通渭县位于黄土高原丘陵沟壑区，没有资源，缺少雨水。在通渭，不管你家多么阔气富有，或者多么难肠，家家户户大门匾上都有木刻描摹醒目的三个大字："耕读第"，耕，意为种田耕地。读，即读书写字。第，即府第，引申为人家。"耕读第"三个字，通俗的解释就是：我们是一边种地一边读书的人家。祖祖辈辈讲究耕读文化，时时刻刻提醒后人要一边种地一边读书，读书能做官，种地能养家。耕读文化源远流长，已流淌在我们民族的血液里（图 4-11）。

2020 年，通渭县李店乡着力改善贫困群众生产生活条件，全力实现他们的安居梦。易地扶贫搬迁后，一排排洁白整齐的新房与背后的土黄色大山形成明显对比，家家户户门楣上写着"耕读第"等门匾（图 4-12）。

图 4-11　通渭古代"耕读第"门匾　　　图 4-12　通渭 2020 年易地搬迁后现代"耕读第"门匾

（图片来源：通渭县网站）

第四节　新时代耕读教育与乡村振兴

光辉灿烂的农耕文化深刻影响着中华民族的历史进程，渗透在我们生活中的各个方面。现代社会，耕读方式较之以往发生了诸多变迁，但耕读精神依然或显或隐地存在于每个中国人的基因之中，继续在当今世界绽放光芒。在快速发展的现代化征程中，我们需要继续挖掘新时代耕读教育的新内涵，助力乡村振兴战略，服务"大国三农"。

一、耕读文化内核在当下的新延续

（一）耕读文化的特质与核心内容

耕读文化深植于中华优秀的传统价值体系，是中华优秀传统文化的内核，具有原生性、延续性、独立性、包容性、普世性的特质。

(1) 原生性。中国文化是世界几大原生文化之一。关于世界原生文化，有多种分类及表述，如三大文明(东亚文明、近东文明、中南美文明)，四大文明古国(中国、古印度、古埃及、古巴比伦)等，无论是哪一种划分方法，中国都是独立的、非常重要的原生文化单元。

(2) 延续性。中华文化，是世界上唯一一个连续几千年不间断的原生文化。沧海桑田，世事变迁，世界上其他古代原生文化大都夭折，唯有中国文化古今绵延，从未中断，至今仍然焕发着勃勃生机。

(3) 独立性。中华文化是独立发展的、早熟的文化。中国人种的独立起源，已被考古学证明。如云南元谋人、山西西侯度人、陕西蓝田人、湖北郧县人、北京猿人、山西丁村人等，无不印证了中国人种的独立起源。

(4) 包容性。中华文化是包容性极强、稳定性极好的文化。在千年的文明演进历程中，中华文化遇到了印度文化、西方文化、北方少数民族等多种外来文化的挑战，但中国文化表现出特别强大的涵化能力，在与多种文化的互相激荡中，中华文化内核革故鼎新、与时俱进，表现出求同存异、兼善天下的强大融合力。

(5) 普世性。中华文化泽被四海，在前近代社会，中国的行政区域一度覆盖了朝鲜半岛、东南亚大部和中亚的部分地区。通过羁縻政策、藩属制度和朝贡贸易等多种方式，中国长期居于东亚政治文化认同的中心。

关于中国传统价值观的核心内容，中国人历来践行着一种兼容并包、万流同汇的文化传统，儒、释、道三教共弘，精英文化与民间文化并行不悖。因此，中国传统价值观并不仅仅呈现在儒家或者某一家思想体系中，它们是整个中国传统文化思想精髓的多棱折射。习近平总书记在2019年亚洲文明对话大会开幕式上对中华文明进行了经典概括："亲仁善邻、协和万邦是中华文明一贯的处世之道，惠民利民、安民富民是中华文明鲜明的价值导向，革故鼎新、与时俱进是中华文明永恒的精神气质，道法自然、天人合一是中华文明内在的生存理念。"

(二) 社会主义核心价值观与耕读文化的深度契合

核心价值观是价值观念体系中起主导和支配作用的价值观，任何社会的存在和发展，都需要一定的社会核心价值观的强力支撑，它能引导主流的社会意识形态，保障社会经济、政治、文化制度的稳定和发展。2012年11月，党的十八大报告明确提出"三个倡导"，即"倡导富强、民主、文明、和谐，倡导自由、平等、公正、法治，倡导爱国、敬业、诚信、友善，积极培育社会主义核心价值观"。富强、民主、文明、和谐是国家层面的价值目标，自由、平等、公正、法治是社会层面的价值取向，爱国、敬业、诚信、友善是公民个人层面的价值准则，这24个字是社会主义核心价值观的基本内容。反映了共产党对社会主义核心价值观问题的最新认识，体现了共产党高度的理论自觉和文化自觉。

【延伸阅读 4-5】

社会主义核心价值观

"富强、民主、文明、和谐"是我国社会主义现代化国家的建设目标,也是从价值目标层面对社会主义核心价值观基本理念的凝练,在社会主义核心价值观中居于最高层次,对其他层次的价值理念具有统领作用。富强即国富民强,是社会主义现代化国家经济建设的应然状态,是中华民族梦寐以求的美好夙愿,也是国家繁荣昌盛、人民幸福安康的物质基础。民主是人类社会的美好诉求。我们追求的民主是人民民主,其实质和核心是人民当家作主。它是社会主义的生命,也是创造人民美好幸福生活的政治保障。文明是社会进步的重要标志,也是社会主义现代化国家的重要特征。它是社会主义现代化国家文化建设的应有状态,是对面向现代化、面向世界、面向未来的,民族的、科学的、大众的社会主义文化的概括,是实现中华民族伟大复兴的重要支撑。和谐是中国传统文化的基本理念,集中体现了学有所教、劳有所得、病有所医、老有所养、住有所居的生动局面。它是社会主义现代化国家在社会建设领域的价值诉求,是经济社会和谐稳定、持续健康发展的重要保证。

"自由、平等、公正、法治"是对美好社会的生动表述,也是从社会层面对社会主义核心价值观基本理念的凝练。它反映了中国特色社会主义的基本属性,是我们党矢志不渝、长期实践的核心价值理念。自由是指人的意志自由、存在和发展的自由,是人类社会的美好向往,也是马克思主义追求的社会价值目标。平等是指公民在法律面前的一律平等,其价值取向是不断实现实质平等。它要求尊重和保障人权,人人依法享有平等参与、平等发展的权利。公正即社会公平和正义,它以人的解放、人的自由平等权利的获得为前提,是国家、社会应然的根本价值理念。法治是治国理政的基本方式,依法治国是社会主义民主政治的基本要求。它通过法制建设来维护和保障公民的根本利益,是实现自由平等、公平正义的制度保证。

"爱国、敬业、诚信、友善"是公民基本道德规范,是从个人行为层面对社会主义核心价值观基本理念的凝练。它覆盖社会道德生活的各个领域,是公民必须恪守的基本道德准则,也是评价公民道德行为选择的基本价值标准。爱国是基于个人对自己祖国依赖关系的深厚情感,也是调节个人与祖国关系的行为准则。它同社会主义紧密结合在一起,要求人们以振兴中华为己任,促进民族团结、维护祖国统一、自觉报效祖国。敬业是对公民职业行为准则的价值评价,要求公民忠于职守,克己奉公,服务人民,服务社会,充分体现了社会主义职业精神。诚信即诚实守信,是人类社会千百年传承下来的道德传统,也是社会主义道德建设的重点内容,它强调诚实劳动、信守承诺、诚恳待人。友善强调公民之间应互相尊重、互相关心、互相帮助,和睦友好,努力形成社会主义的新型人际关系。

社会主义核心价值观与中国的传统价值观是一脉相承的。我们的社会主义核心价值观不是无源之水、无本之木，它深深地植根于中华民族的耕读文化之中，是长久历史的积淀。几千年来，我们的先民根据农业社会的生产活动和社会实践，总结出一系列思维定式、审美取向、道德伦理、人生信条和处世原则。历代中国人践行这些价值观，不仅以之约束自己的为人处世，而且自觉维护和传承这些价值观。这些价值观作为一种文化基因，至今仍然鲜活地流淌在中国人的血液中。今天，只有从这些文化基因中萃取精神符号，进行符合时代精神地再凝练，所构建的社会主义核心价值观才会具有民族个性和生命活力。

传统文化道德精髓是社会主义核心价值观的涵养之源。"牢固的核心价值观，都有其固有的根本。抛弃传统、丢掉根本，就等于割断了自己的精神命脉"，因此培育和弘扬社会主义核心价值观必须立足中华优秀传统文化，传承耕读精神。耕读文化具有深刻的道德人性根基、道德生命向度和道德实践宗旨，拥有完备的道德规范和实践伦理，具有超越时空的深刻价值，是社会主义核心价值观"固有的根本"和涵养之源，也是正确理解和践行社会主义核心价值观的实践源泉。

社会主义核心价值观是传统文化道德精髓的时代传承。传统文化道德精髓要发挥时代价值，就要立足于人的价值主体性和道德主体性，融合社会主义特质和自由民主的时代特征，融入社会主义核心价值观。社会主义核心价值观充分尊重、积极传承并有效融合了传统文化道德精髓，赋予传统道德伦理以崭新的时代精神，对传统文化道德精髓进行了时代整合和超越，使其在新时期焕发生机活力，并成为中国社会的主导价值观念。

党的十八大以来，党和政府日益重视中华优秀传统文化遗产的保护与传承工作。2018年《中共中央 国务院关于实施乡村振兴战略的意见》明确指出："切实保护好优秀传统农耕文化遗产，推动优秀农耕文化遗产合理适度利用。深入挖掘农耕文化蕴含的优秀思想观念、人文精神、道德规范，充分发挥其在凝聚人心、教化群众、淳化民风中的重要作用"。正如张岱年先生指出，文化在不同历史发展阶段，有"变"有"常"，我们要处理好"变"与"常"的相互关系，扬弃不合时宜的因素，继承优秀基因，大胆创新。

2021年8月23日，教育部印发《加强和改进涉农高校耕读教育工作方案》。加强和改进涉农高校耕读教育，让学生走进农村、走近农民、走向农业，了解乡情民情，学习乡土文化，对提升学生学农知农爱农素养和专业实践能力，培养德智体美劳全面发展的社会主义建设者和接班人具有重要意义。

进入21世纪，全国各地对耕读文化精华内核在当下的新延续展开了积极实践。通过开展"工训""农训"等生产实践，将课堂与自然、与生活、与乡土联系在一起，使学生耕读结合、知行合一，培养学生知农爱农意识，涵养"大国三农"情怀，培养适应国家发展需要的强农兴农新型人才。

【案例 4-7】

实践知农，不负韶华

中国农业大学人文与发展学院2021级研究生在中国农业大学上庄实验站展开劳动教育。第一环节农事体验（图4-13），分播种和收获两个环节展开，在"蔬菜播种"组，同学们分工有序，互助合作，起垄、开沟、撒种、耙地分工明确。在菜地插牌环节中，同学们充分发挥奇思妙想，留下了"上庄101优质快菜""粒粒皆辛苦""中国农业大学社会学官方指定菜地""快快成菜、快快成材"等一系列寄语，圆满完成播种任务。在"玉米收获"组，"一掰、二剥、三放"，同学们掌握了掰玉米的要领，最终顺利完成了目标。在农事劳动过程中，同学们的协作意识和劳动精神得到了提升，对"粒粒皆辛苦"的内涵有了更深刻的切身体会。第二环节农知培训，老师带领同学们识五谷、知农事，使同学们获得农业知识，对于农业劳动有了深刻认识。第三环节耕读讲座（图4-14），劳动教育特别设置了"耕读教育讲座"，向同学们展示学院师生"扎根乡土、扎根乡村"、参与乡村振兴行动的优秀成果和经验。勉励同学们树立正确的劳动观点和劳动态度，要有热爱劳动、尊重劳动的精神面貌，形成劳动光荣、崇高、伟大的价值取向，培养知农爱农的情怀。第四环节农思分享，劳动教育结束之后，同学们各抒己见，探讨农事劳动的体悟和感受，表达自己对于农业发展的坚定信念，青年学生要走进乡村、走进田野，真正感悟农业劳动，未来才能有兴趣、有勇气、有能力参与到整个社会的建设当中，成为一枚有温度的螺丝钉。同学们通过劳动教育课程获得了更丰富的农业认知体验，在边劳动边思考的过程中体验了劳动的辛苦、领悟了劳动的价值，关注农业农村农民问题的热情更加高涨。

图4-13 学生进行农事体验

图4-14 学生参加耕读讲座

二、耕读文化传承视域下的我国农业现状

耕读文化传承离不开新时代乡村的全面振兴，而乡村振兴"三农"工作是重中之重。2020年中央农村工作会议上，习近平总书记出席会议并发表重要讲话强调，在向第二个百年奋斗目标迈进的历史关口，巩固和拓展脱贫攻坚成果，全面推进乡村振兴，加快农业农村现代化，是需要全党高度重视的一个关系大局的重大问题。全党务必充分认识新发展阶

段做好"三农"工作的重要性和紧迫性，坚持把解决好"三农"问题作为全党工作重中之重，举全党全社会之力推动乡村振兴，促进农业高质高效、乡村宜居宜业、农民富裕富足。

从中华民族伟大复兴战略全局看，民族要复兴，乡村必振兴。从世界百年未有之大变局看，稳住农业基本盘、守好"三农"基础是应变局、开新局的"压舱石"。构建新发展格局，把战略基点放在扩大内需上，农村有巨大空间，可以大有作为。

历史和现实都告诉我们，农为邦本，本固邦宁。我们要坚持用大历史观来看待农业、农村、农民问题，只有深刻理解了"三农"问题，才能更好理解我们这个党、这个国家、这个民族。必须看到，全面建设社会主义现代化国家，实现中华民族伟大复兴，最艰巨、最繁重的任务依然在农村，最广泛最深厚的基础依然在农村。

（一）当前我国农业面临的问题

中国特色社会主义进入新时代，我国社会主要矛盾已经转化为人民日益增长的美好生活需要和不平衡不充分的发展之间的矛盾。从全球视角来看，目前农业正处于传统农业与现代农业的相互交错期，我国总体上正处于现代农业的快速发展期，农业正在由数量型向质量型转变，由温饱型向功能型转变。但目前我国农业仍面临诸多问题。

（1）生产效率低。当前我国农业生产效率约为发达国家平均水平的2%，美国的1%，世界平均水平的64%。

（2）生产成本高。我国农业生产规模化、工业化、科技化水平相对落后，成本居高不下。

（3）生产结构性矛盾突出。大宗产品过剩，特色产品不足，中低端产品多，绿色有机等高品质产品少。

（4）产业链条存在诸多问题。产业链较短，农产品附加值少；产业链断裂，供给与需求之间脱节，导致资源浪费；产业链组织化程度低，以小农经营为主。

（5）产业体系不健全。以需求为导向、效益为中心的市场化配置生产要素体制不健全，围绕主导产业专业化、链条化、合作化的农业经济管理体制不健全，以科技为支撑、龙头企业引领的工业化模式不完善。

（二）当前我国农业面临的挑战

（1）劳动力短缺的挑战。我国老龄人口数量、老龄化速度均位居世界第一，未来劳动人口的数量还会持续下降。

（2）土地资源面临减少与退化的挑战。我国人均耕地面积仅1.2亩，是世界人均耕地的32%、美国的10%。耕地不断减少将严重威胁我国的粮食生产。我国水土流失面积大，土地沙化、盐碱化逐渐扩大，土地缺少有机质、微量元素等因素导致土地肥力不断降低，此类情况都将威胁农业发展。

（3）生产环境面临污染的挑战。由于大量的施用化肥、农药，约3.5亿亩耕地被污染,占耕地总面积的 19.4%。

（4）农业科技面临产业升级的挑战。转变农业发展方式、创新农业生产模式、调整农业供给侧结构,提升农业供给侧质量,都离不开农业科技领域重大科学和关键技术的突破。

（5）产业市场面临国际化的挑战。"一带一路"倡议、人类命运共同体等正让中国敞开怀抱拥抱世界。同时,中国越来越开放的市场意味着我国农业将要面临更大的国际市场竞争压力。

（三）我国农业发展的方向

"十四五"时期正处在"两个一百年"奋斗目标的历史交汇点,是我国全面建设社会主义现代化国家新征程的首个五年,未来 30 年是我国农业发展的战略机遇期、关键期、决战期。人民日益增长的美好生活需要决定了绿色、营养、健康是未来我国农业发展的历史使命、战略目标和优先重点。

2021 年 8 月 23 日,为贯彻落实党中央、国务院推进农业绿色发展决策部署,加快农业全面绿色转型,持续改善农村生态环境,农业农村部、国家发展改革委、科技部、自然资源部、生态环境部、国家林草局印发实施的《"十四五"全国农业绿色发展规划》(以下简称《规划》)提出,到 2025 年,绿色农业发展全面推进,制度体系和工作机制基本健全,科技支撑和政策保障更加有力,农村生产生活方式绿色转型取得明显进展。具体包括:资源利用水平明显提高,产地环境质量明显好转,农业生态系统明显改善,绿色产品供给明显增加,减排固碳能力明显增强。

《规划》提出,到 2035 年,农业绿色发展取得显著成效,农村生态环境根本好转,绿色生产生活方式广泛形成,农业生产与资源环境承载力基本匹配,生产生活生态相协调的农业发展格局基本建立,美丽宜人、业兴人和的社会主义新乡村基本建成。

三、新时代赋予耕读教育的新内涵

随着经济的快速发展,特别是智能机器人的开发,人力将会被大幅解放。有人认为,耕作是强度高、挣钱少的劳动。新时代背景下的耕读教育,是否还有价值呢？其实,现代智能机器人所替代的,是工业化时代对人类有副作用以及异化作用的劳动。在农业机械化的背景下,当人们从满足生计的高强度农耕劳动中解脱出来后,农耕劳动不是没有价值了,恰恰相反,在 21 世纪人类迈向生态文明的背景下,农耕劳动价值将比任何时候都要大,农耕劳动所携带的文化价值、精神价值以及生命教育的意义将更加突显。新时代耕读教育和国家对于人才的培养目标和要求是完全吻合的,面向青年学生厚植家国情怀和"三农"情感,汇集起推进乡村全面振兴的强大动力,为农业农村现代化发展贡献智慧力量。习近平总书记指出,耕读传家。《中共中央国务院关于实施乡村振兴战略的意见》中明确要求:"切实保护好优秀农耕文化遗产,推动优秀农耕文化遗产合理适度利用。"新时代赋予了耕读教育新的内涵。

(1)自立自强、追求进步的耕读意识教育。耕读教育反映的是一批批有远大志向的人士,在艰苦的农业劳动中,仍坚持学习与进步的人生态度,他们在长期的农业劳作中,形成了勤俭节约、自强不息的精神。新时代需要继续倡导耕读教育这种"富贵不能淫,贫贱不能移,威武不能屈"自爱自尊精神,培养学生的耕读意识,让学生明白,幸福需要通过奋斗来实现。

(2)服务奉献、敢于担当的劳动观教育。从耕读教育的发展来看,其包含着"为民造福""以身许国""舍己为人"的大局意识,这些是中华民族不断向前发展的重要精神力量。新时代,需要运用耕读教育培养学生科学的劳动观,明确整个中华民族的发展目标,培育极强的凝聚力和向心力,在现实生活中敢于斗争,勇于奉献的劳动精神。

(3)知农事、善农活的农业实践能力教育。传统的耕读教育包含着重要的农业生产知识、技术,形成了以知促行、以行补知的实践观念和农业情怀。新时代需要进行耕读教育,注重丰富学生的农业知识,培养学生的农业学习兴趣。同时还要注意学生一定的农业生产实践能力培养,形成专业素养和魅力,能够积极主动参与农业实践活动。

【案例 4-8】

以耕读精神锻造新时代农业人才

西北农林科技大学建校 80 余年来,始终传承着耕读文化,坚持着耕读实践。一代代西农人秉承"经国本、解民生、尚科学"的办学理念,恪守"诚朴勇毅"的校训,承远古农神后稷之志,行当代"教民稼穑"之为,形成了"扎根杨凌、胸怀社稷,脚踏黄土、情系三农,甘于吃苦、追求卓越"的西农精神和"团结、求真、坚韧、自信"的西农科学文化,走出了一条产学研紧密结合的特色办学之路,为推动我国农业现代化建设和农业科教事业发展做出了重要贡献。

学校坚持把论文写在大地上,直接面向农村、农民、农业进行科技推广是西北农林科技大学办学以来长期坚持的优良传统。早在 20 世纪 30 年代国立西北农林专科学校建校之初,学校就十分重视开展科学研究和农业科技推广,要求从学校出去的毕业生要有能够直接指导农业技术操作的技能。在这一思想的指导下,学校在初创时期就倡导教学、科研和推广并行发展,以试验场站的建设作为三者共同推进和相互结合的载体,形成了在当时具有重要影响的"未建系组,先办场站,未开课程,先抓科研"的办学思路,也奠定了产学研结合的初步框架。在校园建设当中,学校建设的筹办者也是先联系建设农场、林场,再安排校园校舍规划。

2005 年起,西北农林科技大学就开始探索"政府推动下,以大学为依托、以基层农技力量为骨干的大学农业科技推广新模式",如今走出了一条发挥大学科技人才优势、加速农业科技成果转化、服务区域经济社会发展的新路子,赢得社会广泛赞誉。

为了给广大农民提供看得见、摸得着,能够跟着学的典型样板,让他们零距离地接触大学农业专家,感受现代农业科技的威力,学校依据区域自然资源优势、产业特色以及地方政府、企业和农民的技术需求,在主导产业中心地带建立了白水苹果、阎良甜瓜、眉县猕猴桃、西乡茶叶、山阳核桃板栗、安康水产、清涧红枣、阎良蔬菜等一批农业试验示范站和科技示范基地，组织了一支由300多名大学科技专家和1000多名基层农技人员参与的推广队伍，按产业链分布，为不同区域特点的农村提供从"土地"到"餐桌"的全程农业科技服务，形成一条"大学+试验示范基地(站)+科技示范户+农民"的科技推广新通道，有力地促进了产学研的紧密结合，显著增强了学校的社会服务功能，使农业技术推广真正惠泽千万家。

2018年暑假，西北农林科技大学专门组织了2000余名师生赴陕西、甘肃、青海、宁夏、西藏等7个省份深入西北地区农村一线开展研究调查，涉及65个地级市，472个行政区划单位，75402个行政村，约20万个自然村，国土面积478余万平方千米，占全国国土面积的50%。这是国内第一次大规模专题乡村调研，调研后形成了国内首个《西北乡村类型与特征调查报告》，构建起西北地区乡村类型基础信息数据库系统，为中国西北、西藏地区乃至全中国乡村振兴分类规划设计提供了重要科学依据和指导价值。

学校长期着力培养具有坚定理想信念、社会责任感和"三农"情怀，具有创新精神、实践能力和国际视野，服务现代农业发展的学术精英、创新创业技术领军人才和社会发展管理人才。建校以来为社会累计培养输送各类人才20万余名。

姜义亮，西北农林科技大学本科、硕士、2013级水土保持与荒漠化防治专业博士研究生。2016年，他将十余年的专业积累——土壤相关知识和技术，通过实践转化，创办了西安锦华生态技术有限公司。他的"土壤改良与修复技术服务"项目受到不少投资人的青睐，目前已经获得融资累计1500万元。新华社、陕西日报、西部网等10余家媒体均对其创业项目进行报道。被誉为"大地医生"。

方亮，2000年毕业于西北农林科技大学葡萄酒学院葡萄与葡萄酒专业。他用20年的执着与坚守，见证了宁夏贺兰山东麓葡萄酒产业的发展壮大。2020年7月，方亮研发的皇蔻小芒森甜白葡萄酒更是荣获第十四届G100国际葡萄酒及烈酒评选赛大金奖，这也是当时国内唯一获大金奖的葡萄酒。

【延伸阅读4-6】

农耕传承　圣地杨凌

在中国农业发展进程中，杨凌在不同时期具有重大作用与特殊影响，故有"农业圣地"之谓；原始农业时代，后稷于此教民稼穑，有农耕文明发祥之功；魏晋南北朝时期，苏绰行农政，于周秦农耕文明有兴灭继绝之劳；近代以来，于西北科教与现代农业发展，也有独具之地位和特殊之贡献(图4-15)。

图4-15　后稷像

后稷"教民稼穑"古地

农业起源后，经历了漫长的原始农业时代。活动在关中地区的周先民最早将农艺措施运用于生产实践，进而带动了整个关中乃至黄河流域的农业发展。据《诗经》和《史记》等文献记载，在关中西部的邰国，后稷创造了一套新的农耕技术，从"相地之宜""观土择地"到选种种植，再到锄草、加强田间管理，甚至还创造了牛耕，采用了甽田耕作法，彻底改变了原始先民们"刀耕火种"生产力低下的落后状况，把农业生产力提高到了一个新的水平。

后稷"教民稼穑、树艺五谷"

中国农业以后稷为标志而渐入文明时代，有邰地为农神诞居之地世受敬祀。有邰地望，根据文献记载就在今杨凌一带。考古还表明：以武功郑家坡遗址为代表的先周文化，主要分布于漆、泾、渭水流域，在目前发现并已确认的40多个先周农业遗址中，杨凌、武功约占半数以上，说明杨凌是先周农业文明的核心地区之一。有邰地望的考证和研究，确立了有邰的农耕文明发祥地的地位。

中华农耕文明传承地

从西周开始，历经春秋战国几百年的发展，到秦汉时期关中地区农业更加繁荣，发达的农田水利成为其繁盛最为基础的条件。郑国渠、白渠、六辅渠等一系列举世闻名的大型水利工程，为秦汉农业经济的持续发展及处于全国领先地位提供了有力的保证。"八百里秦川"的关中平原土壤肥沃、灌溉便利、农业发达、物产丰富，终使这里成为形胜之地和天府之国，很好地满足了建都条件。因此，在宋之前，周、秦、汉、唐等十三个朝代均在陕西关中建都。

杨凌在中国农业发展过程的第二次作用体现在魏晋南北朝这一历史时期，随着各少数民族入主中原，整个黄河流域出现了以民族大迁徙为特点的社会动荡，此时的中国农业发展遭到前所未有的严峻考验。苏绰祖籍武功，其父曾为邰城郡守，杨凌卜村也是苏氏茔地之一。苏绰曾出任西魏大行台度支尚书兼司农卿，主持经济、行政多年。苏绰对中国农业有赓续之功。同时对少数民族先进的东西也不是一概排斥，促进了胡汉民族融合的完成。

西北农业科教基地

杨凌对中国农业第三次发挥作用，则以国立西北农林专科学校成立为主要标志。1934年，辛亥革命元老于右任先生与爱国将领杨虎城将军，在这里建立了中国西北地区第一所农业高等专科学校——国立西北农林专科学校，即西北农林科技大学的前身（图4-16）。西北农专诞生时，西北各地灾荒连年，哀鸿遍野；日本帝国主义发动了对我国的侵略，国难当头，有识之士以"开发西北""建设西北"相呼吁，把"兴学兴农"视为救亡图存、以纾民困之要务。于是有筹建西林专科学校之议，是为西北高等农林教育之始。中国农业数千年以传统、经验科学为特征，兴办学校，传播、普及近代农业科学知识是"在中国旧文化发源地上建立中国新文化"的重要举措。史学界评价20世纪初西部开发成就，视为硕果者有二：一是西北水利建设之勃兴；二是西北农业科教之发展。

图 4-16　1936 年建成的国立西北农林专科学校三号教学楼

中华人民共和国成立后，党和政府高度重视杨凌的建设和发展，在西北农学院的基础上，先后在杨凌建立和分化出多个农林水科教单位，到 20 世纪 80 年代，杨凌已经拥有西北农业大学、西北林学院、中科院水利部水土保持研究所、水利部西北水利科学研究所、陕西省农业科学院、陕西省林业科学院、陕西省中科院西北植物研究所及陕西省农业学校、陕西省林业学校、陕西省水利学校十大科教单位。

图 4-17　1997 年 7 月 29 日，杨凌农业高新技术产业示范区成立大会

为了进一步优化配置杨凌的科技和教育资源，发挥整体优势，为西部大开发提供高水平的人才和科技支持，1997年国务院决定设立杨凌农业高新技术产业示范区（图4-17），1999年批准组建西北农林科技大学。这是"科教兴国""科教兴农"的重要举措，是西部大开发的基础工程，意味着杨凌又将在中国农业现代化进程中发挥它的巨大作用。

奋力推进"三区三高地"建设

2020年10月，习近平总书记倡议的上海合作组织农业技术交流培训示范基地在杨凌揭牌。围绕"交流、培训、示范"核心功能，杨凌示范区启动了4个方面12项重点项目，已经成为上合组织成员国的集体行动，在服务国家总体外交战略和推动我国农业对外开放方面做出了新的贡献。杨凌综合保税区成为全国唯一农业特色综合保税区。近年来，杨凌示范区更加广泛地开展农业国际交流合作，建成13个国际科研创新合作平台和8个国际合作园，农业援外技术培训覆盖110个国家，培训国外农业官员和技术人员3000多人。

展望未来，到"十四五"规划末期，杨凌示范区将成为抢占世界农业科技创新制高点的排头兵、科技创新驱动农业农村现代化的引领者、旱区农业科技创新的示范特区，为推动我国干旱半干旱地区农业现代化做出更大贡献。

【延伸阅读4-7】

中国传统耕读文化

孔子似乎把耕与读看作是矛盾的东西，于是便有了耕馁学禄的说法。但是在中国农业社会里，耕与读却得到了完美的结合。在乡野中国，处处都能捡拾起农民对读书识字的向往和对耕读文化的传承。若农户的门宅匾额上有"晴耕雨读""耕读传家"字样者，必为殷实之家、当有识文断字之人，昭示出主人耕作不忘读书的生活和人生追求。

"耕读传家远，诗书继世长"或是中国传统文化中的理想家庭模式，这一模式是对"不辨菽麦"与"目不识丁"两个极端的有效校正。耕是维持基本生存的物质基础，而读是格物致知、修身养性的最有效方式。耕读结合体现了农耕文明以劳动养体，自然养性，文化养心的和谐理念。

基于生存 识字知事

农村不识字的人，给生产与生活带来的不便是显而易见的。历史记载与现实生活中似乎都有过因不识字而在借贷、抵押、买卖契约上被对方做了手脚，到最后吃了亏却投诉无门的事。这里虽然有把个别当一般之嫌，但是它却反映了农村各阶层受教育的不均衡性。

中国古代农村多有私塾、义学之设，私塾有塾师自己办的教馆、学馆、村校；有大族富户自设的家塾；有宗族或村民集资或捐地兴办的村塾；而义学则指官府、宗教或有识之士设立的免费蒙学机构，聚集孤寒，延师教读。如此说来农村的初级教育资源似乎并不短缺，但是农村孩子何以学有所成者甚少？这或与一般农民对读书的需求层次有关。一般农民对于子女受教育并不具有太高的期望值，以能应酬生产、生活中必要的往来与计算为限。在不具备一定的劳动能力之前，家长将孩子送进学堂，与其说是接受教育倒不如说是省却管护之劳。基于学习的非功名性，农村人对读书识字的基本态度是"放羊娃拾酸枣——能拾几个是几个"。大多数农村孩子都是接受几年蒙学教育后又"农之子恒为农"了。

学童掌握简单的算数知识，在日后的经济交往与生产生活中多能派上用场。哪怕就是从学堂里听来的那一丁点儿东西，往往在他们长成以后都会得到充分的利用。不识字的人无法记录所经历或者发生的事情，但是强化的记忆训练，甚至使他们有以简驭繁之能，可以过目耳闻不忘。农村亦有不识字而精熟算盘的能人，加减乘除运算近乎技艺表演，以至于"三下五除二"成为办事快速干练的代名词。

《三字经》等蒙学教材在儿时或仅有识字、知事之用，待到成年渐解其意以后，其教化功能可能会享用终生。中国传统农民基本的行为准则、道德规范与价值取向很多或源于儿时诵读之启蒙读物，《三字经》等对中国农民的道德养成之功不可小觑。在中国农村无论贫富都比较关注对下一代的教育，"养不教"是很重的话头，若得此恶评则意味着某家族的门风败坏了。这些道德规范对内可以保证家庭和睦，对外可以营造和谐有序的社会环境。传统农民虽然对家国关系说不出什么大道理，但是世传的某些规则他们还是懂的。睦邻友好、扶危济困、积德行善等，对于聚族而居、安土重迁的中国农民而言，不仅是伦理道德建设的需求，也是基本生存的需求。

富而教之　持续发展

《论语·子路》记述，孔子适卫，感叹道："庶矣哉！"冉有问："既庶矣，又何加焉？"答："富之。"再问："既富矣，又何加焉？"曰："教之。"圣人与弟子递进式的问答，将"教之"置诸于治国安民的高端地位，反映了儒家对教化的重视。"富而教之"是中国传统农民可持续发展的理性选择。耕读传家是中国农民世代追求的崇高理想，是中国传统家庭的核心价值理念之一，奠定了中华文明全方位发展的物质、文化基础。

耕读传家作为一种教育理念，更多地体现在农民对子女教育的关注。在中国传统农村，大概只有当生活超过温饱水平后，老百姓才会比较认真地考虑后代的正规教育问题。自耕农是个不稳定的社会阶层，能者升华，不肖者瓦解。我们可以经济指标考量其绩效，可以教育指标判别其雅俗。自耕农对子孙教育的关注与重视，一方面表现为随着家业的成长，既有的经验与方法已不敷所用，需用知识与理性去科学地经营与管理；另一方面则着眼于长远，逐渐过上兼顾物质与精神情趣的生活。

"贫生盗，富生淫"，富裕的家庭虽然具备了让子女接受教育的物质条件，但也增加了教育的难度。父辈艰辛创业而子孙骄奢淫逸，以致家业破败者不在少数。虽然有财力者的子女，就总体而言受教育程度相对要高一些。但他们也因价值取向与发展路径不同，而分化成不同的地主类型。有由财富而士绅化者，很快脱离了村野土财主窠臼，可谓"仓廪实而知礼节"。他们粗通文墨、志存高远，一般不再单纯追求财富增长，而注重文化内涵之培育、关注道德品行之养成。凡有余财，内则投诸子女之蒙训，外则接济贫困，赢得社会的广泛赞誉。另有埋头农事，以勤谨节约而追求财富增殖者。这些人颇类西人葛朗台，虽富可敌国，但于衣食却极其吝啬，视教育若奢侈事业。由于不重视子女教育，后代愚钝者居多。虽然勤谨有加，但能世守其富者少。亦有倚仗财力，弃文习武，进而追求政治权势者。他们最初是筑城堡、购兵器以保护家人财产安全，后来乘时势动乱以财富相号召，形成地方势力。这些人凭借实力交通四方、威震乡里、欺凌百姓，作为异己力量为天理国法所不容。

中国农民把对孩子的培养与教育，看作是振兴家业、实现自己未竟之志的寄托。他们在供养孩子读书的问题上，往往有着超乎寻常的韧性与耐力。只要孩子愿读书、能读书，即使"砸锅卖铁"也在所不惜。富而教不可缓，在中国农村既是一种理念追求，也是一道现实命题，子女之贤与不肖成为决定家业兴衰的关键因素。

赢得尊重　表率乡里

耕读传家同时又是一种渗透于乡村社会的人文意识与生活方式，耕可致富，读可养性。一个成功的耕读之家，往往也能成为乡里农家的表率、能够得到足够的尊重，这是中国传统农民践行耕读的精神动力。

乡贤"有以德行称者，有以风节闻者，有以文学著者，有以事功显者"，由于受传统文化的砥砺与熏陶，他们的貌、言、视、听、思有别于常人，成为百姓楷模。乡绅在传统文献中常以"耆老""耆硕""耆宿""乡耆"相称，在族群中具有相当高的威望与号召力。据《大明律》记载，"合设耆老，须于本乡年高有德、众所推服内选充。"他们感劝闾阎，乐善好施，扶危济困，教化乡民，抑恶扬善，在稳定社会、淳厚民俗、调解纠纷等方面发挥了积极的作用。他们甚至承担了某些村务自治管理的事务，成为乡村治理所倚重的对象，以至于"地方公事官不能无绅士而有为"。

乡绅阶层往往是农村的文化人，识文断字不仅是入仕之途同时也是教化乡邻的前提。乡绅是乡村传统文化的引领与示范者，是乡村社会文化的主导者，知书识礼是对乡绅的基本要求，既在于提升自身的道德品行，也无形中影响着周围人的文化价值观乃至社会价值观。乡绅是优秀传统文化的坚定捍卫者，在外敌入侵、朝代更替的非常时期，乡绅守卫国学与疆土的决心和勇气甚至胜于某些官吏。汉唐以来儒家学说逐渐经历了由国家到社会、由士族到平民的重大转化。在学校教育及文化普及都非常有限的古代，乡绅是传播这些观念的主角，他们是农耕时代文明得以延续发展、社会秩序得以稳定的重要角色。

社会底层的平民儒者大力鼓倡"百姓日用之道",在匡扶纲常、纠正法度、教化百姓方面发挥了巨大的作用与影响。关中大儒李颙曾编次《观感录》,专门表彰那些"能自奋自立,超然于高明广大之域,上之为圣为贤,次亦获称善士"的平民儒者。千百年来圣教得以不坠,或正有赖于那些植根于普通百姓的乡绅阶层。他们在平凡的社会生活里践行圣德、坚持品性,以他们的表率作用维系着乡村社会传统。

在中国传统农村,普遍受大家尊重的有宗教人士、教书先生、民间医生和乡村干部等。道家建观、佛家修寺,多选高仰清静之地以供奉神灵。庙堂建筑之巍峨增加了信众的崇敬与神秘感,而诵经布道也是传授信仰与知识的方式之一。但凡涉及村务争执,则常在寺院议事。一藉场地宽敞、二请高僧主持、三祈神灵见证,化解了许多不必要的矛盾与冲突。近代以来随着农村科学教育的普及,农民把对宗教的信奉转化为对知识的尊崇。一般农民虽然仍对宗教人士多怀敬畏,相形之下和教书先生则更显亲近一些,这是因为孩子交由他们教育,甚至逢年过节楹联书写、婚丧嫁娶执事、往来账目清算都要用到知书达礼的教书先生。民间医生是指"半农半医"的农村医疗人员,早期主要是中医,近代以来西医逐渐增多。这些人一是源于医学世家,掌握某些世传偏方、秘方者;二是读书人自我研修医学典籍而渐懂医理者;三是杂糅医巫之术,侧重于心理调适与精神安慰者。宗教与教育人士固然受尊重,但仍不及民间医生地位,因为他们是生死攸关之人。由于普受悬壶之惠,乡村医生往往享有崇高的地位和比较丰厚的收益。乡村干部,明恩溥在《中国乡村生活》一书中把他们称为"乡村头面人物",即指那些活跃在乡村社会、对乡村社会具有实际控制力的乡村精英阶层。在文盲占大多数的古代乡村社会,具备一定的知识和管理能力是乡村精英阶层获得某些权利的资本,也是他们获得乡民敬仰和尊重的必要条件。这些人在与官府的交往中,经常涉及征收赋税、派遣徭役、迎来送往等公干。在对乡村基层社会的治理过程中,也涉及经济账目、规约落实、公文办理等事务。在以土地私有制为基础的传统社会,乡村精英除了自己和家族的田产外,可供控制与支配的资源毕竟有限。近现代以来,随着合作与集体经济的发展,农村基层干部的行政与管理职能进一步强化。要求农村干部具有较高的政治素质、懂科学、有文化、善经营、会管理,不识字的人很难承担起这类事务。知识化的农村干部队伍,成为乡村精英的中坚力量,而大学生村官则突显出当代中国农村发展与变革的时代特色。

改变身份　实现功名

中国传统农民虽然生活在社会的最底层,他们同样有着强烈的功名欲望,而改变身份与地位的办法不外乎文武两条途径。

以往的农民战争史研究比较多地关注了农民阶级所遭受的经济剥削,而忽视农民的心理、文化诉求,或为重要缺憾之一。中国的农民起义与农民战争史研究,应当在经济要素之外另觅他因。三代以后随着身份规定性制度的式微，形成了社会经济发展的竞争机制。在客观上促进了地主阶级的新陈代谢，也使得普通老百姓具有强烈的财富与地位追求意识。陈胜、吴广"王侯将相宁有种乎""苟富贵毋相忘"的呼喊，既见其"鸿鹄之志"也反映了下层普通民众的共同心态。陈胜、吴广在谪戍渔阳的非常情形下，产生了"死国可乎"的想法。刘邦是陈胜事业的践行者，由平民而登上皇位，找到了一条"不读书"而追求功名的捷径。大概除了朱元璋、李自成外，中国古代的农民起义领袖似乎都多少识一点儿字。黄巢出身盐商，曾几次应试但皆名落孙山，于是写下了《不第后赋菊》诗，萌生了"我花开后百花杀"的义愤。洪秀全生于耕读世家，村中父老指望他考取功名光宗耀祖。因受屡次乡试落选之打击，最后走上造反的道路。以农民为主体的革命运动，不同的阶层有着截然不同的态度与认识，一般贫民的革命动因，更多的是对现实的不满或具体的利益诉求；唯有知书识礼的精英阶层，则对理论与制度变革有着较为深刻认识与理解。这或是中国农民革命的精英与领导阶层，真正出身于贫民者寡的重要原因之一。通过造反以改变身份地位的风险，毕竟还是很大的。统治阶级对于异己（端）力量的反攻倒算，务以斩草除根而后快，所以造反路径的选择往往是迫不得已而为之。

通过耕读以实现功名，科举取士成为普通百姓改变身份的常规路径。先秦实行分封制度，各阶层依照血缘"世卿世禄"。汉朝采用察举制与征辟制，前者是由各级地方推荐德才兼备的人才，后者是中央和地方官府向社会征辟人才。由于察举、征辟缺乏客观的评选准则，时有荐察者不实的弊端。故时人语曰："举秀才，不知书；察孝行，父别居。寒清素白浊如泥，高第良将怯如鸡。"魏晋南北朝时期实行九品中正制，按照家世、道德、才能的标准评议人物。由于门阀世族把持了官吏选拔之权。才德标准逐渐被忽视，家世甚至成为唯一的标准，以至于"上品无寒门，下品无势族"。为改变这种弊端，自隋始设置进士科，用分科考试来选举人才。应试者策试经义与时务等内容，按考试成绩选拔人才。科举制度自隋至清末实行了一千三百多年，对中国古代的社会结构、政治制度、教育体系、人文思想产生了深远的影响。"朝为田舍郎，暮登天子堂"，科举取士开启了百姓之家实现自己理想与目标的一条通道，是耕读传家追求的最高境界。科举制度建立了良好的人才吸纳体制，故唐太宗有"天下英雄尽入吾彀中矣"之谓。国家的名臣能相栋梁之材，经由科举制度选拔的当不在少数；另外，它也满足了士人的趋上性心理、社会的机会均等诉求，通过理性竞争而建立起不同社会阶层间的沟通交流机制，在某种程度上减少或化解了不必要的反差、矛盾与冲突。科举制度，对于知识的普及和民间的读书风气也起了相当的推动作用，在客观上强化了中华思想文化的凝聚力和向心力。

现代社会是以城市文化为主导的时代，而古代是以乡村文化为主导的时代。这是因为传统社会的城市主要侧重于政治与军事功能，除了商业经营性的市民为常住人口外，一些官僚在离任或卸任以后仍回乡村居住。中国传统乡村社会中的精英阶层既包括生活在乡村社会中的具有官僚身份的卸任、离任官员，也包括在外当官但仍对本籍乡村社会产生影响的在任官僚，还包括有功名而未仕的举、监、生、员等以及在地方有权有势的无功名者。他们构成传统乡村社会"士"的阶层，并且稳居"四民之首"。

本章小结

中华民族历史悠久，中华文明灿烂辉煌。源远流长的耕读文化是我国传统文化的精华，是滋养中国古人身体与心灵的两大重要支柱。一耕一读，造就了中国传统社会的整体面貌与文明特征；一耕一读，奠定了我们国家在政治、经济、文化、民生、生态等领域的发展基调。随着经济的快速发展，耕读文明在当今时代具有新的内涵。

我国农业现状稳步提升，但在全球化背景下，也面临极大的挑战。"十三五"以来，农业农村发展取得历史性成就、发生历史性变革。粮食连年丰收，多年保持在1.3万亿斤以上，农民人均收入提前实现比2010年翻一番，脱贫攻坚目标任务如期完成，农业现代化建设迈上新台阶，乡村振兴实现良好开局。"十四五"时期，"三农"工作重心将转向全面推进乡村振兴、加快农业农村现代化。要立足新发展阶段，贯彻新发展理念，构建新发展格局，坚持创新驱动发展，深化农业供给侧结构性改革，全力保障国家粮食安全和重要农产品有效供给，巩固拓展脱贫攻坚成果，全面推进乡村振兴，加快农业农村现代化，为全面建设社会主义现代化国家开好局、起好步提供有力支撑。

大国三农，必须有足够的人才服务于我国农业农村现代化建设。耕读教育是培养高素质新型农林人才的重要途径。习近平总书记强调"农村是我国文明的发源地，耕读文明是我们的软实力"。新时代的耕读教育，要面向青年学生厚植家国情怀和"三农"情感，让学生走进农村、走近农民、走向农业，了解乡情民情，学习乡土文化，提升学生学农、知农、爱农素养和专业实践能力，培养德智体美劳全面发展的社会主义建设者和接班人。

思 考 题

1. 农耕文明如何促进我国历史发展？
2. "耕读传家远，诗书继世长"是如何体现中国传统价值观的？
3. 新时代背景下，你如何践行和发扬耕读文化？

第五章

劳模精神、劳动精神、工匠精神

劳动是推动人类社会进步的根本力量,是财富和幸福的源泉。实现中华民族伟大复兴,要大力弘扬新时代劳模精神、劳动精神、工匠精神。正如习近平总书记在 2021 年"五一"国际劳动节所强调:"劳动创造幸福,实干成就伟业。希望广大劳动群众大力弘扬劳模精神、劳动精神、工匠精神,勤于创造、勇于奋斗,更好发挥主力军作用,满怀信心投身全面建设社会主义现代化国家、实现中华民族伟大复兴中国梦的伟大事业。"劳模精神、劳动精神、工匠精神是建立在劳动基础上的精神信仰,是劳动者在劳动实践中形成的劳动认知、价值理念和实践智慧的总和,是推动社会进步的精神动力。其中,劳模精神和工匠精神是劳动精神在新时代的具体化、典型化和升华。当前,中国特色社会主义进入了新时代,积极弘扬并培育劳模精神、劳动精神、工匠精神,是新时代攻坚克难,实现民族复兴伟业的时代诉求,也是培养全面发展时代新人的应有之义。

第一节　劳模精神

劳模精神体现着一个时代昂扬向上的精神气质,是社会有活力的重要体现。习近平总书记指出:"劳动模范是劳动群众的杰出代表,是最美的劳动者。""我们要在全社会大力宣传劳动模范的先进事迹,号召全社会向他们学习、向他们致敬。""劳动模范要珍惜荣誉、谦虚谨慎、再接再厉,不断在新的起点上为党和人民创造更大业绩。"劳模精神在习近平新时代中国特色社会主义的伟大实践中仍然具有时代价值与永恒魅力。

一、劳模精神的基本内涵

"爱岗敬业、争创一流,艰苦奋斗、勇于创新,淡泊名利、甘于奉献",24 个字,精准概括了劳模精神的丰富内涵,道出了劳动模范之所以能在广大劳动者群体中脱颖而出的根本原因,为新时代广大劳动者群体提出了奋斗的目标和方向。劳模精神蕴含着中华民族优秀传统文化,是社会主义核心价值观的重要内容,也是中国特色社会主义事业不断前进的重要力量。

(一) 爱岗敬业、争创一流,体现的是劳动模范的本色和追求

"爱岗敬业"指的是忠于职守的事业精神,这是职业道德的基础。爱岗就是热爱自己的工作岗位,热爱本职工作,敬业就是要用一种恭敬严肃的态度对待自己的工作。爱岗敬业是劳模精神的基本特征。古有大禹治水三过家门而不入,周公吐哺渴求贤才,我国古代劳动人民在用他们自身的行动向后人传递着爱岗敬业的高尚情操。从古至今,中华大地上一直传承着爱岗敬业的优良传统,李商隐的"春蚕到死丝方尽,蜡炬成灰泪始干",韩愈的

"欲为圣明除弊事,肯将衰朽惜残年",王昌龄的"但使龙城飞将在,不教胡马度阴山",陆游的"位卑未敢忘忧国,事定犹须待阖棺"。一代代以来,中华儿女无不践行着爱岗敬业的崇高精神,风里雨里烈阳里指挥交通的警察,精神时刻集中的医护人员,凌晨街道上的清洁工……每一位劳动者都在用自己的身影坚守着岗位的荣耀。爱岗敬业要求劳动者对自己的本职工作勤勤恳恳、兢兢业业、忠于职守、尽职尽责,无论是哪一种行业,哪一种工作,都要干一行爱一行,有担当,有责任心。

"争创一流"是指劳动者要有争先创优、勇做第一的精神品格,要以最高、最严格的标准要求自己,不让自己有所懈怠,通过比较学习,善于发现新的、更好更高效的工作方法,生产出更高质量的产品。争创一流就是要不怕失败,不惧挑战,敢于拼,敢于闯,不断强化自身的竞争意识,善于在竞争中发现新知识、新方法也或更高效的工作经验。从一定意义上讲,劳动模范是"比"出来的。曾创造多项世界纪录的金牌工人许振超曾说:"咱当不了科学家,但可以练就一身'绝活儿',做个能工巧匠。"2003年,53岁的许振超和队友们以6小时27分钟的速度,卸完3400个集装箱,创造了单船效率339个自然箱的新世界纪录,在全社会掀起了"振超效率"的旋风。劳动模范们不断攻坚克难,力争达到行业的高标准、高目标,同时树立争创一流的思想意识,不故步自封,不断开拓创新,争创一流的业绩水平,是推动我国阔步发展的重要力量。

(二)艰苦奋斗、勇于创新,体现的是劳动模范的作风与品质

"艰苦奋斗"不仅是劳模精神的重要内容,也是中华民族的优良传统。中华民族向来以特别能吃苦耐劳、勤俭持家、讲究节俭著称于世。纵观古今历史,任何一个国家,一个民族在富国强民的路上都是从艰苦奋斗做起,一步一步崛起。"生于忧患,死于安乐"是永远适用的。习近平总书记指出:"不论我们国家发展到什么水平,不论人民生活改善到什么地步,艰苦奋斗、勤俭节约的思想永远不能丢。艰苦奋斗、勤俭节约,不仅是我们一路走来、发展壮大的重要保证,也是我们继往开来、再创辉煌的重要保证。""一勤天下无难事",劳动模范之所以能从众多劳动者中脱颖而出,离不开脚踏实地,勤劳苦干。奋斗,让只有初中文化的中铁一局电务公司电力高级技师窦铁成站在了技术最前沿,成为高级技师和知识型工人。从1999年起,那时已43岁的他从辨认一个个字母开始,练打字,钻研CAD制图软件,书写了近200万字的学习笔记,记满了90多本工作笔记,先后解决技术难题69项,并创造多项专利。

"勇于创新"是干出不平凡业绩的关键所在。创新是有目的、有计划地改变现存客观事物,使客观事物更进一步发展的革命性否定。创新是一种更复杂、更高级的实践活动,需要劳动者投入更多的时间与精力。科学技术的创新一经突破就会转为巨大的社会生产力,给社会带来巨大的进步。第一次工业革命使人类社会进入蒸汽时代,第二次工业革命使人类社会进入电气时代,第三次科技革命使人类社会由工业时代进入信息时代,极大地改变了人类社会的生产生活。正是创新改变了人类社会的发展进程。今天,创新是一个民族和国家发展的不竭动力,是社会进步的动力,创新能力也越来越成为衡量一个国家综合国力强弱的重要因素。劳动模范都是在生活工作中,不断摸索、发现、创新,每天进步一点点,终有一天会做出突破,创造出不平凡的业绩。近年来评选出的劳模,高级技工、科研精兵的比重不断增加,知识型、创新型劳动者不断涌现。全国劳动模范、中国电子科技集团公司第五十四研究所钳工夏立说:"多做一点点、创新一点点,日积月累,'高原'才能成为'高峰',才能推动中国制造向中国创造转变。"

(三)淡泊名利、甘于奉献,体现的是劳动模范的境界与修为

"淡泊名利"是中华民族传统名利观的集中体现,淡泊名利是一种恬淡的心态,是一种不为争艳,只为默默奋斗,奉献自己的高尚品质。树立正确的义利观是我们人生中不可或缺的环节,正确的义利观不反对人们对名与利的追求,但反对人们不符合社会道德与法律规范去追求,"君子喻于义,小人喻于利"。各个年代的劳动模范,都有一个难能可贵的品质,就是甘于平凡,但不拘于平凡,为了党和国家的事业以及人民的幸福生活,默默奉献着汗水和智慧,不为名、不为利。

"甘于奉献"是指将集体与国家的利益放在首位,为了大我舍弃小我的无私精神。甘于奉献是中华民族的传统美德,历史上许多经典故事和文学作品中都极力称赞乐于奉献、大公无私的精神。古有卧龙先生的"鞠躬尽瘁,死而后已",现在也有雷锋同志的"自己活着,就是为了使别人过得更美好""要把有限的生命投入到无限的为人民服务中去"的人生信条。每个时代的劳模都在用自己的行动诠释着什么是奉献,什么是舍小家为大家。正是如此,劳模与劳模精神才获得了全社会的认同与赞扬。

二、劳模精神的历史发展

建党百年来,劳模精神经历了从"劳工神圣""劳动英雄模范精神""工农兵劳动模范精神""弄潮儿劳模精神"到"大国工匠精神"的演变,其具体内涵从对"知识与劳动"的深刻反思、英雄劳模英勇抗敌、又红又专地进行社会主义改造、敢干实干推动社会主义改革向"国之重器"担当实现中华民族伟大复兴的中国梦演进与转变。

(一)"劳工神圣":中国新知识分子的反思性呐喊

苏维埃无产阶级的胜利为人类历史开辟了新纪元,标志着劳动者摆脱了社会最底层被剥削压迫命运,彻底获得劳动解放。加上19世纪国际劳工运动风起云涌,引发国内思想领域具备高度自我批判精神的中国新知识分子对"知识与劳动"这一对古老范畴进行深刻反

思。中国封建社会中拥有特权地位、掌握话语权的权贵学阀同八股知识分子遭到严格的批判和强烈抵制。1918年，蔡元培（图5-1）第一次呐喊出"我们要自己认识劳工的价值。劳工神圣！"的口号，推动近代劳动观念和劳动价值观的转变与实践。1919年的五四运动和1920年5月1日李大钊（图5-2）在《新青年》"劳动纪念号"上刊发的《"五一"May Day 运动史》，进一步将"劳工神圣"口号推向新高潮。"资本主义失败，劳工主义战胜"是李大钊更为深刻的洞见。这两位社会主义革命先行者的宣传呼吁和历史性预见，标志着中国近现代史上"劳工神圣"高潮自此翻腾，为劳模精神的形成与凝塑拉开了时代序幕。

图5-1 蔡元培

图5-2 李大钊

（二）"劳模英雄精神"：抗战时期夺取革命胜利的中坚力量

抗日战争爆发后，为最大限度地发动群众参加劳动生产、支持边区抗战，中央苏区开展以"服务军事，支援战争，保家卫国"为指导思想的大生产运动，奖励劳动英雄及模范工作者，激发了人民群众的劳动生产热情。陕甘宁边区根据地劳动英雄模范的群体精神品格的宣扬，是首次在群众中树立"劳动最光荣"的劳动观念，引导其自发自觉开展自下而上的思想革命。

20世纪30年代这场声势浩大的群众运动是一场劳动人民"战争"，以"革命性"为特征的劳动英雄和先进生产者，在中国共产党领导的社会主义革命战争年代被塑造出来。"为革命献身、革命加拼命、苦干加巧干、经验加创新"，则是这一群体焕发出的劳模精神。被誉为"中国的保尔·柯察金"的特等劳动模范吴运铎（图5-3）自参加革命之日起，就把献身党的事业作为毕生追求，刻苦钻研，勤奋工作，以铮铮铁骨书写了兵工发展史上的一段传奇，一颗"把一切献给党"的赤子之心，永远闪耀着灿烂的光辉。"劳动英雄模范精神"为中央革命根据地的农业生产迅速恢复发展、巩固工农政权，发挥了坚强堡垒作用，为抗日战争和新民主主义革命最终胜利起到了极大的推动作用。

图5-3 吴运铎

(三)"工农兵劳动模范精神":社会主义革命和建设时期的排头兵

1950年9月,首次召开了具有继往开来历史意义与时代风向价值的全国战斗英雄代表和全国工农兵劳动模范代表会议。此次会议既是首次对在社会主义革命与生产建设中做出巨大贡献与牺牲的英模典型的全国性表彰奖励大会,也是一场洋溢革命英雄主义精神的政治检阅,更是总结社会主义革命和开启社会主义建设的划时代盛会,为全面开启社会主义建设与社会主义三大改造拉开了序幕。如李兰贞女士,解放战争期间,她是淮阴张集乡的女担架队员。1950年,李兰贞在乡村里带头生产,防洪时自动带领全乡各村群众堵河沟,保护了11000余亩麦田。抗美援朝时期组织群众广泛开展抗美援朝的时事宣传,有力地打击和镇压了匪特的造谣破坏活动。正是有了这样一批又一批前仆后继、不惧牺牲的勇士,才有我们今天的美好生活。

此次表彰大会召开后,进一步激发了广大劳动人民心系新中国伟大建设、热爱新生活,奋不顾身投入到火热支援新中国社会主义建设中的激情。20世纪50~70年代,劳模精神的凝塑与宣传已初具雏形,作为沟通国家意识形态和民众意识的桥梁,彰显了党和国家对劳动人民及由其创造的劳动价值的赞誉与肯定,显示出社会主义国家的文化特质和文明优越性,推动了新中国成立初期国家的政治稳定、经济发展和社会安定,有助于实现劳动群体经济效应与政治效应最大化。

(四)"弄潮儿劳模精神":改革开放时代领跑者

党的十一届三中全会召开后,党和国家重心实现了从"以阶级斗争为纲"到"以现代化经济建设为中心"。随着社会主义市场经济逐步孕育,邓小平同志关于"科学技术是第一生产力"的论断,起到了重新审视知识分子与科技人员的关键作用。同时,社会主义意识形态始终保持主导地位,弘扬时代正能量。故改革开放时期工人阶级之中,"敢干与实干劳模精神"应运而生。如温邦彦(图5-4)劳动模范,他在工程技术、发明专利、实业经营、创业投资、基础科学、民办教育等多个领域都做出了与众不同的贡献。

图5-4 温邦彦

"弄潮儿"时代劳模犹如一种精神符号和一面旗帜,带领了这一时期劳模评选活动和劳模精神弘扬的风向。忠诚于党和国家事业的老一辈开国劳动模范以"弄潮儿劳模精神"响应国家号召再度起航;肩负社会期望和时代责任,生于红旗下、长在改革春风新长征中的后起之秀以"敢干实干劳模精神"践行"以经济建设为中心",激发各行各业劳动者的劳动热情,发挥工作干劲。敢闯敢干、与时俱进的劳模形象,"敢为人先"的"弄潮儿劳模精神",引导"有为有位"的社会氛围,勾勒出"弄潮儿"引航改革开放时期中国经济社会发展新轨迹。

(五)"大国工匠精神":新时代中国制造代言人

"国之重器,大师之谓也。"党的十八大召开以后,随着新时代劳动样态的嬗变,劳模形象、劳模精神、劳动精神、工匠精神也被赋予新的时代要义、新的政治旨趣和新的实践指向。工匠精神作为推动现代社会文明进步、创造人类品质生活、传承人类文明的精神法宝,不会也更不可能被机器超越或替代。具备劳模精神和"大国工匠精神"的基层一线劳动者,正是当之无愧实现中华民族伟大复兴的中国梦的坚强基石。如不靠洋货、自主研发水下摄影机的大国工匠乔素凯(图5-5);用一双稳得不行的行医之手,把原本由日本人领衔的内镜手术完成时间缩短了整整一倍的周平红医生(图5-6);带领团队拼接完成了世界最大的射电望远镜,FAST天眼的大国工匠周永和(图5-7)。

图5-5　乔素凯　　　　图5-6　周平红　　　　图5-7　周永和

三、新时代劳模精神的现状

不同于劳动精神的久远发展,劳模精神具有更加强烈的时代性与现实性。以劳模精神引领学生思想政治,有利于将社会主义核心价值观落细、落小、落实,有利于让尊重劳动、尊重知识、尊重人才、尊重创造的理念融入学生社会主义核心价值观培育的全过程。

(一)当代大学生对劳模精神的认知状况

劳模精神成为学校开展思想政治教育的一个有力抓手,但在劳模精神融入思想政治教育的过程中,部分学生对劳模和劳模精神的认知与理解有偏差。然而对劳模和劳模精神的认知和理解是开展劳模精神育人,发挥其德育价值的前提和基础。通过调查分析得知,当代大学生对劳模精神的认知状况总体如下:

1. 劳模形象:偏爱知识型、创新型劳模且呈多元化、多样化认知状态

劳模是时代精神的形象符号与力量化身。当代大学生认为劳模应具有的形象特质包括:个人事迹有示范性、影响性;业务能力强,有创新意识;政治思想素质过硬等。同时

他们认为：具有可贵的精神品质、职业认同度高、形象气质佳的劳模对自己更有吸引力和感召力。在回答"劳模评选你更倾向哪个群体"时，大学生更倾向于知识型和创新型的劳动者，专家学者、一线职工、科教医护人员成为他们心目中排名前三的劳模群体。当代大学生最为熟知的全国劳模分别是：袁隆平、王进喜、郭明义、时传祥、姚明、刘翔、吴敏霞、包起帆。其中既有注重科研与生产的时代典型，也有创造世界纪录的当代体育明星。

当代大学生在劳模形象的建构过程中，基本与国家倡导的劳模评选制度所应具有的引领性、基层性标准相一致。但同时，多元化、多样化倾向仍十分突出。在问及"您心目中的劳模人选"时，互联网企业代表人物马云、马化腾，科学界的屠呦呦，影视界的李易峰、赵丽颖均以较高票数被多次提及。这些公众人物分别涉及商界、科技界、文体界。

2. 劳模精神：对劳动价值高度认同，但对劳模精神的内涵认知度不高

劳模精神伴随着共和国的诞生、建设、发展而不断丰富。调查显示，大学生能普遍认识到：劳模精神在新时代具有塑造正确劳动观、涵育社会主义核心价值观、坚定理想信念追求、激励创新创造、影响就业观的价值内涵。他们对劳动的意义和价值表现出高度认同：对"劳动者最伟大""劳动最光荣""劳动开创未来""劳动是推动人类社会进步的根本力量"这些经典命题，表示高度认同（91.0%）。但对"爱岗敬业、争创一流，艰苦奋斗、勇于创新，淡泊名利、甘于奉献"的劳模精神，却只有13.0%的学生能准确回答，可见对劳模精神的宣传与弘扬仍待加强。

3. 劳模认同：劳模认同呈主流态势，同时受学生所学专业与其家庭背景的影响

劳模是社会中的高素质群体，是民族精神和时代精神的集中体现。劳模人物、先进典型已成为国家和人民的经典记忆和光辉形象，激励并鼓舞了数代人的劳动热情。在回答"你会不会以实际行动向劳模学习"时，61.0%的学生明确表示会，33.4%的学生表示并不一定，只有5.6%的学生明确表示不会向劳模学习。调查显示，大学生对劳模认同的态度与其所学专业具有相关性。工科专业学生向劳模学习的意愿最强，文学类专业的学生意愿较低。而当问题进一步聚焦为"如果条件充分，您愿不愿意成为劳模"时，超过80%的受访学生表示愿意成为劳模。当身边有人当选劳模时，也有超过80%的学生表示会因此而感到骄傲。在对劳模所应具备的特质认同上，学生所持观点与其家庭背景存在相关性，如父母中有一方是企业负责人的大学生，更倾向于认为劳动模范应具有示范性和影响性特质。在调研"什么样的劳模更具吸引力与影响力"时，企业负责人家庭背景的学生也更倾向于选择社会地位高的劳模。

4. 认知来源：媒体、学校、家庭成为三大主要认知渠道，学校教育呈现倒"U"形分布

调查显示，大学生对劳模的认知渠道呈多元化、多样化态势，排名前三位的分别是：媒体宣传（33.5%）、学校教育（26.2%）、父母亲戚的讲述（14.4%）。互联网时代，大学生

偏爱从新媒体接收信息，但调查发现，大学生对劳模的认知来源传统媒体要高于新媒体。可见，新媒体对劳模的宣传力度仍有待提高。在媒体宣传的时间上，37.0%的学生认为对劳模平时也有宣传，但目前的宣传主要集中在"五一"劳动节等重大节日，但有更多的学生认为缺少相关的宣传。在学校教育渠道中，各阶段的学校教育在弘扬和传播劳模精神方面呈倒"U"形分布，即中学对劳模精神的教育最多(54.1%)，但幼儿园(6.7%)和大学阶段(18.9%)对劳模精神的教育较少。此外，父母亲戚的讲述也是当代大学生获取劳模认知的重要渠道。可见，在弘扬劳模精神的过程中，家庭教育的力量不容忽视。

（二）当代大学生对劳模精神认知的倾向性问题及其原因分析

1. 将"公众偶像"等同于"劳模形象"，部分学生的劳模形象认知存在媒体导向倾向

劳模形象作为道德典型，不仅承载了国家、社会、民众对未来的希望，更体现了一种对职业、对社会、对国家的道德感、责任感、使命感。劳模形象建构与传播是促进大学生社会化的重要组成部分。作为沟通国家意识形态与民众意识的桥梁，其不仅要接受国家意识形态的领导，同时也需参照民众意识的现实需求，唯有如此，才能实现劳模群体价值传播的最大化。当代大学生总体偏好知识型、创新型劳模，但同时也呈现出多元化、多样化的劳模形象认知。部分学生将"公众偶像"等同于"劳模形象"，一些影视明星、商界大咖、身边重要的他人成为一部分学生的劳模候选人。一方面，这反映了当代大学生对劳模的多元多样的理解。"劳模不应总以'拼命'的形象出现""不要一说劳模一定是最基层的，体力劳动最辛苦，事实上，别的方面也可以有劳模"成为一部分学生的真实心声。另一方面，也说明在关于劳模的内涵、劳模的评选标准、劳模形象的宣传与教育方面仍有欠缺，需加强在劳模形象的塑造与传播方面的媒体导向工作。

2. 将"埋头苦干"等同于"劳模精神"，部分学生的劳模精神认知存在刻板化倾向

劳模精神是时代精神的体现，随着时代的发展，劳模精神也在不断丰富着自身的内涵。新中国建设初期，百废待兴，一大批以出大力、流大汗、勤劳节约、艰苦朴素为特征的劳动者成了民族的象征和媒体讴歌的对象。但随着时间的推移，特别是改革开放后，劳动者群体范畴不断扩大，劳模评选的范围开始超出生产一线。劳模评选的队伍不断扩大，创新、一流等元素不断被重视，劳模精神的内涵得到了丰富。当代大学生对劳动价值高度认同，但对劳模精神的准确认知度却不高。"要多通过网络进行宣传，打破大家对劳模只会埋头苦干的固有印象，要与时俱进""劳模精神不代表牺牲小家为大家，单单强调贡献只会让人将劳模与痛苦、高大上、假大空联系在一起"。这些观点从侧面反映了部分学生认为劳模精神在多数人的印象中就是"埋头苦干""为大家舍小家"的代名词。这部分学生对劳模精神认知所存在的片面化、刻板化的印象，一方面，源于自身认识观念的滞后，其对

劳模精神的认识并未随着劳模精神内涵的丰富而发展；另一方面，也与媒体的宣传方式有关。传统宣传中，过度神化劳模、过于强调劳模高大上的全人形象和为大家舍小家的牺牲精神，这种重表象、轻实质的报道方式，忽视了劳模对工作本身的热爱，忽视了劳模精神内涵中最为根本的尊重劳动、引导创新创造、爱国主义追求的内在价值。

3. 将"地位身份"等同于"职业贡献"，部分学生对劳模的认同存在物质化倾向

当代大学生在情感上高度认同劳模及劳模精神，但同时也受到学生所学专业及其家庭背景的影响。一部分学生过于关注劳模的经济收入与福利待遇。"希望提高劳模物质生活水平，用'爱'发电实在不容易，既要强调无私奉献，也要给予劳模物质和精神两方面的支持""物质与精神不匹配则不长久""不能缺少物质奖励，要通过物质奖励和精神奖励并行的方式来鼓励具有劳模精神的行为"，代表了这部分学生的观点。改革开放以来，金钱、权力成为一部分人衡量人生成功与否的唯一标准，将个人的地位身份、经济收入等同于职业贡献的观点在社会中存有相当大的市场。这种社会不良风气也影响到高校，对当代大学生产生一定的影响。虽然现在劳动的概念变丰富了，劳动者的知识结构也已经发生改变，但作为劳模精神承载者的劳模，其身上所蕴含的基层性和引领性这两个基本属性始终未变。一方面，劳模是对一线工作者的肯定，不管什么时代，一线工作者都是社会的基石，是劳动者中大比例的组成部分，他们身上蕴含着最单纯质朴的劳模精神；另一方面，在这个价值观多元的时代，劳模精神的弘扬能够有效将社会主义核心价值观真正落细、落小、落实。

4. 将"劳模精神认知"等同于"实际习得"，部分学生对劳模精神认知来源存在纸面化、虚化倾向

调研发现，相当一部分学生将听劳模事迹报告和劳模精神宣讲等同于对劳模精神的感悟与习得，且劳模精神在教育和宣传中存在纸面化、虚化的倾向。这一方面与相关单位对劳模精神教育价值的认识相关。学校是影响学生劳模精神认知的重要渠道，而高校作为引领学生从学校走向社会、走上职场的重要衔接阶段，更应加强对学生劳模精神的教育。但事实上，学校教育却呈现出了倒"U"型的分布状态，本应成为劳模教育重点阶段的高校，在劳模精神的弘扬与宣传方面却有所欠缺。另一方面也与目前主流媒体和教育单位所采取的宣传教育的方式方法有关。正如受访学生所言："劳模精神应该更具体化、生活化些，使它更能贴近我们的生活""讲授劳模精神不必是一味枯燥地简单宣讲，高质量的影片、纪录片也可以打动人心""不应只将劳模精神停留在媒体、书本、纸张上，而是要让人们真正亲身体验并感受到劳模精神，要把劳模精神带入生活和工作中"。

第二节 劳动精神

劳动精神是国家繁荣、民族强盛、人民幸福的强大精神动力，是每一位劳动者为创造美好生活而在劳动过程中秉持的劳动态度、劳动理念及其展现出的劳动精神风貌。劳动精神是民族精神和时代精神的生动体现，具有深厚的历史积淀和丰富的思想内涵。

一、劳动精神的基本内涵

党的十八大以来，习近平总书记关于劳动精神的一系列论述，为新时代弘扬劳动精神指明了方向。习近平总书记在 2014 年接见劳动模范代表时首次提出要弘扬"劳动精神"，之后在出席多个重要场合中就"劳动精神"发表了系列讲话，并在 2020 年的全国劳动模范和先进工作者表彰大会上强调，在长期实践中，我们培育形成了崇尚劳动、热爱劳动、辛勤劳动、诚实劳动的劳动精神。可见，劳动精神体现出了尊重劳动、崇尚劳动、热爱劳动的价值取向，以及辛勤劳动、诚实劳动、创造性劳动的实践品格。作为新时代大学生，要明确劳动精神的内涵，掌握其中精髓，才能够在日后的劳动活动中，发扬崇尚劳动、热爱劳动、辛勤劳动、诚实劳动的优良品质。

（一）尊重劳动、崇尚劳动、热爱劳动的价值取向

劳动精神在理念层面集中体现为全社会尊重劳动、崇尚劳动、热爱劳动，充分认识到"劳动最光荣、劳动最伟大、劳动最崇高、劳动最美丽"，树立正确的劳动价值观，培养正确的劳动态度。

第一，在尊重劳动层面，就是坚持劳动至上，尊重一切劳动，尊重一切劳动者，尊重一切劳动成果。正如习近平总书记指出："在我们社会主义国家，一切劳动，无论是体力劳动还是脑力劳动，都值得尊重和鼓励；一切创造，无论是个人创造还是集体创造，也都值得尊重和鼓励。"劳动精神的主体是劳动者，尊重劳动实质上就是要尊重劳动者，尊重劳动人民的主体地位，尊重劳动人民的劳动付出与劳动成果，保障广大劳动者的合法权益。这要求每一位劳动者尊重自己及自己的劳动成果，也要尊重他人及他人的劳动成果。劳动人民是历史的创造者，是国家的主人，也是新时代的建设者与开拓者。因此，新时代劳动精神的出发点与落脚点便在于实现好、维护好、发展好广大劳动人民的根本利益，即"全社会都要贯彻尊重劳动、尊重知识、尊重人才、尊重创造的重大方针，维护劳动者的利益，保障劳动者的权利"。

第二，在崇尚劳动层面，就是以劳动为荣，推崇劳动之美，认同劳动及劳动者的价值

及地位。崇尚劳动既是对劳动者社会地位的伦理表达，也是对劳动独特作用的权威认定。习近平总书记指出，"无论时代条件如何变化，我们始终都要崇尚劳动、尊重劳动者"，发扬劳动者在劳动过程中所体现出的热情和坚守。在社会主义条件下，"劳动没有高低贵贱之分，任何一份职业都很光荣"。每一位劳动者都是在通过自己的劳动创造自身或他人的幸福生活，同时也是在为中国特色社会主义事业添砖加瓦，因此，任何劳动都是光荣与伟大的。故要与一切贬低劳动、轻视劳动者、不愿劳动、讨厌劳动的思想观念做斗争，在全社会需要形成"劳动最光荣、劳动最崇高、劳动最伟大、劳动最美丽"的社会风尚，从而让全体人民进一步焕发劳动热情、释放创造潜能，通过劳动创造更加美好的生活。

第三，在热爱劳动层面，劳动创造未来，奋斗铸就梦想。热爱劳动是劳动者对劳动的积极心理态度，是促进劳动者自觉劳动、积极劳动、主动劳动的动力源，是加强劳动获得感与幸福感的重要因素。只有基于对劳动的热爱，劳动者才能在劳动过程中最大程度发挥潜能和提升效率，不断实现自我价值，获得满足与喜悦。反之，如果对劳动抱有厌恶的情绪，那么劳动便成为让人痛苦的事情了。因此，劳动者只要热爱劳动，无论身在哪个行业，都能够在工作岗位上埋头苦干，通过辛劳与智慧，干一行、爱一行、钻一行，就能在平凡的岗位上获得不平凡的成绩。

（二）辛勤劳动、诚实劳动、创造性劳动的实践品格

在劳动实践上突显为劳动者辛勤劳动、诚实劳动、创造性劳动。所以劳动精神体现在劳动者辛勤劳动、诚实劳动和创造性劳动过程中，形成的劳动光荣、精益求精、创造伟大的劳动理念，达到脱贫致富、发展经济、实现中国梦的劳动目标。

第一，辛勤劳动是对劳动过程及其强度的充分肯定，表明要充分遵循劳动的客观规律以及要达到的劳动强度，体力劳动要付出辛劳和汗水，脑力劳动也要付出智慧和心血。随着时代的发展，劳动的内涵也在不断丰富，但是辛勤劳动始终是最基本的要求。在古代，虽然有"劳心者治人，劳力者治于人"等贬低劳动、轻视劳动人民的观念，但中华民族依然形成了勤劳勇敢的优良传统。可见，无论时代如何变化，辛勤劳动都是人们实现人生价值、追求美好生活的必要手段和必然要求。"人民是历史的创造者，是推动我国经济社会发展的基本力量和基本依靠。"中国特色社会主义事业的发展，中华民族伟大复兴需要全体中国人民的辛勤劳动，共同努力。正如习近平总书记所指出，"社会主义是干出来的，新时代是奋斗出来的"。广大劳动者要树立正确的劳动观，弘扬奋斗精神，坚持苦干实干，把个人的"小我"和国家的"大我"统一起来，把个人成长和时代进步结合起来。

第二，诚实劳动是对劳动者品德的客观规定，表明劳动要踏踏实实、求真务实、真抓实干、实事求是。诚实劳动作为劳动者在生产生活中的一种工作要求，体现为遵从工作标准、遵循职业要求、遵守法律法规等，是维护社会公平正义、彰显劳动本义、闪烁人性光

辉的必然规定，强调在合法劳动的基础上，不偷懒耍滑，不投机钻营。在诚实劳动层面，通过诚实劳动来实现人生的梦想、改变自己的命运，做到以诚为先。正如习近平总书记强调："我们要在全社会大力弘扬劳动精神，提倡通过诚实劳动来实现人生的梦想、改变自己的命运，反对一切不劳而获、投机取巧、贪图享乐的思想。"

第三，创造性劳动体现了劳动的较高境界，是劳动精神的核心要求，是人们在认识世界和改造世界的过程中，不断探索创新的精神气质的反映。劳动具有创新创造的本质属性，人类通过劳动创造出丰富的物质财富与精神财富，人类的历史发展离不开劳动的创新创造。正如习近平总书记曾指出，"中华民族是勤于劳动、善于创造的民族。正是因为劳动创造，我们拥有了历史的辉煌；也正是因为劳动创造，我们拥有了今天的成就"。创造性劳动是社会发展的不竭动力，也是现代劳动者的必备素质。随着现代化科学技术的发展，创新性劳动的影响力与需求也越来越大，这就要求新时代的劳动者必须在劳动中树立创新意识，把握创新性劳动的规律与特点，不断推进劳动自主创新与原始创新，不断提高劳动效率和劳动质量，不断满足人们对美好生活的追求和向往。

二、劳动精神的历史发展

人民创造历史，劳动开创未来。在我们人类发展的历史长河中，无数劳动人民用辛勤的汗水创造了一个又一个史诗般的伟大成就，这些伟大成就如星星点灯般点亮了人类文明进步的阶梯，劳动精神也在历史的长河中源远流长且熠熠生辉。

（一）古代的劳动精神

早在远古的神话故事中，劳动精神就有了一定的体现。夸父逐日的奋斗精神，女娲补天的牺牲精神，愚公移山、精卫填海的无畏精神，神农尝百草的创新精神，这些在神话故事中为人称道的优秀精神，都是劳动精神在各个具体领域中的体现。

在我国古代农耕文明时期，劳动精神更是留下了浓墨重彩的一笔。"田家少闲月，五月人倍忙""足蒸暑土气，背灼炎天光""乡村四月闲人少，才了蚕桑又插田"，这些朗朗上口的诗词，都是我国古代劳动者日复一日、年复一年、春种秋收、早出晚归的劳动生活的真实写照。此外，万里长城、大运河并非秦始皇、隋炀帝之功，实为无数伟大的劳动人民之绩。在长城、大运河等伟大工程的建设过程中，劳动人民在严寒酷暑之中、在统治者的压迫之下、在背井离乡的思念里，用一双双勤劳的双手和一件件原始的生产工具，为我们留下了瑰丽而宝贵的遗产。这种顽强的斗争精神、甘为后世谋发展的奉献精神、不畏生死的牺牲精神都是值得我们传承和发扬的劳动精神。

（二）近现代的劳动精神

我国近现代的劳动精神集中体现在中国共产党领导下的广大人民群众的劳动活动中，

如近代产生了"井冈山精神""太行精神""南泥湾精神""延安精神"等不断丰富着劳动精神的内涵。如在土地革命时期,党在农村建立革命根据地,开展了打土豪、分田地的革命斗争,废除了封建土地制度,极大地激发了广大农民的劳作热情。在抗日战争时期,党领导广大人民群众进行了广泛的大生产运动,坚持"发展经济,保障供给",走生产自救的道路。达到了自己动手、丰衣足食,既进行革命,又进行生产自足的目的,为赢得战争的胜利奠定了坚实的物质基础,同时也孕育了自力更生、艰苦奋斗的劳动精神。在解放战争时期,党在解放区实行土地改革,实行"耕者有其田"的政策,消灭了封建剥削制度,使农民翻身解放,获得了广大农民的拥护,大幅提升了人民劳动生产的积极性,使"劳动光荣、劳动致富"的劳动观念广为传播。

中华人民共和国成立后,在党的领导下,广大人民群众当家作主,自觉发挥主人翁精神,在各自岗位上兢兢业业、艰苦奋斗,产生了"北大荒精神""大庆精神""红旗渠精神""两路精神""青藏铁路精神"等不断丰富着现代劳动精神的内涵。改革开放后,确立了知识分子作为工人阶级一部分的重要地位,知识分子的面貌焕然一新,广大知识分子深受鼓舞,全身心地投入社会主义现代化建设中。"尊重劳动、尊重知识、尊重人才、尊重创造"也成为改革开放以来的时代强音。此后,随着科学技术的发展及其地位的提升,更多的知识分子及脑力劳动者贡献出自己的聪明才智,献身国家科技事业的发展。

(三)新时代的劳动精神

党的十八大以来,党中央对劳动精神高度重视,习近平总书记在多次谈话中都谈到了劳动精神,他指出:"劳动,是共产党人保持政治本色的重要途径,是共产党人保持政治肌体健康的重要手段,也是共产党人发扬优良作风,共同抵御'四风'的重要保障。"这一论述,将劳动精神提到了政治高度,充分体现了其对劳动精神的高度重视。此外,习近平总书记对脑力劳动和体力劳动给予了同样的重视与尊重,他指出:"在我们社会主义国家,一切劳动,无论是体力劳动还是脑力劳动,都值得尊重和鼓励。"在这一时期,劳动精神的内涵与意义都日渐丰富、科学。

2018年9月10日,习近平出席全国教育大会并发表重要讲话,要求"劳"字回到素质教育中,本次大会对新时代劳动精神具有重要的标志性意义。2020年7月,教育部印发《大中小学劳动教育指导纲要(试行)》,进一步明确了劳动教育是新时代党对教育的新要求,是中国特色社会主义教育制度的重要内容,是全面发展教育体系的重要组成部分,是大中小学必须开展的教育活动,有关劳动精神的研究进入了纵向深化阶段。

三、新时代劳动精神的现状

2018年9月,习近平总书记在全国教育大会上指出:"要在学生中弘扬劳动精神,教育引导学生崇尚劳动、尊重劳动，懂得劳动最光荣、劳动最崇高、劳动最伟大、劳动最美丽的道理，长大后能够辛勤劳动、诚实劳动、创造性劳动。"在新时代大学生中弘扬劳动精神，需要对当前大学生的劳动精神现状有所了解，进而分析其影响因素，从而在此基础上，做到有的放矢，加强新时代大学生的劳动精神培育。

（一）劳动精神的现实困境

在当代的部分青年人群体中，丧文化、宅文化、躺平主义等与劳动精神相悖的思想正悄然袭来，青年人群体中出现了以下几种现象。

一是劳动观念淡化。劳动作为人类社会存在和发展的基本方式，也是个人全面发展的重要条件，但部分青年人并不能深刻理解。相反，出现轻视体力劳动、鄙视劳动人民等情况，如不尊重环卫工人、择业时重脑力而轻体力、不愿从事一线劳动等。

二是劳动习惯退化。部分学生明显缺乏基本的劳动习惯和必要的劳动技能。在集体生活中，不能妥善安置、清理自己的个人生活物品，在家中不会做简单的家务，在与自然的相处中四体不勤、五谷不分，在实验室不会基本的设备使用、在生活中不会基本的一般设施维修技能。这些简单的生活中的劳动习惯尚且没有养成，在社会分工中更是无从下手。

三是劳动态度软化。当今社会，青年人之间的竞争逐步激烈。随着社会各行业中"内卷"现象的产生，部分年轻人既不加强劳动以求上进，也不加深思考另辟蹊径，在困难面前缺乏吃苦耐劳的精神，选择知难而退，用"躺平"来做自己拒绝努力的借口。

四是劳动品质弱化。尊重他人的劳动成果也是劳动精神的体现，然而部分青年人并不懂得对他人的劳动成果表示尊重。例如，在校园中不仅频繁发生餐饮浪费、水电资源浪费等现象，一些学生对教师的劳动成果也不甚尊重。

（二）劳动精神缺失的原因探析

分析上述现象，大学生劳动精神缺失的原因主要包括以下方面。

一是不良社会文化的影响。在当今社会，有人认为纯粹的体力劳动意味着低人一等的打工者身份，相较之下，脑力劳动者更为体面。这就使得人们在脑海中将体力劳动与脑力劳动对立起来。此外，相较于娱乐圈流量明星的收入与名气，普通劳动者显得相形见绌，造成一些青年人对劳动的价值产生了错误的认知。

二是学校劳动教育的弱化。课堂是劳动教育的主场所、主渠道，在培养大学生树立"四最"劳动观、塑造劳动伦理、端正劳动态度、涵养劳动情怀方面起到主导作用，但不可否认的是，囿于传统哲学"劳心者治人，劳力者治于人"的片面认知、早期教育方针"四育并举"的政策张力，多数学校劳动教育投入较为有限，直接导致当前高校普遍缺乏劳动教育专业课程与专业师资的实然窘境。当前，课堂教育场域呈现出的教育者缺乏、话语权失衡和主渠道不畅等尴尬情境，在很大程度上弱化了学校劳动教育的场域功能。长期以来，第二课堂本应是大学生劳动教育的重要补充，然而也经常异化为技艺比拼，教育场域内追逐的是各类荣誉证书，容易忽视劳动过程体验，甚至出现"包办代劳"的投机取巧行为，与我们的劳动教育初衷背道而驰，一些功利化校园风气也助长了学生不劳而获、贪图享乐的思想。这些问题总体上弱化了学校劳动教育的功能与地位。

三是家庭劳动培养的缺乏。在"成绩决定命运、要赢在起跑线"这类望子成龙、望女成凤思维中，几乎所有可能占用孩子学习时间的家庭劳动都被父母包揽，造成青少年劳动实践能力培养的缺乏。对于独生子女家庭，部分家长在教育的过程中慈爱有余而严厉不足，导致一些青少年被娇生惯养，未能形成良好的劳动习惯，树立正确的劳动观念。

第三节　工匠精神

随着现代科技的发展，传统手工业的没落，便有人认为工匠精神已经过时，然而事实并非如此，工匠精神在当代社会中仍具重要价值。工匠精神是推动中国工业由大转强的核心灵魂，是重塑国民新素质的内在支撑，不论对于个人发展，还是社会进步都有着重要的推动作用。纵观历史发展，工匠精神在我国有着悠久的历史，从许多历史典故都可以看出我国工匠精神的传承。但随着现代化的发展，工匠与工匠精神也面临着严峻的挑战，因此，需要与时俱进地解读新时代工匠精神的丰富内涵，通过工匠精神的历史发展透析现代工匠精神衰落的原因，以求破解之路。

一、工匠精神的基本内涵

工匠精神对于一个人来讲，是干一行、爱一行，爱一行、钻一行，钻一行、精一行的工作作风和务实肯干、坚持不懈、精益求精的敬业精神；对于社会而言，是合作、守诺、诚信、友善的社会风气。

新时代的工匠精神的基本内涵，主要包括爱岗敬业的职业精神、精益求精的品质精神、协作共进的团队精神、追求卓越的创新精神四个方面的内容。

（一）爱岗敬业的职业精神是新时代工匠精神的根本

爱岗敬业是劳动者对自己所从事的劳动岗位的心理认同及高度认可，并由此产生的对职业岗位的热爱与敬畏的态度，体现了劳动者积极的劳动观。爱岗敬业，是爱岗和敬业的合称，二者之间相辅相成。"爱岗"是要热爱自己的劳动岗位，干一行、爱一行，体现了劳动者对工作岗位的认同感与忠诚度；"敬业"是敬畏自己的劳动岗位，钻一行、精一行，体现劳动者对工作岗位的使命感与责任感。敬业的前提来源于对岗位的热爱,爱岗的具体表现和升华则是敬业。爱岗是对本职工作的热爱,敬业是对工作的一丝不苟和严谨认真。精益求精的品质精神是新时代工匠精神的核心所在。中华民族历来有"敬业乐群""忠于职守"的传统,敬业是中国人的传统美德,也是当今社会主义核心价值观的基本要求之一。

(二)精益求精的品质精神是新时代工匠精神的核心

精益求精是指对于一件产品或一种工作,不断改进、努力,力求达到最好的水平,是劳动者高超技艺与卓越品质的体现。精益求精是工匠精神的突出特点,也是最为人称赞之处,是工匠精神的核心内涵,一个劳动者之所以能够成为"工匠",就在于他对于品质的追求,在于其追求极致、精益求精的精神品质。精益求精决定着产品质量的高度,是对质的更高追求,是对细节的不断完善,也是对自我的突破与超越,是劳动者的自我修养与精神境界的提升。即每一件精品的出世不仅需要匠人们高超技艺和长期经验的累积,还需要有一份剔除浮躁、不为干扰的平静沉着之心。劳动者只有在这种精神品质的支撑下,才能将某项技艺不断发扬光大,并为此奉献毕生的精力,成就传世臻品。

(三)协作共进的团队精神是新时代工匠精神的要义

所谓"协作",就是团队成员的分工合作;所谓"共进",就是团队成员的共同努力、共同进步。一己之力很难成就丰功伟业,未来的大国工匠很可能是一个团队而非某一个人。和传统工匠不同,新时代工匠尤其是产业工人的生产方式已不再是手工作坊,而是大机器生产,他所承担的工作,只是众多工序中的一小部分。如"复兴号"列车,一列车厢就有37000多道工序,一个人是不可能完成的,必须由车间或班组,即团队协作来完成。可见,在现代化的生产中,尤其需要团队间的"协作共进",而不是各自为战。

(四)追求卓越的创新精神是新时代工匠精神的本色

传统意义上的"工匠精神"强调的是继承,祖传父、父传子、子传孙,是传统工匠传承的一种主要方式,而新时代的"工匠精神"强调的则是在继承基础上的创新,只有在继承基础上的创新,才能跟上时代前进的步伐。这便要求传承与创新的并存,要求技艺与知识的融合,更要求个体自主性和个人价值的彰显。工匠精神要求产品质量上的精益求精,这便必然要求工匠们能够守正创新、攻坚克难。同时,事物都是在变化中发展,因此,对于匠人们来说,只有时刻保持开拓创新的精神,才能获得持续长久的内在生命力。从国家发展层面来看,在国家培养高素质技能技术人才的过程中,也非常注重鼓励创新的政策环境,深刻认识到创新过程中可能存在的失败和失误的客观性,包容创新的失败,形成了勇于创新、敢于创新的良好氛围。

二、工匠精神的历史发展

中国是工匠精神的发源地之一。从我国工匠精神的培育来看,其传承与发展经历了萌芽阶段、发展阶段、沉寂阶段和重塑阶段,随之,工匠精神的内涵要素也经历了四次洗礼。

(一)工匠精神的萌芽和起源

我国工匠精神的萌芽和产生可追溯至旧石器时代,即夏商周时期,从人类开始使用工具,这一特点也展现出中国传统工匠最原始的状态,最朴实的行为方式。4300年前,传说舜"陶于河滨,河滨之陶者器皆不苦窳",他制作陶器,带动周围的人认真从事,精益求精,杜绝粗制滥造的现象发生。春秋时期,齐国的宰相管仲推行劳动分工政策,"士农工商四民分业治事",这样的做法,既能够使手工业者通过家庭延续而将技术不断发展传承,同时也促进了当时各类手工业的分工和分化,对于后期手工业的发展起到良好的推动作用。《庄子·达生》中提到"梓庆削木为鐻(jù),鐻成,见者惊犹鬼神",其精益求精、追求完美的品质,也可作为当时工匠精神的完美体现。

(二)工匠精神的发展阶段

手工业时期,随着社会经济的发展及科技文化的不断进步,手工业得到进一步发展,工匠们的工种种类变得日益繁多,社会对工匠的要求也不再仅仅满足于高超的技艺,随着时代的发展,社会对于工匠提出了更高的要求,其所认为的工匠,不再单单指具有高超技艺的人群,对于道德水平也有了一定的规范。随着社会文化的进步,技术的迭代传承,技艺经验的不断积累,逐渐分化形成了具有个性化风格的手工技艺。而在技艺传承过程中,精工良匠们依靠自身言行,不仅传授了技术,同时也延续了耐心、专注、坚持等精神品质。

(三)工匠精神的沉寂阶段

时代的发展和社会文化背景对于工匠精神的发展和传承影响巨大。从明初开始到改革开放初这一时期,工匠精神在这一历史时期没有得到更好的发展和完善并发挥应有的作用。但工匠精神并非持续性退化,纵观这段时期,在某些特定的时间段内,工匠精神也曾被注入新的内容,并对于社会进步和文化发展起到了一定的积极推动作用。在这段历史中,明清时期,"役皆永充"的服役制度使工匠们苦不堪言,虽然明代后期,轻徭役被减弱,但该管理模式和体制限制依旧使手工业受到重创,严重影响了民间手工业的发展和手工艺商品的生产,对于经济也造成了一定影响。顺治二年,清政府废除了匠籍制度,匠人与普通籍贯的老百姓无异,开始实行雇佣招募的劳动制,民间的手工业者逐渐脱离官府的干涉,走上正轨的发展之路,重新开始了自己的职业,由此,工匠精神也开始回暖。在近代,从鸦片战争到新中国成立之前,这一时期中华民族内忧外患,处于水深火热之中,我国的各类行业发展受到重挫,工匠精神的发展和传承也几乎停滞不前。

(四)工匠精神的重塑阶段

2015年,《中国制造2025》的发布标志着我国从制造业大国向制造业强国转型之路的开始,技术技能型人才成为转型之路的重要力量,跟技术技能型人才成长密切相关的工匠精神得到了越来越多的关注。2016年3月,国务院总理李克强在《政府工作报告》中首次提出要弘扬工匠精神:"鼓励企业开展个性化定制、柔性化生产,培育精益求精的工匠精神;增品种、提品质、创品牌。"2016—2021年,"工匠精神"更是连续五年被写入政府工作报告中(2020年未提及)。到目前,工匠精神正处于重塑和再次发展兴盛的阶段,劳动教育的推进、各行各业劳动模范的兴起、国家体制机制的建设等,无一不显示出国家对于工匠精神的重视和推进。

三、新时代工匠精神的现状

培育和弘扬工匠精神,不仅有利于我国制造业的转型升级,而且在全社会范围内具有精神价值,有利于形成尊重劳动、尊重普通劳动者的风尚。新时代在高校弘扬和践行"工匠精神",需深入挖掘工匠精神的当代价值,了解其面临的挑战,进而针对相关问题,采取有效措施促进高校工匠精神的弘扬和培育。

(一)工匠精神的当代价值

新时代呼唤工匠精神,究其根本在于工匠精神的内在价值。工匠精神具有极高的现实意义,特别是在我国全面深化改革和推进国家升级转型的攻坚时期,更需紧扣弘扬社会主义核心价值观的需要,深刻认识工匠精神的积极作用和时代价值,从而理解弘扬工匠精神的必要性和紧迫性。

第一,从国家层面来看,工匠精神是建设创新型国家的重要推动力量。在不同的历史时期,一大批优秀工匠为赢得革命胜利、推动国家发展发挥了重要作用。陕甘宁边区农具厂化铁工人赵占魁,在高达上千摄氏度的熔炉前穿着湿棉袄代替石棉防护服,不叫苦、不叫累,钻研技术改进工艺,提高产品质量;北京永定机械厂钳工倪志福,经过反复钻研改进,发明出适应钢、铸铁、黄铜、薄板等多种材质的"倪志福钻头",在国内外切削界引起重大反响;"汉字激光照排系统之父"王选,"金牌工人"许振超,"世界第一吊"的主设计师孙丽,港珠澳大桥岛隧工程项目总工程师林鸣……他们都是平凡岗位上的劳动者,用点点滴滴的实际行动诠释着工匠精神,用奋斗与追求树立起一面面光辉的旗帜。

习近平总书记在党的十九大报告中强调:"创新是引领发展的第一动力,是建设现代化经济体系的战略支撑。"建设创新型国家,需要我们瞄准世界科技前沿,强化科技创新,而科技的进步和创新不仅需要一大批具有国际水平的战略科技人才、科技领军人才,还需要一大批专业技能突出、创新能力强、善于解决实际问题的高素质技术技能型人才。大批量的具有工匠精神的高素质技术技能型人才,是新时代推动建设创新型国家的坚实基础和生力军。从古至今,工匠和工匠精神一直都在推动着世界的进步与发展。从古代四大发明,到流传至今的鲁班、李冰、蔡伦、李春等事迹,都体现了工匠精神中持之以恒的坚持和对创新的不懈追求。面对新的时代、新的问题,创新在科技进步和社会发展中展现出巨大的能量,创新应用新技术、新工艺,创造性解决新困难、新问题,才能进一步推动我国创新型国家的建设。

第二,从社会层面来看,工匠精神是弘扬社会主义核心价值观的重要推动力量。党的十八大报告、十九大报告都提出要积极培育和践行社会主义核心价值观,社会主义核心价值观成为全体国人共同的价值追求。爱岗敬业、精益求精、协作共进、追求卓越的工匠精神,所体现出的崇尚劳动等基本价值内涵与社会主义核心价值观一脉相承,是精神文明建设的重要内容。因此,培育和践行工匠精神,是弘扬社会主义核心价值观的重要推动力量,是激励我们不断拼搏、为实现美好生活而努力奋斗的重要途径。在中华文明漫长的历史演进过程中,工匠们用自己的双手和心血创造出了无数艺术珍品,这些传世之作闪耀着工匠独有的精神特质,蕴含着精益求精的工匠精神,彰显出工匠精神的巨大能量。在当代,更要以工匠精神作为人格内在涵养和奋斗动力,将工匠精神的价值取向和社会主义核心价值观保持一致,推动社会主义核心价值观的培育和践行。

第三,从个人层面来看,工匠精神是个体成长实现价值的重要推动力量。马斯洛需求层次理论把人的不同需求按照一定的层次和标准进行了划分,其中自我实现需求是最高层次的需求。通过马斯洛需求层次理论可以发现,人在满足基本的衣食住行后,就会通过不断地提升和完善,追求更高层次的需求,实现更高个人自我价值。工匠精神作为一种精神力量,其在促进个体价值发挥方面具有重要推动作用,有利于将人的需求从低到高不断推进,从而实现个体生存需要和价值认同,更进一步推动个体成为有理想、有本领、有担当的时代新人。同时,个体的成长离不开实践,而工匠精神的产生正是实践的产物,工匠精神的作用发挥又进一步表现出对于实践的指导作用。

个体通过在实践劳作中不断深化认知,升华自我,彰显价值,因此,工匠精神是推动个体的自我价值和社会价值实现的一种精神力量,也是一种实践动力。工匠精神激励广大劳动者立志成为高技能人才和大国工匠。

大国崛起,匠心筑梦。习近平总书记在党的十九大报告中指出:"建设知识型、技能型、创新型劳动者大军,弘扬劳模精神和工匠精神,营造劳动光荣的社会风尚和精益求精的敬业风气。"让我们在全社会大力弘扬工匠精神,走技能成才、技能报国之路,为全面建设社会主义现代化国家提供有力支撑!

(二)工匠精神面临的当代挑战

随着现代化的发展,工匠精神面临着新的时代挑战。

第一,在部分传统文化观念影响下,工匠的社会认同度不高。社会中部分消极的传统文化观念对工匠精神产生了一定的负面影响,如传统中"重道轻器"的思想,"万般皆下品,惟有读书高"的观念,还有士农工商的身份划定等,这些思想观念至今还有所残留并影响着一些人的职业认知与选择。一方面,一部分择业者面临选择职业时不愿意从事工匠相关职业,认为该职业社会地位低,不被尊重;另一方面,工匠们在社会中容易被忽视和边缘化,使他们在社会中缺乏存在感和成就感,导致工匠精神的失落。这些不正确的职业等级观在社会中的传播,使人们对手工技艺、制造技术及从事这些行业的工匠存在一定的偏见。此外,还存在对传统工匠精神的一些误解,认为工匠精神主要是埋头苦干、坚持固守,并认为其已不适合于当今的现代化社会,因而不能做到与时俱进地传承工匠精神,创新发展工匠精神。

第二,相关社会制度不健全,影响工匠技艺的传承。工匠技艺及工匠精神的传承会受到社会法规制度、企业工匠制度、人才培养制度等影响与塑造。当前由于市场对产品短平快的追求,需要时间淬炼的工匠精品却被不断挤压,同时,在这种环境下部分工匠劳动报酬相对较低,因此,不管是产品质量监管还是劳动者权益保护,都需要更加完善的社会法规制度以保障工匠的各项合法权益,保障工匠精神的传承与发扬。而在具体的企业中,相关制度的不健全也会使工匠精神缺少了必要的制度支撑。分布在企业生产各个环节中的工匠,如果缺少对产品质量提升的发言权,缺少必要的经费与时间保障,必然很难长期坚守精益求精的工匠精神;而且企业文化中对工匠精神的倡导与否,也会直接影响工匠精神的培育与传播。此外,在教育制度体系中,高技术人才的培养制度与模式也是工匠人才培育与工匠精神培育的重要方面。尤其是职业院校不仅要突出学生技能的培育,还要重视学生职业道德、职业观念的教育;而其类型的院校也需纠正"重学历、轻技能"的倾向,树立正确择业观与平等职业观。

第三,现代化发展对工匠精神的冲击。现代化发展对工匠精神的冲击主要体现在现代工业技术、现代生产方式及消费环境等对工匠精神存在的一些消极影响。首先,在现代工业技术方面,现代科技的快速发展,使科技不断取代了手工人力,也伴随着一部分匠人的没落或被遗忘,这样作为工匠精神发源地的手工业没落后,工匠精神也大受影响。其次,在现代生产方式方面,现代集成化生产与流水线生产不断压缩了产品的生产时间,消解了工人的主体性,工人反主为客,同时,机械化、自动化及标准化的生产过程也逐渐消解了工人的责任意识与创新意识。最后，在消费环境层面，丰富的大批量的现代化产品使传统手工品举步维艰，市场经济洪流下产生的急功近利的风气、短平快的运营模式，过度追求生产速度与消费能力的逐利思想，很容易使人们遗忘了对产品质量及其背后价值观的坚守，工匠精神便在这种追求利益最大化的市场中逐渐式微。

第四节　高校对劳模精神、劳动精神、工匠精神的培育与践行

"古之立大事者，不惟有超世之才，亦必有坚忍不拔之志。""明知苦而义无反顾，明知难亦知难而进。"回顾历史，一代又一代的知识分子甘愿放弃优越的学习、科研与生活环境，放弃已有的基础和成绩，为了国家富强忘我奋斗，在祖国最需要的地方闯出一片新天地，才成就了今天国家的日益强大。

一、广泛学习劳模精神，激励当代青年争做时代领跑者

劳动模范是民族的精英、人民的楷模，是共和国的功臣。1950年，党和国家首次表彰劳动模范。70多年来，各条战线英雄辈出，群星灿烂。这些劳模群体是广大劳动者群体中的佼佼者和杰出代表，也是广大青年学习的榜样和楷模。

高校大力弘扬劳模精神，需要加快推进劳模精神进校园工作，发挥劳模的榜样作用，并构建学校与劳模长期联系机制，实现劳模进校园、劳模进课堂制度化、常态化、多样化。一是要将劳模精神引入课堂，采取劳模报告会、劳模讲堂、劳模课堂等形式，通过劳模讲述自己的亲身经历和先进事迹，用鲜活故事生动展示劳模精神，提升学生的思想道德修养和专业技能；二是立足校园文化讲好劳模故事，充分利用校园广播、报刊、橱窗、网络等多种渠道大力宣传劳模的先进事迹，以劳模的卓越贡献激励青少年，以劳模的高尚情操带动青少年，使劳模精神融入大学生的日常生活；三是将劳模精神融入学生实践活动，理论与实践相结合，以劳模的创新创造引领青少年。通过各种校园实践或社会实践活动，增加大学生向劳模学习的机会，在活动中积极引导大学生参加社会志愿服务，增进大学生奉献意识等。

总之，要通过各种途径引导大学生广泛学习劳模精神，学先进，做先进，在劳模精神的引领与影响下，向劳模看齐、向劳模精神致敬，并以自己的实际行动践行劳模精神，汇聚起劳动托起中国梦的强大力量。

第五章 劳模精神、劳动精神、工匠精神

【案例 5-1】
"共和国勋章"获得者——袁隆平

西南大学是"共和国勋章"获得者、全国劳动模范、中国工程院院士、国家杂交水稻工程技术中心主任袁隆平的母校。袁隆平从1960年开始便把自己的一生奉献给了杂交水稻这份事业，1978年、1979年、1989年，他先后三次被评为全国先进科技工作者和全国劳动模范。在此影响下，西南大学组织了一系列活动，形成了"寻访校友足迹，传递母校情怀"的浓厚氛围（图5-8）。

图5-8 杂交水稻之父：袁隆平

袁隆平是一位视科学为生命的科学家。为了杂交水稻事业，他几十年如一日，矢志不移，默默奉献。刚开始研究时，许多人说他是自讨苦吃，他坦然回答："为了大家不再饿肚子，我心甘情愿吃这个苦。"研究条件的简陋艰苦、滇南育种遭遇大地震的威胁、上千次的试验失败，都动摇不了袁隆平研究杂交水稻的决心。几十年来，他像候鸟一样追赶着太阳南来北往育种，在攻关的前10年有7个春节是在海南岛度过的。

袁隆平注重实践。他说，书本上、计算机里种不出水稻，他始终坚信真正的权威来自实践。"我不在家，就在试验田；不在试验田，就在去试验田的路上。"在第一线的坚守，使他抓住了科学的灵感，锻造出了战略性眼光。

袁隆平甘为人梯。他注重培养杂交水稻科研人才，将团结协作看作是打开成功之门的钥匙。他捐出奖金，设立了科研基金和农业科技奖励基金；他将实验材料"野败"毫无保留地分送给全国18个研究单位，加速了"三系"杂交稻研究的步伐。在他的培养和带领下，我国杂交水稻界精英辈出，研究成果层出不穷，30多年来一直处于世界领先地位。

袁隆平永不满足。从"三系法"到"两系法"，从一般杂交稻的成功到超级杂交稻一期、二期再到三期，他将水稻产量从平均亩产300公斤先后提高到500公斤、700公斤、800公斤。他有两个愿望，一个是到2010年，第三期超级稻要实现试验田亩产900公斤；一个是把杂交水稻推向全世界。

大德有大成。到2006年，我国累计推广种植杂交稻56亿多亩，每年增产的稻谷可以多养活7000多万人，相当于全世界每年新出生人口的总和。不仅如此，杂交水稻还被推广到全球30多个国家和地区，种植面积达3000多万亩。

袁隆平1987年获联合国教科文组织颁发的科学奖；2001年获国务院颁发的2000年度国家最高科学技术奖；2004年获世界粮食奖励基金会颁发的世界粮食奖；2007年4月就任美国科学院外籍院士，被誉为"杂交水稻之父"。

"我有一个梦，梦见我们的超高产杂交稻，植株长得比高粱要高，穗子有扫帚那么长，籽有花生米那么大，我好高兴！我走过去，坐在那个稻穗下乘凉……"学校光大礼堂，一个师生们十分熟悉而又敬仰的身影——在校大学生饰演的"世界杂交水稻之父"、中国工程院院士袁隆平出现在舞台上，用略带湖南口音的普通话说出著名的"禾下乘凉梦"。经过半年多策划、创作和两个多月排练，原创校园诗境话剧《问稻》成功上演。

该剧全部取材于杰出校友袁隆平的大学生活和科学攻关的真实故事，主要依据《袁隆平口述自传》和《袁隆平传》，将反映袁隆平人生轨迹的历史线与表现青年学子面对各种困惑坚持科研攻关参加"挑战杯"竞赛的现实线巧妙串联，双线叙事，生动表现了"不一样的年代一样的青春"；全剧分为"问星空""问青春""问友谊""问爱情""问梦想""问时光"六个篇章，以富含哲理的叩问带动诗意的情节发展，交织着人生的强烈共鸣，艺术地再现了袁隆平传奇而富有创造力的一生，生动地体现了在袁隆平奋斗精神感召和引领下的当代青年学子寻求幸福之道、人生之道、信仰之道的向上向善、奋发有为的青春风貌。剧作形象地揭示了袁隆平身上所体现出的中国精神、中国力量，歌颂了袁隆平"一粒种子改变世界"的杂交水稻对于解决世界粮食问题所做出的中国贡献，以及这一切所体现的核心价值观在当代青年身上的薪火传承与时代回响。

【案例5-2】

一生倔强育种，还想再干十年——梁增基

他是一名农技中心的退休研究员，却被乡亲们称为"旱地麦神"，他虽是耄耋之年仍孜孜不倦，培育良种、造福百姓。他，就是著名旱区小麦育种专家、全国先进工作者梁增基，也是省级劳动模范、省首届"三秦楷模"、全国敬业奉献类"中国好人"、第七届"全国诚实守信道德模范""最美劳动者——新中国成立以来陕西最具影响的劳动模范"等称号的获得者(图5-9)。

梁增基，陕西省咸阳市长武县农技推广中心退休研究员。他创造了我国旱区小麦育种的奇迹，培育的小麦良种累计在旱区推广超过亿亩，增产25亿公斤。他把小麦锈病挡在了西北，在推广区阻断了小麦锈病的南北传播。

1957年，高中毕业的梁增基，抱着对祖国万分热爱、以四海为家的志向，支援大西北，报考了当时的西北农学院。1961年大学毕业后，听从党的号召"到农村去、到边疆

第五章 劳模精神、劳动精神、工匠精神

图 5-9　梁增基在小麦田里检查

去、到祖国最需要的地方去",梁增基踌躇满志,来到长武县农技站。一待就待到了今天,且仍坚守在农业工作一线。

"上世纪六十年代,仅西北农大分到长武农技站 18 人,分到农业系统 25 人,后来都走了,最后就剩下了我一人"。梁增基说,那时的长武生产生活环境特别艰苦,光坐卡车从咸阳到长武都得一天的时间,很少有人才愿意留在这里。

"几间土坯瓦房、一张漆皮脱落的三斗桌、一个三条腿板凳和一张没有席片的土炕。没有通电,办公要点煤油灯,冬季睡土炕、穿棉袄……"梁增基说,尽管心有准备,但面对如此艰苦的工作和生活环境,他还是犹豫过,彷徨过。最终,还是理性战胜了情感,当他看到老百姓小麦不够吃,常年只能啃着高粱面窝窝头、吃着玉米芯山野菜,遇到青黄不接时,甚至连路边的树皮都被人剥光的情景,他的心瞬间就软了,作为一名农业大学的毕业生,他有责任有义务让他们能够吃饱。

1962 年,梁增基从北京引来两个小麦品种,但是当年生产的麦子,只有皮,没有面粉,雨多还发霉,吃起来又黑又苦又黏。引进的品种受到群众质疑,这让梁增基备受打击,但他并没有被挫折打倒。他认为,朴实的长武人民需要他这样的农业人来改变现状,而且育种工作一个人就能干,干好了,就能造福一方人民。

从此,无论是烈日下麦浪翻滚的沟沟坎坎,还是数九寒天冰雪覆盖的试验田里,这个来自广东的身影便开始了不间断钻研。

日复一日,年复一年。经过上万次的试验、无数次的总结,1971 年,梁增基培育的条锈免疫、抗冻、抗旱、丰产的小麦品种'702'和'7025'终于成功,填补了国内空白,并作为主栽品种在咸阳北部、平凉地区和黄陵、天水等地推广。

1979 年,在改良'702'的基础上,梁增基又潜心培育出了'秦麦四号',亩产达到了

300公斤。新品种在渭北旱塬、陇东地区的五个地市推广种植后，形成了一条阻隔条锈病南下关中的"隔离带"。时任西北植物研究所所长、小麦育种组组长李章动情地说："梁增基把条锈病挡在了西北，这是他的最大贡献！"

1984年，旱塬第一个半矮秆高产、抗旱、抗涝品种'长武131'选育成功，不仅抗锈病，抗倒伏，亩产还达到400公斤。经过省级鉴定推广，90年代年种植面积超过200万亩，累计3800万亩。

'702''7125''秦麦四号''长武131'4个品种的小麦，改变了高原旱区的生产面貌和生产观念，小麦由低产作物变成了高产作物，也带动了几个新的育种单位的成立。

2005年，72岁的梁增基退休后，依旧像以往一样天天"泡"在小麦育种试验田里，因为他所培育的长航一号还没有最后鉴定完成。他说："在有生之年，我还要培育出旱塬强筋、高产、抗逆、综合性创国内一流的小麦新品种。"

为了更好地发展育种事业，打造长武育种品牌，近些年，在县委、县政府的支持下，梁增基又组建了育种团队，将育种事业延续下去。

"能干到什么时候，我就干到什么时候。能活到一百岁，我就干到一百岁"，如今89岁高龄的他仍耳聪目明，像年轻时一样，在试验田里一站就是一天。

"每当我累得不行，抬头一看梁老师还在那里，就会感到榜样的力量。"梁增基的学生兼同事慕芳说，"梁老师几乎每天都到试验田来，选种、杂交、管理，凡事亲力亲为。我们曾疑惑为何梁老师身上总有使不完的劲儿，后来明白了，奋斗者永远年轻。"

去年11月24日，梁增基赴京参加2020年全国劳动模范和先进工作者表彰大会，归来后他说："习近平总书记的重要讲话代表着党中央、国务院对我们劳模的鞭策和鼓励。这次国家授予我全国先进工作者荣誉称号，我感到非常荣幸，今年我已87岁，我将继续干下去，直至不能动弹为止"。

"我的工作是在国家支持下做的，我本人只是人民的服务员。"这是一个在西北大地奉献了一个甲子的老人，最朴实的心声。老骥伏枥，志在千里。就这样，梁增基在育种道路上前行，仍然一如既往地眷恋着黄土高原这片热土。

二、积极培育劳动精神，建设新时代高素质劳动者大军

劳动者素质对一个国家、一个民族发展至关重要。当今世界，综合国力的竞争归根到底是人才的竞争、劳动者素质的竞争。只有建设一支宏大的知识型、技术型、创新型劳动者大军，才能在竞争中赢得优势、赢得未来。青年大学生肩负着实现中华民族伟大复兴的历史重任，高校承担着培养德智体美劳全面发展的社会主义事业建设者和接班人的重大任务。大力弘扬劳动精神，有助于为实现中国梦、建设社会主义现代化强国输送高素质人才。

劳动精神培育是一项系统性工程，要以高校为主阵地，构建学校、家庭、社会多方协同的劳动精神培育体系。一方面，高校要通过劳动教育与实践锻炼的途径培养具有劳动精神的高素质人才。高校需要加强系统性劳动教育，教育引导青少年树立以辛勤劳动为荣、以好逸恶劳为耻的劳动观。探索一系列与专业课程相结合的劳动课程，增强大学生的劳动理论学习与劳动价值认同，并强化专业劳动知识与技能的训练，促使学生在课程融合教育中培育劳动情怀，提升劳动技能，学会辛勤劳动、诚实劳动和创造性劳动。另一方面，高校需要学校、家庭和社会形成教育共同体，发挥劳动精神育人的重要作用。高校需要与家庭、社会保持密切联系，促进家庭积极发挥劳动教育及劳动精神培育的基础性作用，并积极寻求社会、企事业单位对大学生劳动精神培育的大力支持，借助产教融合、校企合作等方式把政府与社会提供的更广泛的资源优势转化为培育学生劳动精神的强大力量。

总之，要通过建立家庭、学校、社会相融合的劳动教育体系，不断强化青少年在成长过程中对崇尚劳动、尊重劳动的价值认同。培养一代又一代热爱劳动、勤于劳动、善于劳动的高素质劳动者，为全面建设社会主义现代化国家提供有力人才保障。

【案例 5-3】

用科技之手"点石成金"

李保国（图 5-10）生前是河北农业大学教授、博士生导师。他把太行山区生态治理和群众脱贫奔小康作为毕生追求，每年深入基层 200 多天，让 140 万亩荒山披绿，带领 10 万农民脱贫致富。

图 5-10　李保国

1958年，李保国出生于河北省衡水市武邑县的一个农村家庭。1981年，作为恢复高考后的第一届大学生，李保国在河北林业专科学校（河北农业大学林学院前身）毕业后留校任教。上班仅十几天，他便和同事们一起扎进太行山，搞起了山区开发研究。他以他坚持不懈的韧劲、精益求精的人格品质，先后取得研究成果28项，获得省部级以上奖励18项，技术累计应用面积1826万亩，带动山区农民增收58.5亿元。他参与研究提出聚集土壤、聚集径流"两聚"理论，使邢台前南峪森林覆盖率达到90.7%，植被覆盖率达到94.6%。

李保国坚持全心全意为人民服务的宗旨，长期奋战在扶贫攻坚和科技创新第一线，把毕生精力投入到山区生态建设和科技富民事业之中，用自己的模范行动彰显了共产党员的优秀品格。他先后荣获"全国优秀共产党员""改革先锋""最美奋斗者""时代楷模""全国脱贫攻坚模范""全国先进工作者""全国优秀教师"等称号。2019年他被授予"人民楷模"国家荣誉称号。

【案例5-4】

上山下田，商南茶香——张淑珍

张淑珍：1937年生，陕西商洛人，商南县茶叶站原站长。她大学毕业后，近60年来在商南贫困地区迎难而上，创造了"商南自古不产茶，如今茶青漫山坡"的奇迹，带领广大茶农脱贫致富，为商南经济发展做出卓越的贡献（图5-11）。

"没有张淑珍，就没有商南茶。"走进陕西商南县，听到最多的就是茶农口里这句话。他们编写茶歌唱道："南茶北移四十年，心血酿就商南茶""茶圣九天应回首，茶经补写商南茶"。

图5-11 张淑珍在茶园里

第五章 劳模精神、劳动精神、工匠精神

1961年，20多岁的张淑珍从西北农学院毕业，与爱人焦永才一道，放弃了省里的工作，抱着"到艰苦地方干一番事业"的理想，申请到商洛山中工作。

当时，商南县的群众生活很苦，"住的茅草房，穿的破衣裳，夜晚溜光炕，白天没有粮。"怎样改变他们的贫困面貌呢？还得在山上做文章。张淑珍开始尝试栽植经济树种。她先后引种桉树、油茶，种桑养蚕，但效果不尽如人意。1970年，张淑珍到浙江省绍兴县参观，农民在荒山上种茶，茶叶收入占到农民总收入的80%。她把这个想法写成报告送给县委。经过调查与分析，县上制定了全县发展茶叶规划，并召开了商南县第一次茶叶工作会议。

《茶叶栽培学》书中写道，茶叶生长在北纬30°以内、年降水量2000毫米左右的南方。而商南位于北纬33°6′~33°44′，年平均降水量只有800毫米左右。张淑珍决心尝试逾越茶树栽培临界线，在商南发展茶业。"科学规律，基于以往的成功经验。但既往经验，更要不断地求索、创新。"

开春，张淑珍将10公斤茶籽种在苗圃里，同时将从安康购回的305株茶苗栽植于县城西岗，不料赶上大旱，无一成活。1964年，她将苗圃育苗的700余株移栽至捉马沟，但也全部死去。

根据书上介绍的茶叶移栽技术茶苗无法成活，张淑珍不甘心，经过多次实验，但无论移栽到哪里，茶苗都不能成活。她为此整日苦闷，丈夫焦永才建议她换个思路，改为直播。

张淑珍茅塞顿开。1967年，她在二道河苗圃整地点种茶籽，翌年茶苗出土，三年后，从苗圃里采摘的茶叶经过手工炒青，收获3斤8两。张淑珍兴奋地把茶叶分包送到了县上领导、部门同志手里，人们惊讶感叹——"茶种成了，茶种成了！"这3斤8两茶叶的背后，凝结着上百万字的数据支撑，为收集一手资料，张淑珍披星戴月、翻山越岭。

茶坊，一个以"茶"命名的村庄，离县城很近。然而千百年来，这里却既不产茶、也不卖茶。1971年，经过调查规划，这里成了商南县的第一座茶园，"茶坊无茶"成为历史。辟茶园，种茶籽。转眼3年，茶坊村采茶500斤，结束了商南不产茶的历史。张淑珍和当地农民一同将种茶地向北推进了数百公里，在北纬33°创造了奇迹。

在县里支持下，张淑珍开设了学习班，将点种、采摘、杀青、炒干等环节教授给农民。"茶园产量提高，农民才有收益。"张淑珍扎进茶园，试验出多种丰产措施，使茶叶亩产提高了五倍。

没有茶，人们设法种茶，茶多了又卖不出去。那时，茶叶买卖由供销社统一经营，由于产销不能直接见面，使新茶变成陈茶，造成茶叶积压。已担任商南县茶叶站站长的张淑珍与全县36个茶场的负责人协商，成立了县茶叶联营公司。公司为茶农提供技术、

设备，收购茶农的茶叶，研发推销新产品，走出了产供销一体化的路子，这种"公司+茶场+农户"的经营模式在商洛地区是第一家。

2002年，茶农和茶叶企业自发联合成立商南县茶叶协会，许多贫困户靠种茶脱贫致富，茶农们纷纷盖起了楼房，购买了家用电器，逐步过上了富裕的生活，茶业从此成为商南农民致富的第一产业。她深深懂得，品牌就是产业的命脉，在传授制茶技艺，培养手工制茶技师的同时，她开始研制高档名茶，经过反复试验，成功生产出高档茶品——商南泉茗。为了让夏秋叶也能为茶农增收，张淑珍又倾心引进研制茯茶，之后又研制成了商南红茶、商南极品白茶和黄茶等。

还山以绿，致富于民，是张淑珍半个多世纪奋斗不息的精神高地。她在"南茶北移"的道路上的仅六十载，树立了优秀知识分子的典范形象，心里始终装的是茶农的欢欣和忧愁。她先后当选党的十三大、十四大代表，获得全国劳动模范、全国"五一劳动奖章"等。面对一枚枚奖章，她说"农民富裕，是最高的奖赏"。她用青春、热情、汗水，用忠诚、坚韧、毅力践行了自己笃志富民的追求。

三、大力弘扬工匠精神，培养更多高技能人才和大国工匠

当前，我国正处在从工业大国向工业强国迈进的关键时期，培育和弘扬爱岗敬业、精益求精、协作共进、追求卓越的工匠精神，对于建设制造强国具有重要意义。而制造强国来源于科技和人才，作为当代大学生，只有对新时代"工匠精神"的基本内涵形成共识，并为之不断努力，才能为推进中国制造的"品质革命"提供源源不断的动力。

工匠精神是千百年来工匠在劳动实践中展现出来的风采和神韵，体现了技术尖兵的优秀品质。高校大力弘扬工匠精神，需要适当转变教育理念，尤其是职业院校要转变重技轻人的工具性价值取向；而其类型的院校也需纠正"重学历、轻技能"的倾向。高校需要适应新形势新任务，培养德艺双馨的高技能人才和大国工匠，注意传承工匠文化，广泛开展以弘扬工匠精神为主题的宣传教育，讲好"工匠故事"，树立工匠楷模，以杰出工匠、技能大师的先进事迹和优秀品质感召青年学生、引领社会风尚，激励青年学生靠钻研掌握本领、以奋斗成就梦想。把崇尚工匠精神纳入人才培养全过程，贯通大中小学各学段和家庭、学校、社会各方面，教育引导青年树立正确的劳动观、就业观、价值观，要践行工匠精神，培养执着专注、精益求精、一丝不苟、追求卓越的职业素养，练就一身真本领，掌握一手好技术，干一行、爱一行、专一行、精一行，并能够主动适应经济结构调整、产业转型升级需求，勤学苦练、深入钻研，不断获取新知识、掌握新技能、提高新本领，努力成为知识型职工、技能型能手、复合型人才，争做各行各业拔尖人才，在新时代洪流中发挥领军作用。

【案例 5-5】

"黄河流碧水"功臣——朱显谟

我国黄土区土壤及土壤侵蚀学科的开创者和奠基者,朱显谟(图5-12)毕生致力于黄土高原水土保持与生态建设工作,著作等身,成绩卓著。他于20世纪80年代初提出了"黄土高原国土整治28字方略",心持"黄河清"梦想,几十年来,他默默扎根于黄土高原,为我国黄河中游泥沙治理工作做出了巨大而卓越的贡献!

图 5-12 朱显谟,中国共产党优秀党员,中国科学院资深院士

多年来,朱显谟心中一直有个叫"黄河清"的梦。经过40余年对黄土高原土壤侵蚀规律的探索与认识,在水土保持等科学研究成果和实践经验的基础上,朱院士于20世纪80年代,提出了著名的"黄土高原国土整治28字"——全部降水就地入渗拦蓄,米粮下川上塬、林果下沟上岔、草灌上坡下垅。这是根据对黄土沉降方式形成的黄土颗粒为"点棱接触支架式多孔结构"的特殊黄土剖面土壤构型与黄土高原土壤侵蚀规律,以及群众的生产实践提出的。这"28字"受到了国家的高度重视,目前已被广泛采用于无定河、延河流域治理和国家科技攻关任务的综合治理试验示范区,并被水利部水土保持司采纳。

为了心中"黄河清"的梦想,半个多世纪以来,朱显谟在广袤的黄土高原默默奉献。至于这个梦想何时实现,88岁的朱老乐观地表示:"倘若一切顺利,不再出现反复,像我这样年近古稀的人,也许还能看到'黄河流碧水'呢!"

【案例 5-6】

一个农民企业家的"大国工匠"情怀

1月9日,2016年度国家科学技术奖励大会在北京人民大会堂隆重举行,河南豪丰机械制造有限公司(以下简称豪丰机械公司)董事长刘少林申报的"机械化秸秆还田技术与装备"项目荣获科学技术进步二等奖,是这次国家科学技术奖的唯一一个农民获奖人(图5-13)。

图5-13 刘少林展示获奖证书

1月11日,在接受记者采访时,刘少林说,"他自己做梦也没有想到,67岁了,还能站在人民大会堂,受到习近平总书记的接见……"

从农机服务站到十亿元公司

1975年8月,25岁的刘少林被许昌县张潘公社革委会任命为公社机械厂厂长,他一上任,就把机械厂领得红红火火。但由于当时种种不可抗拒的原因,机械厂于1980年解体。1983年,已过而立之年的刘少林敏锐地发现,农机行业的发展机遇终于到来了。他联系了韩根发等三人,借了30元流动资金和几台旧机床,自制了一台电焊机,办起了张潘农机服务站。

在刘少林的精心经营下,服务站从修理小件农机、柴油机做起,在当地有了"小名气"。1983年,在农机服务站的基础上,刘少林组建了许昌县农机总站机械厂,也就是豪丰机械公司的前身,开始了人畜力三行播种耧的研发,随后不断扩大规模。

经过30年不断地发展,豪丰机械公司已成为员工近千人、占地面积500亩、总资产近10亿元的国内最大的农机具制造企业。

赔光家底,也要维护品牌信誉

产品质量是市场的坚强后盾,抓好质量才能抓住市场,只有用合格的产品质量满足用户的要求,才有可能不断扩大市场份额。

1989年，豪丰机械公司研制出了国内第一款秸秆粉碎还田机，投产后先后向省内20多个县(市)销售400余台。可是，在随后的质量跟踪调查中发现，由于性能与动力不配套，该机器不能充分发挥效率。问题尖锐地摆在面前，怎么办？很多人主张不追回机器，因为若追回，企业就要蒙受巨大的经济损失。

"当时，厂里的固定资产刚积累到30万元，但要将产品收回，光成本就至少要赔40万元，等于一下输了个底朝天。"刘少林说，一个月内他掉光了头发。但他还是决定：全部收回报废，决不能因为这砸了牌子丢了人。最终，仅有鄢陵县的一位农民买了这种机器后，经自己改造，感觉机器很适用，不愿意退还，但豪丰机械公司还是赔了他改装费。

2014年夏秋之交，阴晴不定的天气再次给豪丰机械公司出了个大难题。先是大旱，接着阴雨连绵，然后阳光暴晒，不少地方的玉米都干死在了玉米秆上，导致玉米收获机无法正常使用。按照正常年景，豪丰的玉米收获机没有任何问题。但刘少林没有怨天尤人，而是将收获机上的剥皮机做了技术修改，为所有用户免费更换。这一次，该公司又赔进去了2000多万元。

不惜砸锅卖铁也要用户认可，不惜赔光家底也要维护品牌信誉，让豪丰机械公司赢得了用户的一致信赖。目前，该公司的旋耕机和秸秆还田机市场占有量稳居全国第一，成为农机具行业当之无愧的首选品牌。

注重科技创新，实现逆势增长

豪丰机械公司把技术创新确立为企业发展的宗旨，坚持"一手抓市场，一手抓研发"的发展战略，通过科技创新实施精品工程，完成产品升级换代，改变"黑大粗"传统农机品质，打造最先进、质量最好的农机具，使豪丰机械公司产品和技术始终站在行业前列。

为了获得技术支持，刘少林曾三顾茅庐，邀请中国工程院院士罗锡文到公司指导工作。直到2012年，被刘少林诚意感动的罗锡文才来到豪丰公司。在生产车间，罗锡文院士对豪丰的自动化、信息化、数字化水平震惊不已，当即答应在豪丰设立院士工作站。目前，豪丰机械公司依托罗锡文院士领导的河南省现代农业机械装备院士工作站，充分发挥工作站专家、教授是国内外科技领军人才的技术优势，加快了公司产品研发、产品中试、产业化速度，快速提升豪丰向高端技术进军的创新能力。

近年来，豪丰每年的科研经费都在销售收入的5%以上，为企业技术创新提供了充分的资金保障。特别是近两年，在全国农机企业经营整体下滑情况下，该公司以科技创新为突破口，以做优产品质量为基石，在逆境中求生存、困境中促发展，实现工业总产值10.7亿元，其中新产品产值3.8亿元，新产品产值率达到35.5%，取得了豪丰公司创建以来的最好成绩。

这份荣誉是莫大的激励和鼓舞

三十多年来，刘少林一直从事农机具研究开发工作，他始终把实现中国农业最伟大的一次革命——农业机械化作为自己毕生的事业，改变农民"面朝黄土背朝天"的传统耕作方式，把艰辛的农业生产变成快乐劳动是他毕生的追求。

2015年9月24日，李克强总理登上了豪丰农机，叮嘱刘少林要做现代化的农机企业。"我们要把豪丰打造成世界品牌，让中国农民以使用豪丰农机自豪。"刘少林豪情满怀，"这是总理的嘱托，更是我们豪丰人毕生追求的事业！"

"拿到这个国家科学技术奖非常的不容易，除正常的奖项申报、专家组评审、行业评审外，最后的评审答辩需要我亲自参加。"谈到这次获奖，刘少林激动地说。

"机械化秸秆还田技术与装备"，广泛应用于旋耕机和秸秆还田机，包含了12项国家专利，2项达到国际先进水平。这其中的"旋耕机变速箱结构重大改进"专利，让刘少林想起了9年前无数个不眠之夜。"当时，咱们国家旋耕机普遍采用三轴固定式传动变速箱体，由于先天工艺设计问题，极易发生齿轮损坏、箱体断裂问题。2007年，公司一年生产了3000台旋耕机，因齿轮损坏、箱体断裂被退回700台。这么高的退回率，企业还咋活？"刘少林说，为了找到原因，他从南京研究所、北京机械研究院请来各方面的专家，在厂房里整整检测了3天。3天后，专家们得出结论：材质合格、工艺合格、装配没有问题。

专家们走后，刘少林看着那一台台被退回的机器，几天几夜睡不着觉，熬红了眼睛，终于想出了办法：3000台坏了700台，还有2300台没坏，它们为什么没出问题？他找来技术员："拆机器！"一台一台拆，不仅拆坏的，好的也拆，拆后对关键部位进行对比，看有啥不一样。经反复比对、试验，最终在细节处找到了问题，并在解决轴承调整难、排杂难等技术问题后，成功设计出"非固定过渡轴变速箱体"。第二年，豪丰公司生产了5000台旋耕机，箱体断裂率降低到0.1%。

"我不仅实现了自己的梦想，而且现实已经超越了我的梦想。这份荣誉是莫大的激励和鼓舞！"刘少林说，他感到自己非常幸运。

本章小结

劳模精神、劳动精神、工匠精神伴随着人类的整个劳动过程而产生，是人通过劳动所创造的精神产品，体现着广大劳动者的精神品质与精神风貌。劳模精神、劳动精神、工匠精神具有鲜明的实践特色、理论特色、民族特色和时代特色，是根植于中国土壤、彰显中国劳动者思维、契合历史和现实发展诉求的精神品格。党的十八大以来，特别是在2020年全国劳动模范和先进工作者表彰大会上,习近平总书记多次就劳模精神、劳动精神、工匠精神发表重要讲话、做出重要指示批示,系统阐明劳模精神、劳动精神、工匠精神的主体属性、科学内涵、内在逻辑和弘扬路径,继承并丰富了马克思主义的劳动观,深化并发展了劳模精神、劳动精神、工匠精神的中国属性、时代品格和实践导向,为新时代弘扬劳模精神、劳动精神、工匠精神提供了有力思想武器和科学行动指南,具有重要的理论价值和实践意义。爱迪生曾说:"世间没有一种具有真正价值的东西,可以不经过艰苦辛勤劳动而能够得到。"劳动模范是民族的精英、人民的楷模,是共和国的功臣。1950年,党和国家首次表彰劳动模范。70多年来,各条战线英雄辈出,群星灿烂。劳动精神是中华民族一以贯之的精神底色,毛泽东也曾说:"中华民族以刻苦耐劳著称于世。""大国工匠"始终是中国制造业的"国之重器",我们需要秉持马克思劳动价值观,弘扬"大国工匠精神",激励更多劳动者走技能成才、技能报国之路。

劳模精神、劳动精神、工匠精神是工人阶级伟大品格的具体体现,深化了以劳动为中心的文化理论,生动诠释了社会主义核心价值观,丰富了民族精神和时代精神的内涵,是激励全国各族人民团结奋斗、勇往直前的强大精神力量。

思 考 题

1. 劳模精神、劳动精神、工匠精神的基本内涵分别是什么?
2. 劳模精神、劳动精神、工匠精神三者之间具有怎样的辩证关系?
3. 新时代三种精神面临怎样的现状?其原因是什么?
4. 结合自身所学专业,谈一谈新时代如何践行三种精神?

第六章
劳动伦理与职业道德

"人不应当像走兽一般地活着，应当追求知识和美德。"

——但丁

马克思认为："和其他商品不同，劳动的价值规定包含着一个历史和道德的因素。"劳动与社会生活中的每一个人都息息相关，离开了劳动人们就无法生存和生活。劳动是一个人脑力与体力付出的过程，也是一个人普遍交往形成的过程，即关系物质经济的创造，更关系人的情感、需要，劳动过程充满了道德的力量和人性的光辉。任何劳动都是人参与的活动，都存在于客观的伦理关系当中。

第一节　劳动的伦理本性

劳动作为人类特有的本质活动，已成为人的存在方式与社会发展方式的必要条件。劳动实践活动作为人的第一需要，不仅是推动社会进步的重要力量，也是促进人的全面发展、实现自我价值的驱动力量。人作为劳动实践的主体，在改变劳动客体，创造劳动产品，使其满足劳动主体需要的同时，也使得劳动主体自身得以改变和发展。劳动既反映了人的本质力量，也确证着人的自身价值和意义。因此，劳动既是一种生产实践活动，更是一种道德活动，具有最基本的道德意义和伦理价值。无论劳动本身、劳动过程以及劳动产品及其分配等，都深含伦理意义。劳动不仅是有尊严、公平的劳动，更是自由和幸福的劳动，不仅是生活的乐趣，更是自由的生命表现。劳动的伦理本性主要表现在以下几方面。

一、人与劳动的辩证关系是劳动伦理的哲学基础

劳动伦理产生的哲学基础是人与劳动的辩证关系，具体表现在两个方面。一方面，人是劳动的人，劳动不仅是个人对社会履行义务的重要途径，也是个人获得生活资料、生存资源的主要手段，再者劳动者通过劳动能够获得精神生活的满足和做出成绩的快乐。关于劳动与人的关系，恩格斯在《劳动在从猿到人转变过程中的作用》一文中有著名论断：劳动是整个人类生活的第一个基本条件，而且达到这样的程度，以至我们在某种意义上不得不说："劳动创造了人本身"。劳动既把人同动物区别开，把人从自然界中提升出来，也把人与人类社会同自然界紧密地联系起来。马克思更进一步认为，"全部人的活动迄今为止都是劳动"，劳动是人和人类社会存在和展现本质的唯一方式。劳动是人类的本质活动，它使人类获得了自己的本质，把自己与其他动物从根本上区别开来，人因劳动而成人。另一方面，劳动是人的劳动。人的劳动与动物的"劳动"不同，动物只从本能需要出发进行"劳

动"，像劳动而不是劳动。人的劳动也不同于新教伦理的神性劳动，作为天职的神性劳动其主体是摒除了劳动者自我的神的化身，唯有人的劳动是人性的劳动，人是劳动的唯一主体。正因为有了人，劳动才具备了真正的伦理意义。

二、人性需求的多层次性是劳动伦理的人性前提

劳动伦理产生的人性前提是人的需求的多层次性。人有多种层次的需求，不会仅满足于维持生存的需求，人性深处天然存在着更高层次的需求，这是劳动伦理产生的人性前提。伦理学是离不开人性问题的，人性理论是伦理学的前提和基础，因为没有"人"就没有一切伦理。动物的活动不存在伦理问题，因为动物活动仅是满足于维持生存需要，动物没有人类丰富的精神需求、情感世界和自我实现要求。伦理意义也不会在没有任何情感、欲望、追求的情况下产生，一定意义上来说人性就是人的劳动性。人类的劳动性产生了人类的美丑、善恶意识，自觉参加劳动是美的道德的，不愿参加劳动甚至争抢别人劳动果实的人是丑的、不道德的，这就是远古时代人类朴素的美誉观和善恶观。现在我们仍然这样认为，劳动最光荣，劳动者最美，这是最本真、最美好的人性。

三、劳动过程的多元矛盾是劳动伦理的生成逻辑

劳动力的私人性、自主性与劳动过程的合作性、劳动结果的共享性之间的矛盾是劳动伦理产生的内在张力，是劳动伦理的生成逻辑。关于劳动力归个人所有还是归社会或集体所有，曾经是学界争论的热点问题之一。马克思对这一问题有深刻论述，他说："我们把劳动力或劳动能力理解为人的身体，即活的人体中存在的、每当他生产某种使用价值时就运用的体力和智力的总和"，也就是说，"劳动力只是作为活的个人的能力而存在"；洛克认为人所拥有的最私下的东西就是"人本身"，即他的身体、双手、双脚、眼睛、耳朵、嘴巴等作为劳动力的工具都属于私人，不与任何他人分享。劳动力的付出和消耗是一个自然的生命过程，完全受自己意志的支配，具有私人性。然而，与劳动力支出的自然过程相比，人的劳动过程是社会性的，需要合作与支持。一切劳动既是个人的，又是社会的，"社会人共享"是一切劳动果实的特征，因为个人劳动成果的单一性和有限性不可能满足人需要的多样性和无限性。

正如马克思所言"每个人的生产就是单方面的，而他的需求则是多方面的""生产者只有通过交换他们的劳动产品才发生社会接触，所以，他们的私人劳动的独特的社会性质也只有在这种交换中才表现出来"。个体劳动力的私人性和自主性，与劳动过程的合作性、劳动成果的共享性之间的矛盾表明，劳动的过程是一个需要人性参与的过程，只有劳动者认识到个体劳动对于社会的意义和价值，认识到劳动成果的社会性，为自己劳动即为他人

劳动的统一性，才能突破"劳动自利"的局限，自觉地将私人劳动力融入社会劳动力中。所以，劳动的过程是一个克服自我封闭、展现社会伦理的过程，人性的互动与提炼赫然处于其中。

四、劳动的过程与结果体现劳动的伦理本性

劳动的过程与结果都体现了劳动的伦理本性，劳动过程中体现劳动的伦理性，劳动结果包含劳动的精神财富。从劳动过程来看，劳动作为人类利用工具改造劳动对象从而创造价值的活动，其过程便体现着它的伦理性。法国哲学家爱尔维修说过，劳动是一面镜子，能映照出人的高尚与卑微。热爱劳动者高尚，轻视劳动者卑微。作为劳动个体来说，任何劳动活动，即使是纯粹的经济行为，劳动主体的伦理管理和价值判断都深度参与其中，并给劳动活动的结果带来深刻影响，也可以说，劳动结果是劳动主体价值判断和道德选择的结果，是劳动活动和伦理道德结合的结果。集体劳动也同样如此。从劳动的结果来看，人类通过自己的劳动创造劳动产品，创造财富，产品既包括物质产品也包括精神产品，或者说物质财富和精神财富，其中精神财富就包括伦理道德，并经过时间的冲刷而逐步累积成为文化传统传递下去，成为一个族群继续创造物质财富和精神财富的奠基石。

【延伸阅读6-1】

社会主义劳动伦理

社会主义社会的劳动是在消灭了剥削阶级和剥削制度的基础上产生的，是较以往一切劳动伦理都先进的劳动伦理形态，谓之自主劳动。自主劳动，在马克思、恩格斯的概念里叫"自主活动"，劳动转化为自主活动，"自主活动才同物质生活一致起来……同过去受制约的交往向个人本身的交往的转化，也是相互适应的。"马克思和恩格斯的这段话，揭示了社会主义自主劳动对以往阶级社会从属劳动的否定本质，把人类劳动的伦理意义提升到了一个新的境界。社会主义社会自主劳动下的劳动者，在一种更高形式上重新共同占有生产资料，人人平等，完全自由，共同联合劳动，人们成为劳动的主人。社会主义社会是一个长期的发展过程，由于生产力还没有发达到足够的程度，旧式分工还没有完全消灭，离共同富裕的目标还有相当长的距离，物质财富的多寡对人的生存和发展仍然有着至关重要的影响，因此作为生存必要条件的劳动，仍然对人具有一定程度上的强制作用。社会主义社会的自主劳动依然具有谋生性，这一特点显著区别于共产主义社会的真正的自由劳动。我们有理由相信，随着社会主义物质文明和精神文明程度的日益提高，劳动将会越来越摆脱物质利益的束缚，而与人的发展直接一致。只有到了共产主义社会，生产力高度发展，人类劳动和人的需要高度统一，劳动才能由谋生手段发展为生活的第一需要。

第二节　劳动伦理的主要内容

人类在劳动过程中不仅改造了自然，而且也在劳动过程中创造了道德。人类的所有劳动总是在一定的社会关系、社会结构中进行，在此过程中，是劳动把社会结构中的个人相互联系起来，并形成丰富的社会关系。也可以说，劳动是人与人、人与社会之间相互作用的基础和纽带，为了劳动目标的实现，人们需要更加努力、更加团结并相互协作；对劳动成果的分配可能产生冲突和矛盾，但是为了共同的利益和目标，分配的规则将逐步确立，规范和处理人们之间利益关系的道德准则也逐步形成。正是在劳动过程中，人类社会的善恶标准及一系列道德评价标准最终形成，并在人们的社会生活中发挥着重要作用。如诚实守信的道德准则在今天广为流行，就是人类在劳动过程中逐步确立的道德准则并为全社会广为信奉和传承的结果。

一、劳动伦理的内涵

伦理的意思是人伦道德之理，指人与人相处的各种道德准则。伦理是指一系列指导行为的观念，是对道德现象的哲学思考。它不仅包含着对人与人、人与社会和人与自然之间关系处理中的行为规范，而且也深刻地蕴涵着依照一定原则来规范行为的深刻道理。

劳动伦理实质是人们在劳动过程中形成的处理人与人、人与社会、人与自然等关系的道德准则。按照马克思主义基本理论，劳动伦理的最终价值取向是人的全面发展和解放。因此，劳动伦理有着自身独特的内涵。

（一）尊严的劳动

人的社会存在总是劳动的存在，劳动与尊严是劳动者人格审美价值生成时的基础。"对于一个健全的社会劳动者而言，劳动不仅依然是人社会化存在的必然手段，而且更是劳动者社会存在的一种光荣与自觉；劳动不仅是劳动对象的生产加工手段，而且还是一种自在的精神追求与自我价值的实现。"因此，劳动本身就是有尊严的，从事劳动的劳动者的尊严也天然生成，不论劳动者的身份地位如何，不论劳动者所从事的行业和工种如何，劳动者的尊严都必须得到维护和保证。在此状态下，劳动者的自由意志和价值创造才能充分发挥，劳动者在自己价值创造的完成以及给他人带来服务使之体验到劳动之美好中，其劳动的尊严得到确保和弘扬。正如马克思所说，"如果我们生活的条件容许我们选择任何一种职业，那么我们可以选择一种使我们最有尊严的职业，选择一种建立在我们深信其正确的思想上的职业，选择一种能给我们提供广阔场所来为人类进行活动、接近共同目标即完美境地的职业……在从事这种职业时我们不是作为奴隶般的工具,而是在自己领域内独立地进行创造"。

(二) 公平的劳动

公平的劳动是人类劳动自由与劳动真理的永恒追求。公平既是劳动伦理的核心内容,也是劳动伦理的本质要求。首先,公平劳动表现为劳动力市场上的就业机会均等,禁止因为劳动者的性别、民族、年龄不同而进行歧视;其次,要求劳动者获得与之劳动付出相对等的劳动报酬,并且保证所有劳动者同工同酬;最后,所有参与劳动的劳动者必须得到广泛而有效一致的劳动保护。

(三) 自由的劳动

自由的劳动,是指劳动不仅是手段,而更应该作为目的,是人类自主性劳动程度更高的劳动。劳动是人的本质,是一种自由自觉的活动。在自由劳动阶段,劳动不是外在的,而是人的本质之必然要求。自由劳动最大限度地实现人的自由,是真正的自由和"实在的自由"。"外在的目的失掉了单纯外在必然性的外观,被看作个人自己自我提出的目的,因而被看作自我实现、主体的物化,也就是实在的自由,而这种自由见之于活动恰恰就是劳动。"这是马克思对劳动作为"实在自由"的阐释,在此状态下,劳动成为人生之目的,真正成为人的本质需要,是自由的、自主的、自觉的、自愿的,是劳动者的自我实现、自我创造、自我升华。

(四) 幸福的劳动

劳动是幸福的基础,是幸福的源泉,而幸福是劳动的果实,是对劳动的奖赏。所谓幸福的劳动,可以理解为劳动者在劳动中实现了自己内在的自由意志和目的,展现了自己生命的美好向度,获得了一种全新的生命体验。或者说,在劳动过程中,劳动者不仅享受劳动成果,更享受劳动过程,体验着生命的意义,实现了人自身的目的,反映出人性的光辉。正如马克思所说:"我的劳动是自由的生命表现,因此是生活的乐趣。"此时,人在劳动过程中实现了人与自己本质之间、人与人之间、人与社会之间以及人与自然之间的充分和谐。

【延伸阅读 6-2】

"五一"劳动节的由来

19世纪80年代美国和欧洲的许多国家,逐步由资本主义发展到帝国主义阶段,为了刺激经济的高速发展,榨取更多的剩余价值,以维护这个高速运转的资本主义机器,资本家不断采取增加劳动时间和劳动强度的办法来残酷地剥削工人。在美国,工人们每天要劳动14~16小时,有的甚至长达18小时,但工资却很低。马萨诸塞州一个鞋厂的监工说:

"让一个身强力壮体格健全的18岁小伙子，在这里的任何一架机器旁边工作，我能够使他在22岁时头发变成灰白。"沉重的阶级压迫激起了无产者巨大的愤怒。他们知道，要争取生存的条件，就只有团结起来，通过罢工运动与资本家作斗争。工人们提出的罢工口号，就是要求实行八小时工作制。

1877年，美国历史上开始第一次全国罢工。工人阶级走向街头游行示威，向政府提出改善劳动与生活条件，要求缩短工时，实行八小时工作制。罢工不久，队伍日渐扩大，工会会员人数激增，各地工人也纷纷参加罢工运动。在工人运动的强大压力下，美国国会被迫制定了八小时工作制的法律。但狠毒的资本家根本不予理睬，这项法律只不过是一纸空文，工人们仍然生活在水深火热之中，倍受资本家的折磨。忍无可忍的工人们决定将这场争取生存权利的斗争，推向一个新的高潮，准备举行更大规模的罢工运动。

1884年10月，美国和加拿大的八个国际性和全国性工人团体，在美国芝加哥举行集会，决定于1886年5月1日举行总罢工，迫使资本家实施八小时工作制。5月1日，美国2万多个企业的35万工人停工上街，举行了声势浩大的示威游行，各种肤色、各个工种的工人一齐进行总罢工。仅芝加哥一个城市，就有4.5万名工人涌上街头。美国的主要工业部门处于瘫痪状态，火车变成了僵蛇，商店鸦雀无声，所有的仓库关门并贴上封条。

1889年7月14日，各国马克思主义者召集的社会主义者代表大会在法国巴黎隆重开幕。这次大会上，法国代表拉文提议把1886年5月1日美国工人争取八小时工作制的斗争日，定为国际无产阶级的共同节日，与会代表一致同意，通过了这项具有历史意义的决议。

二、劳动伦理的特点

劳动伦理研究的核心就是运用伦理学的基本观点和方法，分析各种劳动现象和劳动过程中显现的道德问题，是伦理学基本理论在劳动领域中的具体实施和实际应用。因此，劳动伦理具有应用伦理学的特点，既具有丰富的理论意义，同时也具有深刻的实践指导价值。其主要特征有：

（一）阶级性

劳动作为一种道德活动方式，深刻地反映了由生产决定的社会道德关系体系的性质，不同的阶级社会有着不同的劳动伦理，都带有统治阶级的鲜明烙印。因为劳动不是孤立的个人行为，而是按照一定的社会形式组织起来的社会集团或群体的行为，这些集团或群体的劳动的性质和道德意义如何，是由这个社会的劳动生产方式所决定的。因此，在不同的社会占统治地位的生产资料所有制形式和分配关系的条件下，人与劳动的关系不同，劳动的道德意义、劳动者价值的实现也存在着极大的差异。

（二）历史性

劳动伦理的历史性表现为劳动伦理形态随着生产力的发展而发展，随着时代不同而不同，不同历史阶段的劳动伦理有着不同的内容和要求。劳动伦理的发展，表现出一种前后相继的连续性，新的劳动伦理在对旧的劳动伦理进行扬弃、改造和创新的基础上获得自己存在和发展的理由。原始社会的劳动伦理、封建社会的劳动伦理、资本主义社会的劳动伦理以及社会主义社会的劳动伦理，历史上每一种类型的劳动伦理，之所以能代替它以前的旧的劳动伦理，是因为这种劳动伦理具有某些方面的进步性，一旦其进步性失去，它又将被新的、更进步的劳动伦理所取代，从而推动人类劳动伦理的继承、革新、发展和进步。

（三）实践性

劳动伦理主要来源于劳动实践，是对劳动实践过程中的道德关系、道德意识、道德行为和道德情感等内容进行的概括和说明，是在长期的社会劳动实践中形成的道德原则和道德规范，同时又对劳动实践有重大指导作用。

（四）民族性

任何一个民族文化最本质的特征，都深深地融入在一个民族的血液里，落实在民族的无意识行为上。基于民族地域和民族心理所形成的伦理道德深刻影响劳动者及管理者的价值判断和道德选择。

（五）普适性

劳动伦理的普适性表现为人类劳动对伦理道德的要求具有客观性和规律性。马克思曾在《资本论》第一版序言中有一段著名论述："我决不用玫瑰色描绘资本家和地主的面貌。不过这里涉及的人，只是经济范畴的人格化，是一定的阶级关系和利益的承担者。我的观点是社会经济形态的发展是一种自然历史过程。不管个人怎样超脱各种关系，他在社会意义上总是这些关系的产物。同其他任何观点比起来，我的观点是更不能要个人对这些关系负责的。"马克思在这里指出了资本主义生产方式的必然性，符合历史规律，劳动伦理亦然。

三、和谐劳动关系

党的十九届四中全会通过的《中共中央关于坚持和完善中国特色社会主义制度、推进国家治理体系和治理能力现代化若干重大问题的决定》强调："健全劳动关系协调机制，构建和谐劳动关系，促进广大劳动者实现体面劳动、全面发展。"实现体面劳动、构建和谐劳动关系是建设中国特色社会主义的应有之义。

(一) 和谐劳动关系的内涵

党的十六届六中全会明确了构建社会主义和谐社会的一系列思想和原则,并首次指出:"实施积极的就业政策,构建和谐劳动关系。"这为劳动关系在新形势下的发展指明了方向。我们所要构建的中国特色的社会主义和谐劳动关系就是在国家、社会、企业、劳动者根本利益一致的基础上,劳动关系双方有着不同的具体利益要求,但权利与义务相对均衡的劳动关系;是能够将劳动关系各主体的利益诉求纳入法律和制度框架范围内,依法予以实现和保障的劳动关系;是能够通过市场调节与国家干预相结合,自我化解和消除利益冲突,促进社会的公正与公平的劳动关系。

(二) 和谐劳动关系的建立基础

1. 劳动合同是重要的基石

劳动合同是雇主和雇员之间建立劳动关系、明确各自权利和义务、约定个性劳动条件的合同。这种合同的法律意义和属性有三点,建立劳动关系的法律事实具有唯一性、约定劳动关系双方权利义务的契约具有补充性、规定个体化劳动条件的证明具有个性。由此可见,劳动合同是协调就业关系的基础,是劳动资源合理配置的重要手段,是维护和谐劳动关系的纽带,书面签订劳动合同、明确双方的权利义务并积极作为,可抑制劳动纠纷的发生。

2. 提高劳动者素质是关键

中国是农业大国,在现实中,80%的农村劳动者需要外出求职,这就要求当地政府从劳务输出地抓起,杜绝盲目打工者,把农民工(劳务输出)源头管理列入议事日程并建立档案,对输出的农民工的工作地点和工种有记载。进行输出前的培训,学习基本法律常识,提高懂法、守法意识。对技能的培训,要有针对性,要有一技之长,有计划地劳务输出,做到人尽其才。在劳务输入地,加强上岗前的培训,尤其是劳动安全保护,操作技术的规范性,提高劳动技能,减少劳动事故的发生。

3. 加大监督的力度是保障

一是加强法律监督,二是加强工会监督。法律层面,《劳动合同法》为完善劳动合同制度、明确劳动合同当事人的权利义务、保护劳动者合法权益提供了法律保障。只有严格监督其实施,发现问题,及时采取相应的措施,把劳动纠纷、劳动争议解决在萌芽状态。做到有法可依、执法必严,监督检查到位,对违法者决不手软,才能为构建和谐劳动关系扫清障碍。工会层面,督促中小型企业和民营企业建立工会组织,是民主监督的重要举措,加强民营企业的工会组织的建设,是党联系职工群众的桥梁和纽带,让工会充分发挥它的职能和作用,成为劳资双方信赖的桥梁,发现问题及时沟通,才能创造一个和谐劳动关系的氛围。另外，每个公民和劳动者都应提高法律意识，掌握劳动法律这一维权武器来维护自身的合法权益，以促进劳动关系的和谐。

（三）和谐劳动关系的特征

中国特色社会主义和谐劳动关系的理论是在党中央提出构建社会主义和谐社会背景基础上形成和发展起来的。作为中国特色社会主义理论的一部分，它是对我国社会主义基本制度和社会主义市场经济体制的具体反映。根据党中央在十六届四中全会中提出的对和谐社会的基本概括，认为中国特色的社会主义和谐劳动关系应具有以下几点特征：

1. 劳动关系双方主体地位平等

作为一个社会主义国家，我们所要构建的劳动关系应该首先符合我国的社会主义本质。和谐的劳动关系应该是在劳动关系双方主体平等的前提下建立起来的。劳动者和用人单位是构成劳动关系的基本要素。从劳动力和生产要素角度来说，劳动者提供的是劳动力，用人单位提供的是生产要素。劳动力和生产要素都是生产过程中不可或缺的条件，缺少任何一方，整个生产过程就无法完成。因而，劳动者和用人单位在主体地位上是平等的。劳动者以用人单位为途径实现自己的劳动价值、获取劳动成果，同样用人单位也要靠劳动者的辛勤劳动推动自身的发展。换句话说，两者的根本利益是一致的，只是从不同角度实现自己利益的最大化。在此基础上，作为两种生产要素的分别拥有者——劳动者和用人单位只有追求合作共赢的结合方式，才能提高生产效率，实现产出的最大化。

2. 劳动关系主体双方共享劳动成果

权利和义务对等劳动关系表现为一种劳动者和用人单位之间的契约关系。劳动关系双方平等合作的主体地位确定后，劳动者和用人单位作为劳动力和生产要素的提供者，都应当拥有享受劳动成果的权利。同时，劳动关系双方作为契约关系的主体在行使各自的权利时，还应坚守各自的义务。作为用人单位一方不仅是生产要素的提供者，也是劳动过程的管理者，因此要注重运用以人为本的管理方法，尊重劳动者的人格尊严，按照法律规定给劳动者提供相应的法律保障，同时在分配劳动成果时还应该做到公平公正。而劳动者一方也应该履行相对应的义务，坚守自己的职业操守，树立诚信意识，保守商业机密，维护用人单位的利益等。只有在权利和义务对等的基础上，劳动者和用人单位才能各司其职，相互促进，协调发展，从而为建立良性互动的和谐劳动关系打下基础。

3. 劳动关系纠纷的内部消解

马克思曾指出社会主义社会是社会发展的必然阶段，与资本主义社会相比较，社会主义社会的内部矛盾属于非对抗性的矛盾，无须通过暴力革命来解决，仅通过社会主义社会的内部力量进行调整和改革即可使矛盾在社会内部进行消化。也就是说在社会主义制度下，劳动纠纷在形成过程中可以通过劳动关系双方平等协商达到解决的目的，而不是等到矛盾爆发时才寻找解决的方法。通过市场经济的自主调节，进行资源的有效配置，劳动纠纷就完全可以在双方主体自主调解、市场调解、社会调解的基础上完全消除或化解。但这种自发性的调节方式对国家的相关法律和制度、市场经济的发达程度和劳动关系双方的道德素质及主体能动性提出了更高的要求。只有满足这三个方面的条件，劳动者和用人单位之间完全对立的局面才能得到有效缓解，进而为劳动关系纠纷的内部消解奠定良好的基础。

【案例6-1】

大连金普新区位于辽宁省大连市中南部，大连金普新区是中国第10个国家级新区，也是东北三省地区第一个国家级新区，范围包括大连市金州区全部行政区域和大连市普兰店区部分地区，总面积约2299平方公里。金普新区多年来始终高度重视和谐劳动关系建设工作，并结合区域实际，围绕"五个坚持"做文章、下功夫、求实效，使全区和谐劳动关系建设工作取得职工得实惠、企业得效益、经济得发展、社会得稳定的显著成果，为打造一流营商环境做出了积极贡献。

"五个坚持"具体为：

一是坚持思想认识和机制保障"双到位"。坚持党政主导，形成政府、工会、企业联合会/企业家协会和司法、工商、经贸等多部门联合参与的"3+X"工作机制，实施企业劳动人事工作片会制度，健全政府负责、多方参与、企业配合的劳动争议预警机制；

二是坚持职工利益和企业利益"双维护"。在全区企业中推行以职工代表大会为核心的民主管理各项制度，提高企业职工的参与权、表达权和监督权。认真倾听企业建议，积极为企业减负，配套出台有利于企业发展的鼓励和扶持政策；

三是坚持行政手段和市场手段"双调节"。全力推进企业工资集体协商工作，确定区域工资调整指导标准。建立企业调解、人民调解、行政调解、仲裁调解、司法调解"五位一体"的大调解工作机制，及早预防、化解苗头性问题；

四是坚持物质关怀和精神关怀"双落实"。积极落实就业援助和社会保障政策，社会保障覆盖面逐年提升，基本实现全覆盖。以"劳动光荣、尊重劳动、关爱劳动者"为理念，落实员工心理援助计划，营造"海纳百川、充满活力、宽松和谐"的工作环境；

五是坚持企业创建和区域创建"双推进"。在全区范围内倡导和谐理念，培育和谐精神，营造争创"劳动关系和谐企业"良好氛围。在实践中，通过夯实企业创建和区域创建"两轮同向"，提升创建工作的整体速度和质量，最大限度地形成凝聚力、向心力和战斗力。区人社局将以荣获"全国模范劳动关系和谐工业园区"为新的起点，继续做好构建和谐劳动关系工作，与新区总工会、企业联合会等相关单位一道，进一步发挥好三方协调机制作用，以和谐的劳动关系助力国家级新区发展。

四、体面劳动及其伦理要求

习近平指出:"全社会都要贯彻尊重劳动、尊重知识、尊重人才、尊重创造的重大方针,维护和发展劳动者的利益,保障劳动者的权利。要坚持社会公平正义,排除阻碍劳动者参与发展、分享发展成果的障碍,努力让劳动者实现体面劳动、全面发展。"社会的发展需要有尊严、有保护的劳动,肯定劳动价值、倡导和谐的劳动关系、强调体面劳动,是对劳动价值最好的人性化诠释。努力让劳动者体面劳动是社会对劳动者最大的尊重,劳动者遵守社会规则、恪守职业道德是劳动者对社会最好的回馈。

(一)体面劳动的概念

"体面的劳动,意味着生产性的劳动,包括劳动者的权利得到有效保护、有足够的收入、充分的社会保护和足够的工作岗位。国际劳工组织当今的首要目标是促进男女在自由、公正、安全和具有人格尊严的条件下获得体面的、生产性的工作机会"。这是索马维亚在向国际劳工大会提交的报告《体面的劳动》中对"体面劳动"所下的定义,他还进一步把实现体面劳动的议程归纳为四个方面,即促进实现工作中的基本原则与权利、创造充分的和生产性的工作岗位、加强社会保护以及促进社会对话等。

(二)体面劳动的伦理精神

从体面劳动的主要内容来看,体面劳动蕴含着丰富的伦理精神,它不仅保障劳动者的基本人权,改善劳动者劳动条件、劳动收入、劳动保障、生活质量,而且竭力提升劳动这一人的本质活动的体面境界,不仅保证劳动者劳动的尊严和公平,还促进劳动者实现劳动的自由和幸福。其中也包含着对劳动者的道德要求和对劳动关系的伦理要求。

(三)体面劳动的伦理要求

体面劳动中关于社会保障、工作权利保护等内容的设定实际上是劳动关系伦理化的要求,这些也是劳动关系和谐的必然要件。所谓劳动关系,一般是指雇员(《中华人民共和国劳动法》统称为"劳动者")与劳动力的使用者或雇主(《中华人民共和国劳动法》统称为"用人单位")在实现劳动过程中所结成的一种社会经济利益关系。劳动关系和谐就是劳资双方的协调一致和互利共赢,其目标的达成在于劳方、资方和政府三方基于法律法规及政策对劳动关系的治理和规范化。从伦理角度来看,劳动关系伦理化也是促进劳动关系和谐的重要途径。

1. 个人层面

从劳动者个体层面来看,劳动者必须增强体面劳动的意识,要诚实劳动、劳有所长,要清晰了解自身所享有的合法权益、学会依法保护自己的各项合法权益,要努力适应社会发展变化及新技术革命对职业技能发展带来的挑战，努力提升自己的素质和技能，发扬劳模精神，增强自己的职场竞争力。

2. 企业层面

从企业角度来看，要努力实现分配的公平公正，促进劳动关系和谐。从实践中来看，当前大部分的劳资冲突或是劳动关系的不和谐主要表现为分配不公，主要是由于劳动者经济报酬及相关权利受到侵害，有的资方甚至无故拖薪或恶意欠薪，这不仅是法律不允许的，而且也是道德不允许的，此时就需要政府从法律上进行规制，从道德上进行引领。

3. 政府层面

从政府角度来看，在劳动法律和劳动政策制定过程中要始终贯彻以人为本，体现出对劳动者的人文关怀，促进劳动关系和谐。任何法律和政策的制定都暗含背后的价值判断和道德引领，此价值判断和道德引领就是以人为本。这是现代法治国家发展的根本指针和目标，体现在法律制定过程中就是"道德立法"。

4. 工会层面

从工会角度来看，就是工会在运用法律武器维护广大职工合法权益的同时，也注重维权过程中对职工群众的道德关注。如果说法律是工会维权的重要武器，那么伦理关怀则是工会维权的精神支柱。工会维权本身就充满了对公平正义的期盼和呼唤，充满了伦理精神。因此，工会依法维权的同时，不仅要给予维权对象道德关怀，更重要的是给予那些违法侵害职工权益的人和机构以强烈的道德谴责。工会的形象不仅是维护职工合法权益、竭诚服务职工群众的服务形象，也是维护社会公平正义的道德形象。

5. 社会层面

从社会角度来看，应当提倡尊重劳动、敬重劳动者的价值理念，大力倡导并落实劳动神圣观念。要在全社会进一步弘扬爱岗敬业、争创一流、艰苦奋斗、勇于创新、淡泊名利、甘于奉献的劳模精神，创造出一种积极向上的劳动文化，使每一个劳动者都能自觉地热爱劳动、崇尚劳动。

第三节　劳动道德

劳动是人的劳动，这是一个触及人心灵的话题。如何认识劳动和对待劳动是一个深刻的劳动伦理问题，同时也是对社会价值观念和文明程度的反映。马克思认为劳动道德是人类社会发展到全球化阶段所孕育出的一种道德理想。劳动道德秩序和规范就是能否保障以及如何保障劳动和实现自由自觉的劳动,维护这种人类整体利益的道德价值是马克思主义最根本的伦理道德原则。

一、劳动道德概述

(一)劳动的道德意义

1. 劳动是一种道德活动方式

劳动深刻反映了由生产方式决定的社会道德关系体系的性质。劳动首先反映的是人和自然的关系,但在它的背后,隐藏着深刻的社会关系和道德关系。劳动不仅改变着人和自然的关系,同时也反映和影响着人们之间的道德关系。劳动是按照一定的社会形式组织起来的社会集团或者群体的行为,不是孤立的个人行为。集团或群体内劳动的性质和道德意义如何,是由社会的生产方式决定的。不同社会占统治地位的生产资料、所有制形式和分配关系不同,人与劳动的关系不同,劳动的道德意义、劳动者的价值实现有着极大的差异。

2. 劳动是一种道德评价尺度

资本主义社会条件下,劳动是资本的需要,其主要目的是满足资本家获得更大利润和吸取更大的剩余价值。社会主义社会条件下,适应生产资料公有制为主体的经济制度,劳动者成为了公有制生产资料的直接占有者,并且实行以"按劳分配"为主体的分配原则,劳动成为了每一个具有劳动能力的社会公民的责任和义务。一个人是否劳动以及劳动贡献的大小,成为了人们以及社会评价他人行为的主要价值尺度。劳动活动在社会主义社会成为了一种富有意义的、生动的道德活动方式,成为了人格完善和人类自由、幸福、价值实现的必经之路。

(二)劳动道德的含义

劳动道德是人按照其对劳动在社会中的地位和作用的一般认识而表现出来的行为规范总和,这种行为规范包括参与者在劳动过程中和在实现劳动过程的劳动集体中的态度、动机和满意程度。劳动道德有两层含义:一是作为劳动人际关系基础的道德,二是作为劳动关系调节机制的道德。

1. 作为劳动人际关系基础的道德

劳动关系是在劳动过程中形成的人与人之间的社会关系,所以劳动关系首先是一种最基本的人际关系。因为劳动是人类社会生存和发展的最根本的条件,劳动关系的建立源于人类最基本的需求——生存的需求。作为最基本的人际关系,劳动关系的主体双方首先是人。生而为人就不能不讲道德，不能免受社会中约定俗成的道德力量的影响，从而形成一定的观念、信仰，并用它来约束自己、激励自己。在这里，道德的含义是普遍意义上的约束和规范人的行为的社会规则。

2. 作为劳动关系调节机制的道德

道德与法律一样，是一种规范，它不仅是一种对个人的激励和约束，而且是处理人与人之间关系的一种原则，在劳动关系调节中道德调节机制不可缺少。由于各个国家和地区的道德观念、文化传统的不同，其劳动关系表现出不同的特点。例如，由于历史和文化背景的不同，虽然第二次世界大战以后，美国将其产业关系制度几乎完全移植到日本，美国和日本的劳动关系仍然呈现出显著不同的特点。美国劳动关系的最大的特点是自由雇佣制，而日本劳动关系的最显著特点是终身雇佣制。一定的劳动关系中的人所持有的道德观念必然会左右其行为，进而会对劳动关系产生影响。在劳动关系中，道德调节的重要形式之一是在日常人力资源管理活动中融入道德与伦理规范，创建一种企业文化。

(三) 社会主义劳动道德的基本内涵

1. 人应该劳动是一条基本的道德公理

社会主义把劳动作为每个人应尽的义务，"不劳动者不得食"，任何主观上的寄生性生存方式都是不道德的。当人具备了劳动能力，就理所应当参加劳动。这个产生于世世代代的私有制野蛮统治下劳动人民意识深处的思想，用列宁的话说是"极其简单明了的真理"，成为社会主义劳动道德的一个极其重要的方面，热爱劳动就成为了社会主义道德的基本要求之一。

2. 劳动是个人道德养成最根本的手段

社会主义道德的培养有很多方法和手段，劳动是促使一个人去恶向善的最根本的机制。一个人只有劳动才能理解劳动的光荣崇高，才能认识到劳动人民的伟大，培养与劳动人民的感情。一个人也只有劳动，才能真正认识社会，了解国情，增强社会责任感，培养自己勤劳、守规、自制、节约、顽强、坚持等基本品质，培养热爱祖国，无私奉献的集体主义道德思想。劳动可以使人变得纯洁而高尚，这是人们的共识。一个不劳动甚至鄙视劳动的人的道德品质是极其令人怀疑的。有劳动能力而不劳动，依靠剥削他人劳动成果的不劳而获的人生取向无论是隐蔽的、用文明装扮起来的，还是粗野残暴的，都应该予以谴责。

3. 个人与社会价值实现必须依靠劳动

社会主义制度下，个人的社会价值是指社会对个人的尊重和满足，以及个人对集体、对社会的责任和贡献。一个人只有全心全意为人民服务，才能称得上一个有价值的人。在今天，个人的社会价值就是体现在为社会主义物质文明和精神文明建设作贡献，为国家的建设和发展作贡献，而这一切又只有通过劳动才能得到实现。

4. 劳动道德是心理与物质取向相统一

社会主义劳动道德是劳动者心理取向和物质取向的统一。劳动道德的心理取向指劳动者想要通过劳动实现自己的心理需求，实现自己为社会为集体作贡献的感情需要，实现自己得到社会认可、赞扬的人格需要。心理取向使劳动者的劳动会以社会需要为出发点，这是劳动领域中道德的较高表现。

物质取向是指获得个人利益和物质报酬的愿望激励着劳动者去劳动，在这种情况下，劳动被看作是获得个人福利的手段。在社会财富尚不极大丰富的社会主义制度下，劳动的心理取向和物质取向是相互联系、相互补充的。如果说物质取向的出发点是劳动的个人利益、个人成果，那么心理取向的出发点就是劳动的社会效益和社会结果。社会是由个人组成的，社会的利益与个人的利益密不可分，我们也必须承认人们的社会活动与其个体需要之间的联系。劳动道德的心理取向应有物质基础，而物质取向应保证其道德效果。二者相互联系、密不可分。

（四）劳动道德的特殊性

人们由于社会利益关系的影响而产生的道德生活的认识有所不同，道德取向的标准也会产生差异，形成了道德取向和道德认同的不可通约性，即道德认识和道德思想具有个体性、集团性、阶级性和国家性。正是在这种特殊的意义下，马克思认为劳动道德有了制度价值和政治价值。

劳动道德与一般道德相比较有以下几点不同。首先，劳动道德更深入社会生活。它跨入了现代化的生产劳动领域，专门研究同人们劳动活动有关的道德关系、道德需要、道德意识等道德问题。因此，它来源于现实生活，反映的内容也更丰富多样。其次，劳动道德更具体、更深刻。由于主要研究劳动者在劳动集体内部、参与社会生产过程的相关道德问题，所以劳动道德所揭示的道德现象和道德关系更为翔实。最后，劳动道德较一般道德更具有实践性的价值和意义。劳动道德研究的重点主要放在道德的实践活动方面，是一般伦理学基本理论在劳动实践中的具体应用和实现。

二、职业道德概述

职业道德与不同劳动部门的专业特点密切相关，属于劳动道德的重要范畴和主要体现领域。

(一) 职业道德的含义

职业道德是同人们的职业活动紧密联系的符合职业特点所要求的道德准则、道德情操与道德品质的总和。职业道德行为规范是根据职业特点确定的,它是指导和评价人们职业行为善恶的准则。职业道德不仅是从业人员在职业活动中的行为标准和要求,而且是行业对社会所承担的道德责任和义务。

(二) 职业道德的基本要求

1. 爱岗敬业

爱岗敬业是一切职业道德最基本的行为规范与准则。爱岗敬业就是热爱自己的工作岗位,热爱本职工作,用一种严肃的态度对待自己的工作,勤勤恳恳、任劳任怨、忠于职守、尽职尽责。爱岗敬业是社会主义道德的基础和核心,是对于从业人员的一种普遍要求。爱岗的通俗说法就是"干一行,爱一行,钻一行",无数的先进工作者、劳动模范都是爱岗的典范。爱岗就是唤起人们对职业的热爱,从而达到自觉自愿、努力进取、兢兢业业地做好本职工作,并且在工作当中获取奉献的快乐,实现人生价值。敬业通俗的说法就是"精益求精,尽职尽责",是高度社会责任感和强烈事业心的写照。我国历来有"敬业乐群""忠于职守"的传统,韩愈称为"业精于勤,荒于嬉",也就是说敬业的核心要求是严肃认真,一心一意,精益求精。

2. 诚实守信

诚实守信不仅是人们在社会交往过程中接人待物的基本道德要求,更是职业生涯中重要的道德资本。诚实守信的内涵是真实、守诺、信任,即尊重实情,有约必履,言行一致,赢得信任。诚实守信是中华民族传统美德的重要规范,"诚"的基本含义是内诚于己,诚于自己的本心;"信"从字体的结构上来看,就是人言为"信",即外信于人。诚信已经融入社会生活的各个方面,应用于社会职业道德规范与行业内外竞争的秩序化等多个领域。诚信是自我价值实现的重要保障,只有诚信才能够赢得别人的信赖,得到别人的理解和支持,易于与他人合作,增加获取成功的机会。社会主义市场经济发展过程中,一些企业及其从业人员诚信的缺失,扰乱了市场秩序,给社会主义市场经济的顺利发展带来了负面影响,也败坏了一些企业的名声。因此,在社会主义市场经济条件下,加强职业领域的诚信道德建设非常必要。

3. 办事公道

办事公道是个人在职业活动中必须要奉行的原则,在处理个人与他人、集体、国家的关系时,公私分明、公平公正、光明磊落,不得以私害公,不违反原则。公道与公平、公正的含义大体相同,即坚持原则,按照一定的社会标准,如法律、道德、政策等,实事求是地待人处事。办事公道,就是指在办事情、处理问题时,要站在公正的立场上,公平合理、不偏不倚,按照统一标准办事。办事公道是高尚道德情操在职业活动中的重要体现,是千百年来为人称道的职业道德。社会主义制度下,从业者之间以及从业者与服务对象之间都是平等的,他们的职业差别只是所从事的工作不同,而不是个人地位高低贵贱的象征。同时,职业的划分也不是为特殊的利益集团和个人创造谋取私利的机会,而是为了公平地满足人们的需要。

4. 服务群众

服务群众就是在职业活动中一切从群众的利益出发,为群众着想,为群众办事,为群众提供高质量的服务。服务群众是每个劳动者职业道德的基本规范,服务群众的具体要求是每个劳动者应当依靠群众,时刻为群众着想,急群众所急,忧群众所忧,就是全心全意为人民服务。社会当中每个人都是群众中的一员,既是为别人服务的客体,又是别人服务的对象,每个人都有权利享受别人提供的职业服务,同时又承担着为别人做出职业服务的义务。职业活动的属性、目的不是任意确定的,而是要基于群众的需要,职业活动的价值评判标准掌握在服务对象手中。因此,服务群众必然成为职业活动的内在需要,服务群众不仅是对国家工作人员的要求,也是对所有从业者的要求。每一个从业人员在职业活动中,都自觉遵循服务群众的要求,整个社会就会形成一种人人都是服务者,人人又都是服务对象的良好秩序与和谐状态。

5. 奉献社会

奉献社会就是要求从业人员在自己的工作岗位上树立奉献社会的职业精神,并通过兢兢业业地工作,自觉为社会和他人作贡献。这是社会主义职业道德中最高层次的要求,体现了社会主义职业道德的最高目标指向。奉献社会是职业道德中的最高境界,奉献社会是一种人生境界,是一种融入一生事业中的高尚人格。弘扬奉献精神与提倡多劳多得并不矛盾,在市场经济条件下提倡多劳多得,按劳取酬,这与弘扬奉献精神不存在根本上的冲突。奉献者的名利双收,并不是奉献者刻意追求的结果,而是社会的道德评判,一旦以博取功名利禄为目标,并非基于内心付出劳动就失去了奉献的本义。一个人只要达到一心为社会奉献的境界,他的工作就必然能做得很好,这就是全心全意为人民服务。

【案例6-2】

张桂梅,女,满族,1957年6月出生,中共党员,云南省丽江华坪女子高级中学党支部书记、校长,华坪县儿童福利院院长。曾荣获"时代楷模""全国优秀共产党员""全国先进工作者""全国师德标兵""全国最美乡村教师""全国脱贫攻坚楷模""感动中国2020年度人物"等称号。张桂梅坚守教育报国初心,牢记立德树人使命,扎根贫困地区40多年,立志用教育扶贫斩断贫困代际传递，倾力建成全国第一所全免费女子高中，让1600余名贫困山区女学生圆梦大学，托举起当地群众决战决胜脱贫攻坚的信心希望。

她创办免费女子高中，帮助数千名山区女孩改变命运，为国家输送了一批又一批莘莘学子。她坚决贯彻党的教育方针，将坚定的理想信念融入办学体系，用红色教育为师生铸魂塑形。2000年，她在领取劳模奖金后，把全部奖金5000元一次性交了党费。她把对党的忠诚和对人民的热爱渗透在血脉里，在她身上充分体现着一名共产党员初心如磐的精神品质和至诚至深的家国情怀。她爱岗敬业、爱生如子，为了不让一名女孩因贫困失学，坚持家访11年，遍访贫困家庭1300多户，行程十余万公里。她长期拖着病体工作，超量的付出透支了原本羸弱的身体，换来女子高中学生学习的好成绩。她不遗余力践行着"只要我还有一口气，就要站在讲台上"的诺言，用实际行动铺就贫困学子用知识改变命运的圆梦之路。多年来她一直住在学生宿舍，和孩子们吃住在一起，陪伴学生学习生活。她在教书育人岗位上为贫困地区教育事业做出了重要贡献，在她身上充分体现了人民教师潜心育人的敬业精神和立德树人的使命担当。

张桂梅执着奋斗、无私奉献，心怀大我，对自己近乎苛刻的节俭，却把工资、奖金和社会各界捐款100多万元全部投入到贫困山区教育中。长期义务兼任华坪福利院院长，多方奔走筹集善款，20年来含辛茹苦养育136名孤儿，被孩子们亲切称呼为"妈妈"。她把全部身心献给了祖国西南贫困山区的教育和福利事业，在她身上充分体现了人民教师以德施教的仁爱之心和至善至美的师者大爱。

三、新型职业农民职业道德

（一）新型职业农民

2017年1月9日，农业部出台的《"十三五"全国新型职业农民培育发展规划》明确指出，到2020年全国新型职业农民总量超过2000万人，以提高农民、扶持农民、富裕农民为方向，以吸引年轻人务农、培养职业农民为重点，通过培训提高一批、吸引发展一批、培育储备一批，加快构建一支有文化、懂技术、善经营、会管理的新型职业农民队伍。

新型职业农民是以农业为职业、具有相应的专业技能、收入主要来自农业生产经营并达到相当水平的现代农业从业者。新型农民与传统农民的差别在于，前者是一种主动选择的"职业"，后者是一种被动烙上的"身份"。新型职业农民可分为生产经营型、专业技能型和社会服务型三种类型。

（二）新型职业农民的特点

1. 掌握先进农业生产技术

新型职业农民在科技知识、劳动技能、经营素质和管理经验等方面的水平都超过传统农民，他们是现代农业生产者和经营者，拥有较高文化素养和农业专业技术能力，善于从事农产品经营。

2. 具有流动性和开放性

传统农民扎根于土地，也往往囿于土地而难以流动，具有一定的封闭性。新型职业农民既可以是本地农民，也可以是外地农民，作为一种职业可以自由流动，具有相应的开放性。

3. 受双重因素影响

职业选择取决于自我选择和市场选择双重因素。与传统农民的代际传承不同，新型职业农民对农业生产经营具有一定偏好，而且善于应对市场变化，他们从事农业生产经营是自我选择与市场选择共同作用的结果。

（三）新型职业农民职业道德

1. 热爱农业生产

新型职业农民作为一种职业，从业者具有自主权，自愿选择将农业生产经营作为自身的终生职业，而不是短期的行为，是对农业的一种认同。要热爱农业生产，对农业发展有热情；关心农村经济，对农业现代化有信心；重视农民发展，以提高社会主义新农村建设为己任。以加快农业现代化发展、提高农业产业效益为职业目标，做到干一行、爱一行，充分调动职业热情，爱岗敬业，并从农业发展、农村经济提升、农民自身成长中找到归属感，产生获得感。

2. 珍爱土地资源

广阔的土地是新型职业农民职业活动的主要场所，是新型职业农民农业生产的根本。新型职业农民要认识到土地资源的重要性，了解土地资源是农业生产的基础，土地是农业最宝贵的财富，珍爱土地资源，合理开发利用，不过度开垦开发。不为追求一时效益而破坏土地，科学生产，注重循环经济发展，追求资源的可持续发展。

3. 遵守契约诚信

我国农业生产经营正经历"法治"转型。法治社会更加强调新型职业农民在农业生产经营中遵守契约精神，注重诚信交往，更加要求新型职业农民按照契约要求生产经营，不违约生产，不以次充好；承担诚实守信工作的义务，保障经营双方的权利，规范农业生产活动。

4. 具备市场意识

新型职业农民是社会主义市场经济的主体，不同于仅为满足生活需要从事农业耕作的传统农民，要掌握现代农业经营管理方式，合理运用科学经营手段及相关的市场管理体系，善于从事经营农业产业，对发展商品农业感兴趣，对促进农业可持续发展有较高的积极性和较高的管理能力。面对市场要敢于创新，不跟风生产，不盲目种植，分析市场经济的变化，理性选择生产经营的内容并敢于承担风险。

5. 崇尚科学文化

新型职业农民要认识到科学文化、科学技能在农业生产经营当中的重要性，了解科学技能对提高农业生产的作用，认识到自身科学文化素质的提高对农业生产经营的积极作用；努力提升自己的科学文化素养，重视基础文化教育，提高自身整体素质，同时努力学习科学生产技能，掌握丰富的专业知识，具备较强的接受新信息、新知识的能力，掌握先进的务农技能和其他专项技能，对现代农业科技具有较强的领会能力和掌握能力。

6. 重视社会责任

新型职业农民肩负社会主义社会化大生产的最基础环节，在生产经营中要具备高度的社会责任感：生产放心安全的农业产品，对消费者负责；遵循法律规定、生产守则，科学生产；生产过程遵循事物发展规律，不拔苗助长；生产期间合理利用科技产物，因地制宜，不过度追求利益；既具有大力发展生产的能力，也能保证基本的生活需要，尊重自然，保护生态环境，既要考虑农业产出的经济效益，也要从全局出发考虑社会效益。

【案例6-3】

雷应国，出生于1981年7月，江西省丰城市秀市镇雷坊村村民。1998年技校毕业回村，和全村农民一样，开始耕种着十几亩责任田。2006年，雷应国产生了承包外出农户的责任田，进行规模经营的新想法。他经过8年多的艰苦创业，水田承包面积逐年增加，并创办佳和种植专业合作社形成集约化生产，由开始承包210亩水田发展到2014年个人承租水田3480亩、合作社社员流转租赁水田种植面积达1.7万余亩的种粮大户；到2014年8月，该合作社已累计向国家交售28800余吨优质粮食。雷应国先后获得了"全国种粮售粮大户""全国粮食生产大户""江西省劳动模范"的荣誉称号，是丰城市政协常委、江西省政协委员。2011年雷应国被评为全国种粮售粮大户（享受全国劳模待遇）。2017年6月，雷应国当选十九大党代表。他完成了从传统农业到现代农业、生态农业、绿色农业的华丽转型，成为领跑现代生态农业的"80"后新型职业农民。

本章小结

劳动在创造人的同时，也创造了人这个道德主体，以及由此而展开的各种伦理关系。就此而论，劳动是思考伦理道德问题的基点，劳动伦理应该是伦理学研究的"元问题"。对于劳动与劳动伦理的研究，就是对人的现实关照。如何认识和对待劳动,既是一个深刻的劳动伦理问题,也是一个社会价值观念和文明程度的反映。劳动是一种生产实践活动,更是一种道德活动,富含深刻的伦理意义。

  劳动伦理是人们在劳动过程中形成的处理人与人、人与社会、人与自然等关系的道德准则,其基本内涵主要包括尊严的劳动、公平的劳动、自由的劳动和幸福的劳动等方面。现实生活中,劳动伦理建设必须以劳动价值观为引领,需要全社会树立道德共识,使"热爱劳动""勤劳奋斗"在整个社会蔚然成风。

思 考 题

1. 联系实际谈谈为什么说劳动创造了道德主体。
2. 劳动的伦理本性是什么?
3. 联系实际谈谈目前还有哪些劳动关系不和谐的现象以及如何构建和谐的劳动关系。

第七章
劳动科学与职业发展

劳动与职业是永恒的话题，大力开展劳动教育和职业启蒙教育是中国共产党教育方针的一贯要求。大学生是社会主义现代化建设的后备力量，每位大学生毕业后都会走向形形色色的职业和岗位，在不同的领域发光发热。通过本章的学习，希望每一位大学生都学会运用法律法规为自己的职业发展保驾护航。

第一节　劳动法律法规

劳动者是劳动关系的主体之一，只有劳动关系得到合理科学的调整，形成稳定的社会氛围，劳动者的合法权益才能得到有力的保障，提高劳动积极性和创造性，推动生产力的提高和社会的发展。由此可见，作为调整劳动关系的法律法规对于整个社会经济发展具有至关重要的作用。

一、劳动法律法规概述

（一）相关概念

1. 法律

法律是由国家制定或认可，并由国家强制力保证实施的规范体系。

2. 劳动法

劳动法是调整劳动关系以及与劳动关系有密切联系的其他社会关系的法律规范的总称。

3. 劳动关系

（1）概念。劳动关系是指劳动者与用人单位依法签订劳动合同而在劳动者与用人单位之间产生的法律关系。劳动者接受用人单位的管理，从事单位安排的工作，成为用人单位的成员，从用人单位领取劳动报酬和受劳动保护。

（2）特点。劳动关系主要有三个特点：第一，主体特定，劳动关系只产生在劳动者和用人单位之间；第二，管理隶属，劳动者需要遵守用人单位的规章制度，接受用人单位的管理；第三，人身依附，劳动者成为用人单位的成员，为用人单位的发展作贡献。

（二）法律法规体系

我国制定出了一系列保护劳动者的法律法规，已经逐步形成了较为完备的劳动法律法规体系。《中华人民共和国宪法》（以下简称《宪法》）是劳动法律法规的最高法律，明确规定要保护公民的劳动权利；《劳动法》是对劳动关系全面阐述，对促进就业、劳动合同和集体合同、工作时间和休息休假、工资福利、劳动安全卫生、女职工和未成年工特殊保护、职业培训、劳动争议与法律责任等问题做了明确的规定;《中华人民共和国劳动合同法》最直接地保护劳动者的合法权益。劳动合同法实施后,越来越多的劳动者开始拿起法律武器维权;《中华人民共和国劳动争议调解仲裁法》(以下简称《劳动争议调解仲裁法》)是维权的途径指路标,用法律的形式固定了一系列有利于劳动者降低维权成本、快速维权、成功维权的规定,使劳动者不再因为劳动争议仲裁及诉讼周期长、程序烦琐而放弃自己的正当权利;《中华人民共和国劳动合同法实施条例》(以下简称《劳动合同法实施条例》)是对劳动合同法更详细、更明确的解释和澄清。

二、劳动与劳动基准法律制度

劳动基准,即法定最低劳动标准,是指劳动者在劳动关系中所得劳动条件的最低法定标准。劳动基准的内容,包括工资、工时、休息休假、劳动安全卫生、女职工和未成年工特殊保护等多方面。劳动基准制度是有关劳动条件的法律制度,是对劳动者权益进行保护的最低标准,与广大人民群众息息相关。劳动基准法在劳动法体系中处于基础性的地位,在中国特色社会主义法律体系中处于举足轻重的地位。

(一)工作时间制度

【案例7-1】

2019年杭州某电商高管在该公司年会上突然宣布,企业将实行"996上班制",随后不断引发争议,并持续发酵。"996上班制"是指工作日早上9点上班,晚上9点下班,中午和晚上休息1小时(或不到),总计10小时以上,并且一周工作6天的工作制度。你对"996上班制"怎么看?

工作时间是指劳动时间,在企业、事业、机关、团体等单位中,必须用来完成其所担负工作的时间。工作时间标准是指法律规定的劳动者在一日或一周内从事生产或工作的时间,以工作时间标准为核心内容的工时制度是劳动基准法律制度的重要组成部分。在我国,工时制度主要包括标准工时制度、非标准工时制度和延长工作时间的规定等。

《劳动法》规定的工时制度是每日不超过8小时,平均每周不超过40小时。

【案例7-2】

八小时工作制最早由社会主义者罗伯特·欧文于1817年8月提出。他还发明了一个口号,"8小时劳动,8小时休闲,8小时休息"。1866年,第一国际日内瓦代表大会提出了"8小时工作,8小时自己支配,8小时休息"的口号,要求各国制定法律给予确认。1886年5月1日美国工人举行总罢工,迫使资本家实施八小时工作制。1889年7月14日,各国马克思主义者召集的社会主义者代表大会在法国巴黎隆重开幕。这次大会上,法国代表拉文提议：把1886年5月1日美国工人争取八小时工作制的斗争日，定为国际无产阶级的共同节日。1889年7月，在恩格斯组织召开的第二国际成立大会上宣布将每年的五月一日定为国际劳动节。

（二）休息时间制度

【案例7-3】

2017年9月1日，邢某入职某服务公司从事会计工作。2019年8月25日19时许，邢某申请14天调休假。次日6时许，公司驳回其请假申请，但邢某一直未上班。2019年9月16日，公司发出解除劳动合同告知书，以邢某连续旷工三天以上、未完成工作任务、擅自删除客户数据等事由，解除劳动合同。后邢某申请劳动仲裁，请求裁令公司支付2018年、2019年未休年休假工资。仲裁委终结审理后，邢某诉至法院。法院认为，根据邢某的工作年限，其2018年法定年休假有5天，2019年的年休假根据邢某当年在职时间折算为3天。邢某在2019年3月系因流产休假，并非法定年休假，某服务公司未提供证据证明邢某已休法定年休假，一审法院判决某服务公司支付邢某2018年及2019年未休年休假工资差额。

（来源：江苏法院2020年度劳动人事争议十大典型案例）

休息时间是企业、事业、机关、团体等单位的劳动者按规定不必从事生产和工作，而自行支配的时间。劳动者的休息时间，一般由劳动法律法规规定，有的国家允许在法律规定的范围内通过订立劳动合同确定。关于休息时间制度的规定，除根据生产力发展水平并考虑生产迅速发展的需要外，还要全面考虑劳动者身体健康的需要及各种精神上、社会上的需要。中国历次颁布的宪法中，都有关于劳动者享有休息权的规定。1982年《宪法》中规定："中华人民共和国劳动者有休息的权利。国家发展劳动者休息和休养的设施，规定职工的工作时间和休假制度。"在有关的劳动法规中，还具体规定了各种休息时间制度，并严格限制加班加点。

休息时间包括休息日、法定节假日和年休假，根据我国法律规定，劳动者每周至少休息1天，每年固定的休息休假在120~130天，约占全年时间1/3。法定节假日包括元旦、春节、清明节、劳动节、端午节、中秋节、国庆节，共计11天。年休假是指劳动者每年享有的保留原职和工资的连续休假，机关、团体、企业、事业单位、民办非企业单位、有雇工的个体工商户等单位的职工连续工作1年以上的，享受带薪年休假。职工累计工作已满1年不到10年的，年休假5天；已满10年不到20年的，年休假10天；已满20年的，年休假15天。国家法定休假日、休息日不计入年休假假期。

除固定的工作日间歇时间和间隔时间、公休假日和法定节假日以及年休假外，我国法律还规定了探亲假、婚丧假、产假等其他休假，用人单位均应依法支付工资。

(三) 工资制度

【案例7-4】

周某于2020年7月入职某汽车服务公司，双方订立的劳动合同约定月工资为4000元（含加班费）。2021年2月，周某因个人原因提出解除劳动合同，并认为即使按照当地最低工资标准认定其法定标准工作时间工资，某汽车服务公司也未足额支付加班费，要求支付差额。某汽车服务公司认可周某加班事实，但以劳动合同中约定的月工资中已含加班费为由拒绝支付。周某向劳动人事争议仲裁委员会(简称仲裁委员会)申请仲裁。仲裁委员会裁决某汽车服务公司支付周某加班费差额17000元(裁决为终局裁决)。

(来源：人力资源社会保障部·最高人民法院联合发布超时加班劳动争议典型案例)

工资是用人单位按照法律法规的规定和劳动合同的约定，以货币形式支付给劳动者的劳动报酬。工资可以以时薪、月薪、年薪等不同形式计算。由用人单位承担或者支付给员工的下列费用不属于工资：社会保险费；劳动保护费；福利费；解除劳动关系时支付的一次性补偿费；计划生育费用；其他不属于工资的费用。工资也有税前工资、税后工资、奖励工资等各种划分。

工资以劳动关系为基础，其确定表现为工资协商与工资基准相结合、个别协商与集体协商相结合的特点。工资具有动态调整的特点，用人单位根据市场情况、劳动者的工作情况等因素调整工资，其动态调整体现了工资的正常调整机制，有利于激发劳动者的劳动积极性。

工资由六个部分组成：计时工资；计件工资；奖金；津贴和补贴；延长工作时间的工资报酬；特殊情况下支付的工资。也就是说，只有纳入工资总额的收入才是工资。

法定最少数额的工资叫最低工资，是国家以一定的立法程序规定的劳动者在法定时间内提供了正常劳动的前提下，其所在单位应支付的最低劳动报酬。《劳动法》第四十八条规定，国家实行最低工资保障制度。用人单位支付劳动者的工资不得低于当地最低工资标准。最低工资标准每年会随着生活费用水平、职工平均工资水平、经济发展水平的变化而由当地政府进行调整。

工资支付保障制度是指保障工资支付的法律规范的总称，主要内容包括：工资支付的形式、工资支付的对象、工资支付的时间和工资支付的数额、违反工资支付的处理办法和法律责任等。我国工资支付保障制度的其基本要求是：货币支付、按时支付、足额支付、向劳动者本人支付。

(1) 货币支付。我国《劳动法》及《工资支付暂行规定》规定，工资应当以法定货币支付，不得以实物及有价证券替代货币支付。只有以货币方式支付工资，才能准确地反映劳动者实际付出的劳动量和应得的报酬，才能真正满足劳动者自身的消费需求和消费愿望，保障劳动者的经济利益。

(2) 按时支付。工资一般应当按月支付,用人单位与劳动者可以约定工资支付日期,工资发放日如遇节假日或休息日,则应提前在最近的工作日支付。用人单位每月至少应支付一次工资,对于实行小时工资制和周工资制的人员,工资也可以按日或周发放。对完成一次性临时劳动或某项具体工作的劳动者,用人单位应按有关协议或合同规定在其完成劳动任务后即支付工资。劳动关系双方依法解除或终止劳动合同时,用人单位应在解除或终止劳动合同时一次付清劳动者的工资。

用人单位应该按时向劳动者支付工资,不得无故拖延。但是,当用人单位遇到非人力所能抗拒的自然灾害、战争等原因,无法按时支付工资,或者用人单位确因生产经营困难、资金周转受到影响,在征得本单位工会同意后,可暂时延期支付劳动者工资。

(3) 足额支付。足额支付是指用人单位必须按照劳动者应得工资的全部数额向劳动者实际支付。禁止以各种理由克扣劳动者工资,一般情况下,也不允许用人单位代扣劳动者工资,对于确需代扣的,代扣的项目和额度必须依法进行限制。

(4) 向劳动者本人支付。用人单位应将工资支付给劳动者本人,劳动者本人因故不能领取工资时,可由其亲属或委托他人代领。用人单位可委托银行代发工资。用人单位在支付工资时应向劳动者提供一份其个人的工资清单,列出应发工资额及其项目、扣款额及其项目、实发工资额等;用人单位必须书面记录支付劳动者工资的数额、时间、领取者的姓名以及签字,并保存2年以上备查。

(四) 职业安全健康制度

职业安全健康制度分为职业安全制度和职业健康制度。职业安全制度是国家以保护劳动者和协调社会生产秩序、预防和解决职工在职业活动过程中发生各种伤亡事故为目的所建立的一系列法律法规标准体系。职业健康制度是国家为了保护劳动者在劳动过程中的身体健康,防止有毒有害物质的危害和防止职业病的发生而制定的法律规范。两个制度旨在保障劳动者的基本人权,实现劳动者的劳动目标。

职业安全健康制度较全面地反映在本章第三节"劳动安全卫生"中,在此部分主要就对女职工和未成年的特殊保护详细阐述。

1. 女职工特殊劳动保护

(1) 录用时的保护。《劳动法》第十三条规定,妇女享有与男子平等的就业权利。在录用职工时,除国家规定的不适合妇女的工种或者岗位外,不得以性别为由拒绝录用妇女或者提高对妇女的录用标准。该条以劳动法的形式明确了女职工应具有与男职工平等的就业权利。

(2) 劳动禁忌保护。《劳动法》第五十八条明确规定国家对女职工实行特殊劳动保护，主要集中呈现在《劳动法》第五十九条至第六十三条中，分为以下几个方面：

首先，对劳动强度的限制。所有情况下，禁止安排女职工从事矿山井下、国家规定的第四级体力劳动强度的劳动和其他禁忌从事的劳动；经期不得安排女职工从事高处、低温、冷水作业和国家规定的第三级体力劳动强度的劳动；孕期不得安排女职工从事国家规定的第三级体力劳动强度的劳动和孕期禁忌从事的劳动。对怀孕7个月以上的女职工，不得安排其延长工作时间和夜班劳动。

其次，规定了产假的时长。

最后，规定了哺乳期的保护。不得安排女职工在哺乳未满一周岁的婴儿期间从事国家规定的第三级体力劳动强度的劳动和哺乳期禁忌从事的其他劳动，不得安排其延长工作时间和夜班劳动。

(3) 四个特殊时期的保护。2012年4月28日，国务院发布并实施了《女职工劳动保护特别规定》(下称"特别规定")这一规定加强了对女职工的"四期保护"，即经期保护、孕期保护、产期保护和哺乳期保护。根据《中华人民共和国妇女权益保障法》(以下简称《妇女权益保障法》)、《劳动法》《女职工劳动保护特别规定》相关条款，四期保护分别为：

第一，经期保护标准。女职工在月经期间，所在单位不得安排其从事高空、低温、冷水和国家规定的第三级体力劳动强度的劳动。患有重度痛经及月经过多的女职工，经医疗或妇幼保健机构确诊后，月经期间可适当给予1~2天的休假。

第二，孕期保护标准。女职工在怀孕期间，所在单位不得安排其从事国家规定的第三级体力劳动强度的劳动和孕期禁忌从事的劳动。对于怀孕7个月以上的女职工，用人单位不得安排其从事夜班劳动，也不得安排其在正常劳动时间以外延长劳动时间，对不能胜任原劳动的怀孕女职工，应当根据医务部门的证明予以减轻劳动量或者安排其他劳动，并在劳动时间内应当安排一定的休息时间。怀孕女职工在劳动时间内需要进行产前检查的，应当视为劳动时间。并要相应的减少生产定额，以保证产前检查时间。

第三，产期保护标准。女职工生育享受98天的产假。产假分为两个部分，即产前可以休假15天，难产的，增加产假15天；生育多胞胎的，每多生育1个婴儿，增加产假15天。职工怀孕未满4个月流产时，享受15天产假；怀孕满4个月流产的，给予42天产假。产假期间，工资照发。

第四，哺乳期保护标准。女职工在哺乳未满1周岁的婴儿期间，用人单位不得安排其从事国家规定的第三级体力劳动强度的劳动和哺乳期禁忌从事的其他劳动，不得安排其延长工作时间和夜班劳动。对于有不满1周岁婴儿的女职工，其所在单位应当给予每班2次，每次不少于30分钟的哺乳时间。多胞胎生育的，每多哺乳一个婴儿，每次哺乳时间增加 30 分钟。每班 2 次的哺乳时间可以合并使用。哺乳时间和在本单位内哺乳往返途中的时间算作劳动时间。如果婴儿满周岁后身体特别虚弱,经医务部门证明,可将哺乳期酌情延长。如果哺乳期满正值夏季,也可延长 1~2 个月。

2. 未成年工特殊劳动保护

未成年工就是指年满 16 周岁,未满 18 周岁的劳动者属于未成年工。未成年工和童工不一样,国家没有禁止招用未成年工,但对未成年工的使用和特殊保护实行登记制度。某企业要招收使用未成年工,须向当地县级以上人社部门办理登记。《劳动法》和《中华人民共和国未成年人劳动保护规定》(以下简称《未成年人劳动保护规定》)明确了未成年工劳动保护的各项标准,包括未成年工的年龄标准、禁止从事的劳动范围、用人单位定期对未成年工进行健康检查和未成年工特殊保护登记的标准。

(1)禁止从事的劳动范围。按照相关规定企业不得安排未成年工从事过重、有毒、有害等危害身心健康的劳动或危险作业,在未成年工持证上岗前要进行有关的职业安全卫生教育、培训,并在相应的情形下安排未成年工的定期健康检查。根据《劳动法》第六十四条的规定,不得安排未成年工从事矿山井下、有毒有害、国家规定的第四级体力劳动强度的劳动和其他禁忌从事的劳动。根据《未成年工特殊保护规定》第三条的规定,用人单位不得安排未成年工从事以下范围的劳动:《生产性粉尘作业危害分级》国家标准中第一级以上的接尘作业;《有毒作业分级》国家标准中第一级以上的有毒作业;《高处作业分级》国家标准中第二级以上的高处作业等。

(2)定期健康检查标准。在安排工作岗位之前、工作满 1 年或者年满 18 周岁,距离上次体检已超过半年。健康检查按照劳动行政部门制作的《未成年工健康检查表》进行。

(3)特殊保护登记标准。用人单位招收使用未成年工,须向所在地县级以上人力资源社会保障部门办理未成年工登记。人力资源社会保障部门按照规定审核体检情况和拟安排的劳动范围。未成年工须持由人力资源社会保障部门核发的《未成年工登记证》上岗。

三、劳动与劳动合同法律制度

【案例 7-5】

张某于 2020 年 6 月入职某快递公司,双方订立的劳动合同约定试用期为 3 个月,试用期月工资为 8000 元,工作时间执行某快递公司规章制度相关规定。某快递公司规章制度规定,工作时间为早 9 时至晚 9 时,每周工作 6 天。2 个月后,张某以工作时间严重超过法律规定上限为由拒绝超时加班安排,某快递公司即以张某在试用期间被证明不符合录用条件为由与其解除劳动合同。张某向劳动人事争议仲裁委员会(简称仲裁委员会)申请仲裁。

（一）劳动合同概述

劳动合同，是指劳动者与用人单位之间确立劳动关系，明确双方权利和义务的协议。订立和变更劳动合同，应当遵循平等自愿、协商一致的原则，不得违反法律、行政法规的规定。劳动合同依法订立即具有法律约束力，当事人必须履行劳动合同规定的义务。

根据《劳动法》第十六条第一款规定，劳动合同是劳动者与用工单位之间确立劳动关系，明确双方权利和义务的协议。2020年，劳动合同进入"无纸化"时代，延续30多年的纸质劳动合同将逐步进入电子化新时代。电子劳动合同与纸质劳动合同具有同等法律效力。

劳动合同的主体即劳动法律关系当事人：劳动者和用人单位。劳动合同的主体与其他合同关系的主体不同：其一，劳动合同的主体是由法律规定的具有特定性，不具有法律资格的公民与不具有用工权的组织不能签订劳动合同；其二，劳动合同签订后，其主体之间具有行政隶属性，劳动者必须依法服从用人单位的行政管理。

劳动合同有固定期限劳动合同、无固定期限劳动合同和单项劳动合同。固定期限劳动合同，是指用人单位与劳动者约定合同终止时间的劳动合同。用人单位与劳动者协商一致，可以订立固定期限劳动合同。无固定期限劳动合同，是指用人单位与劳动者约定无确定终止时间的劳动合同，即原劳动法规定的长期合同。单项劳动合同，即没有固定期限，以完成一定工作任务为期限的劳动合同，是指用人单位与劳动者约定以某项工作的完成为合同期限的劳动合同。

（二）劳动合同订立、履行、解除和终止

【案例7-6】

用人单位能否以新型冠状肺炎疫情属不可抗力为由中止劳动合同？

张某为某物流公司员工，双方签订的劳动合同约定其从事跨省货品运送工作，月工资为5000元；物流公司于每月月底发放张某当月工资。受疫情影响，物流公司按照所在地区人民政府施行的防疫措施，自2020年2月3日起停工。2月底，张某发现公司未发工资，便询问公司人力资源部门，人力资源部门答复："因疫情属不可抗力，公司与你的劳动合同中止，2月停工你无须上班，公司也没有支付工资的义务。"张某通过互联网向劳动人事争议仲裁委员会申请仲裁。仲裁委员会裁决物流公司支付张某2020年2月工资5000元。受疫情影响的民事合同主体可依法适用不可抗力条款，但劳动合同主体则不适用并不得因此中止履行劳动合同。

（来源：人力资源社会保障部·最高人民法院联合发布第一批劳动人事争议典型案例）

1. 劳动合同的订立

劳动合同的订立，是指劳动者和用人单位经过相互选择和平等协商，就劳动合同条款

达成协议，从而确立劳动关系和明确相互权利义务的法律行为。

《劳动合同法》第十七条规定，劳动合同应具备以下条款：①用人单位的名称、住所和法定代表人或者主要负责人；②劳动者的姓名、住址和居民身份证或者其他有效身份证件号码；③劳动合同期限；④工作内容和工作地点；⑤工作时间和休息休假；⑥劳动报酬；⑦社会保险；⑧劳动保护、劳动条件和职业危害防护；⑨法律、法规规定应当纳入劳动合同的其他事项。劳动合同除前款规定的必备条款外，用人单位与劳动者可以约定试用期、培训、保守秘密、补充保险和福利待遇等其他事项。

2. 劳动合同的履行

劳动合同的履行是指劳动合同生效后，双方当事人按照劳动合同的约定，完成各自承担的义务和实现各自的权利，使双方当事人订立劳动合同的目的得以实现的法律行为。

劳动合同是明确用人单位和劳动者双方权利义务的书面协议，双方应当按照劳动合同的约定，全面履行各自的义务。用人单位应当按照劳动合同约定和国家规定，合理安排工作任务，为劳动者提供必要的劳动保护和劳动条件，安排劳动者休息休假，及时足额支付劳动报酬，缴纳社会保险费等；劳动者应当按照劳动合同约定保质保量完成劳动任务，提高职业技能，执行劳动安全卫生规程，遵守劳动纪律和职业道德等。

3. 劳动合同的解除

【案例7-7】

已婚的田某入职某公司时，将基本情况登记表中的婚姻状况栏填写为"未婚"。事后，公司发现并立即解除劳动合同，同时拒绝向其支付任何经济补偿。为此，田某申请劳动争议仲裁，要求公司继续履行劳动合同。其请求得到仲裁委支持。

（来源：《黑龙江工人报》2017年12月29日）

劳动合同的解除是指当事人双方提前终止劳动合同的法律效力，解除双方的权利义务关系。可分为协商解除和法定解除。

（1）协商解除。协商解除分为三种情形：用人单位与劳动者协商一致，可以解除劳动合同；由用人单位提出解除劳动合同而与劳动者协商一致的，必须依法向劳动者支付经济补偿；由劳动者主动辞职而与用人单位协商一致解除劳动合同的，用人单位无需向劳动者支付经济补偿。

（2）法定解除。法定解除分为劳动者可单方面解除劳动合同和用人单位可单方面解除劳动合同两种情形。

① 劳动者可单方面解除劳动合同。一是劳动者提前通知解除劳动合同的情形：劳动者提前30日以书面形式通知用人单位解除劳动合同；劳动者在试用期内提前3日通知用人单位解除劳动合同。在这两种情形下，劳动者不能获得经济补偿。二是劳动者可随时通

知解除劳动合同的情形：用人单位未按照劳动合同约定提供劳动保护或者劳动条件的；用人单位未及时足额支付劳动报酬的；用人单位未依法为劳动者缴纳社会保险费的；用人单位的规章制度违反法律、法规的规定，损害劳动者权益的；用人单位以欺诈、胁迫的手段或者乘人之危，使劳动者在违背真实意思的情况下订立或者变更劳动合同致使劳动合同无效的；用人单位在劳动合同中免除自己的法定责任、排除劳动者权利的；用人单位违反法律、行政法规强制性规定的；法律、行政法规规定劳动者可以解除劳动合同的其他情形。用人单位有上述情形的，需要向劳动者支付经济补偿。三是劳动者不需事先告知用人单位即可随时解除劳动合同的情形：用人单位以暴力、威胁或者非法限制人身自由的手段强迫劳动者劳动的；用人单位违章指挥、强令冒险作业危及劳动者人身安全的。注意：用人单位有上述情形的，需要向劳动者支付经济补偿。

② 用人单位可单方面解除劳动合同。一是因劳动者过错解除劳动合同的情形（随时解除）：劳动者在试用期间被证明不符合录用条件的；劳动者严重违反用人单位的规章制度的；劳动者严重失职，营私舞弊，给用人单位造成重大损害的；劳动者同时与其他用人单位建立劳动关系，对完成本单位的工作任务造成严重影响，或者经用人单位提出，拒不改正的；劳动者以欺诈、胁迫的手段或者乘人之危，使用人单位在违背真实意思的情况下订立或者变更劳动合同致使劳动合同无效的；劳动者被依法追究刑事责任的。注意：在上述情形下，用人单位不需要向劳动者支付经济补偿。二是无过失性辞退的情形（预告解除）：劳动者患病或非因工负伤，在规定的医疗期满后不能从事原工作，也不能从事由用人单位另行安排的工作的；劳动者不能胜任工作，经过培训或者调整工作岗位，仍不能胜任工作的；劳动合同订立时所依据的客观情况发生重大变化，致使劳动合同无法履行，经用人单位与劳动者协商，未能就变更劳动合同内容达成协议的。注意：在上述情形下，用人单位提前三十日以书面形式通知劳动者本人或者额外支付劳动者一个月工资后，可以解除劳动合同。三是经济性裁员的情形（裁员解除）：依照《中华人民共和国企业破产法》规定进行重整的；生产经营发生严重困难的；企业转产、重大技术革新或者经营方式调整，经变更劳动合同后，仍需裁减人员的；其他因劳动合同订立时所依据的客观经济情况发生重大变化，致使劳动合同无法履行的。注意：在上述情形下，用人单位应当向劳动者支付经济补偿。

4. 劳动合同的终止

劳动合同的终止是指劳动合同关系自然失效，双方不再履行。劳动合同终止可分为七种情形：劳动合同期满的；劳动者开始依法享受基本养老保险待遇的；劳动者达到法定退休年龄的；劳动者死亡，或者被人民法院宣告死亡或者宣告失踪的；用人单位被依法宣告破产的；用人单位被吊销营业执照、责令关闭、撤销或者用人单位决定提前解散的；法律、行政法规规定的其他情形。

根据《劳动合同法》的规定，劳动者有下列情形之一的，用人单位既不得解除劳动合同，也不得终止劳动合同，劳动合同应当延续至相应的情形消失时终止：从事接触职业病危害作业的劳动者未进行离岗前职业健康检查，或者疑似职业病病人在诊断或者医学观察期间的；在本单位患职业病或者因工负伤并被确认丧失或者部分丧失劳动能力的；患病或者非因工负伤，在规定的医疗期内的；女职工在孕期、产期、哺乳期的；在本单位连续工作满15年，且距法定退休年龄不足5年的；法律、行政法规规定的其他情形。

【延伸阅读 7-1】

关于试用期。全日制用工，用人单位和劳动者可以约定试用期，劳动合同期限三个月以上不满一年的，试用期不得超过一个月；劳动合同期限一年以上不满三年的，试用期不得超过二个月；三年以上固定期限和无固定期限的劳动合同，试用期不得超过六个月。同一用人单位与同一劳动者只能约定一次试用期。非全日制用工，双方当事人不得约定试用期。

（三）集体合同

集体合同是指职工一方与用人单位之间根据法律法规的规定，就劳动报酬、工作时间、休息休假、劳动安全卫生、保险福利等事项，在集体协商的基础上签订的书面协议。职工一方可以与用人单位就上述各项内容签订全面的集体合同，也可以就其中某一项或某几项订立专项集体合同。

根据《集体合同规定》与《劳动合同法》相关规定，集体合同有两种划分方法。从内容上可以分为综合性集体合同与专项集体合同，即劳资双方可就劳动报酬、工作时间、休息休假等内容进行协商，也可就其中某一方面的内容集中进行协商，最终签订集体合同；从层级上可以分为企业层级的集体合同与行业性、区域性集体合同。后者指在县级以下区域内，由建筑业、采矿业、餐饮服务业等行业工会与用人单位代表订立的集体合同。该类集体合同一经签订，对当地本行业、本区域的用人单位和劳动者具有约束力。

集体合同具有强制效力和替代效力。强制效力又称自动效力，是指集体合同一旦生效，对用人单位和本单位的全体职工具有法律约束力，其所规定的劳动条件立即成为单个劳动者与单个用人单位之间劳动合同的内容。替代效力是指当劳动合同约定的劳动条件不同于集体合同规定时无效，而由集体合同规定的劳动条件取代之。如《集体合同规定》第六条："用人单位与职工个人签订的劳动合同约定的劳动条件和劳动报酬等标准，不得低于集体合同或专项集体合同的规定。"

【延伸阅读 7-2】

集体合同和劳动合同都是调整劳动关系的重要形式和法律制度，两者有着密切的联

系,互为补充,但它们之间又有着明显的区别,不能等同,也不能相互代替。两者有很大区别:

合同主体不同。劳动合同主体为单个劳动者和用人单位。集体合同主体,一方形式上是工会或由劳动者推举的代表,实际上是全体劳动者;另一方是用人单位。

合同目的不同。订立劳动合同的主要目的是确立劳动关系。订立集体合同的主要目的是为确立劳动关系设定具体标准,即在其效力范围内规范劳动关系。

合同内容不同。劳动合同以单个劳动者的权利和义务为内容,一般包括劳动关系的各个方面,具体内容应符合《劳动合同法》所规定的必备条款。集体合同的内容则比较灵活,以集体劳动关系中全体劳动者的共同权利和义务为内容,可能涉及劳动关系的各个方面,也可能只涉及劳动关系的某个方面。

产生时间不同。劳动合同产生于作为合同主体一方的单个劳动者进入用人单位参加劳动为前提是劳动者个人与企业建立劳动关系的依据。集体合同产生于劳动关系运行过程中,它不以单个劳动者参加劳动为前提。

合同期限不同。劳动合同有三种期限,即固定期限、无固定期限和以完成一定工作任务为期限;而集体合同只有一种期限,就是固定期限,时间一般是1~3年。

法律效力不同。劳动合同只对签字的单个用人单位和劳动者具有法律效力;集体合同对签订合同的用人单位和本单位的全体劳动者都具有法律效力,区域、行业集体合同更是对本区域、本行业的用人单位和职工都有约束力。

综上所述,集体合同相对于劳动合同而言,具有平衡劳资双方地位,实现劳动条件公平,提高订约效率,节省订约成本的优势。有效弥补了劳动合同的不足,与劳动合同相辅相成,共同保障劳动者合法权利的实现,并促进劳动关系的和谐发展。劳资双方在协调解决劳资纠纷的过程中,可以善加利用,以充分实现互利共赢。

四、劳动与劳动争议处理法律制度

【案例7-8】

2020年1月9日,廖某某应聘沙坪坝区某影视公司市场营销总监一职,并在1月9日至11日期间试岗三天,试岗内容是自行寻找客户合作制作某电视台的电视节目。试岗通过后,双方在2020年1月14日签订书面劳动合同,但因即将春节放假,于是双方将合同起始时间及签订时间均写为1月31日,并约定自该日开始上班。随着新冠疫情暴发,该影视公司停工停产,廖某某也一直在家未到公司工作。2020年4月28日,该影视公司向廖某某出具《终止(解除)劳动合同决定书》,以廖某某工作调配不能胜任岗位为由,解除了双方劳动合同。后廖某某申请仲裁,要求某影视公司支付2020年1月31日至4月27日期间的工资。廖某某的劳动争议最终以仲裁结案。面对劳动争议,你还知道哪些处理方式吗?

(一)劳动争议概述

劳动争议又称劳动纠纷,是指劳动关系双方当事人因执行劳动法律、法规或履行劳动合同、集体合同发生的纠纷。劳动争议发生在劳动者与用人单位之间,劳动争议的主体与《劳动法》《劳动合同法》规定的劳动关系的主体相同。

我国劳动争议处理体制的特色之一是建立了协商、调解、仲裁和诉讼四个环节的劳动争议处理程序。从"协商→调解→仲裁→诉讼"这一制度格局和具体实践来看,多元共存的纠纷处理程序容易造成的错觉是认为劳动争议处理有四个环节,因此将导致程序过程冗长。发生劳动争议后,劳动者可以申请调解,也可以直接向劳动仲裁委员会申请仲裁。通过这种制度设计,法律所实现的是各种纠纷解决程序根据自己的制度功能,对不同类型劳动争议进行自然地分类处理,进而实现纠纷的层层分流,最终实现让简单纠纷尽快解决,让复杂案件在严格程序中得到严肃处理。这是一种平衡程序公正和程序效率的制度安排。

(二)劳动争议调解

劳动争议调解是指在企业与员工之间,由于社会保险、薪资、福利待遇、劳动关系等发生争议时,由第三方(例如专业性的人才机构、争议调解中心等)进行的和解性咨询,通过劳动争议调解达到法律咨询、和解方式等的说明。

劳动争议调解步骤包括当事人申请、调解机构受理审查、调解终结。

(三)劳动争议仲裁

劳动争议仲裁是指劳动争议仲裁机构对当事人请求仲裁的劳动争议依法居中进行裁决的活动。

1.劳动争议仲裁的管辖

劳动争议仲裁管辖,是指确定各个劳动争议仲裁委员会审理劳动争议案件的分工和权限,明确当事人应当到哪一个劳动争议仲裁委员会申请劳动争议仲裁,由哪一个劳动争议仲裁委员会受理的法律制度。根据《劳动争议调解仲裁法》第二十一条规定,劳动争议仲裁委员会负责管辖本区域内发生的劳动争议。劳动争议由劳动合同履行地或者用人单位所在地的劳动争议仲裁委员会管辖。双方当事人分别向劳动合同履行地和用人单位所在地的劳动争议仲裁委员会申请仲裁的,由劳动合同履行地的劳动争议仲裁委员会管辖。

发生劳动争议时,需要选择劳动合同履行地或者用人单位所在地的劳动争议仲裁委员会进行仲裁。大多数情况下,劳动合同履行地即为用人单位所在地,二者是重合的。此种情况既方便劳动者和用人单位参加仲裁活动,又方便劳动争议仲裁委员会对仲裁案件的审理活动;且一旦仲裁裁决发生法律效力,当事人向人民法院申请强制执行时,还便于人民法院进行强制执行。

2. 劳动争议仲裁的程序

根据《劳动争议调解仲裁法》的相关规定,劳动争议仲裁应遵循以下程序:

一是仲裁申请。申请人申请仲裁应当提交书面仲裁申请,并按照被申请人人数提交副本。仲裁申请书应当载明下列事项:①劳动者的姓名、性别、年龄、职业、工作单位和住所,用人单位的名称、住所和法定代表人或者主要负责人的姓名、职务;②仲裁请求和所根据的事实、理由;③证据和证据来源、证人姓名和住所。书写仲裁申请确有困难的,可以口头申请,由劳动争议仲裁委员会记入笔录,并告知对方当事人。

二是仲裁申请的受理和不予受理。劳动争议仲裁委员会收到仲裁申请之日起五日内,认为符合受理条件的,应当受理,并通知申请人;认为不符合受理条件的,应当书面通知申请人不予受理,并说明理由。对劳动争议仲裁委员会不予受理或者逾期未作出决定的,申请人可以就该劳动争议事项向人民法院提起诉讼。劳动争议仲裁委员会受理仲裁申请后,应当在五日内将仲裁申请书副本送达被申请人。被申请人收到仲裁申请书副本后,应当在十日内向劳动争议仲裁委员会提交答辩书。劳动争议仲裁委员会收到答辩书后,应当在五日内将答辩书副本送达申请人。被申请人未提交答辩书的,不影响仲裁程序的进行。

三是仲裁裁决。仲裁庭在作出裁决前,应当先行调解。仲裁庭裁决劳动争议案件,应当自劳动争议仲裁委员会受理仲裁申请之日起四十五日内结束。案情复杂需要延期的,经劳动争议仲裁委员会主任批准,可以延期并书面通知当事人,但是延长期限不得超过十五日。逾期未作出仲裁裁决的,当事人可以就该劳动争议事项向人民法院提起诉讼。仲裁庭裁决劳动争议案件时,其中一部分事实已经清楚,可以就该部分先行裁决。

3. 劳动争议仲裁的效力

劳动仲裁的效力分为两种,一种是有限的终局仲裁,即仲裁裁决后,用人单位不能提起诉讼,但劳动者可以在收到裁决书之日起的十五日内提起诉讼。若劳动者未在规定时间内提起诉讼,裁决生效。另一种是非终局裁决,即仲裁裁决后,任何一方当事人在十五日内提起诉讼的,仲裁裁决不发生法律效力(包括不服全部仲裁裁决事项和不服部分仲裁裁决事项)。根据《劳动争议调解仲裁法》第四十七条规定,下列劳动争议,除本法另有规定的外,仲裁裁决为终局裁决,裁决书自作出之日起发生法律效力:追索劳动报酬、工伤医疗费、经济补偿或者赔偿金,不超过当地月最低工资标准十二个月金额的争议;因执行国家的劳动标准在工作时间、休息休假、社会保险等方面发生的争议。

(四)劳动争议诉讼

劳动争议诉讼是法院在劳动争议双方当事人和其他诉讼参与人的参加下,依法审理和判决劳动争议案件的活动。《最高人民法院关于审理劳动争议案件适用法律问题的解释(一)》主要包括劳动争议的受案范围、管辖、仲裁与诉讼的衔接。

劳动争议仲裁后到法院起诉/申请执行,应予受理的情形:仲裁机构以无管辖权为由不受理,法院经审查认为仲裁机构有管辖权,告知当事人先申请仲裁后,仲裁机构仍不受理,当事人起诉的,应受理;仲裁机构以仲裁事项不属劳动争议为由不受理,法院经审查认为属于劳动争议的,应受理;不属于劳动争议但属法院主管的,应受理;仲裁机构纠正原裁决错误重新作出裁决,当事人不服起诉,应受理;仲裁机构逾期未受理或裁决,当事人起诉,应受理;仲裁裁决未载明为终局还是非终局的,用人单位起诉,经审查为非终局的,应受理;终局裁决,用人单位向中院申请撤销仲裁裁决的同时,劳动者向基层法院起诉,基层法院应受理劳动者的起诉;终局裁决,用人单位向中院申请撤销仲裁裁决的同时,劳动者向基层法院申请执行,中院受理用人单位的申请;仲裁裁决预支劳动报酬、工伤医疗费、经济补偿或赔偿金,用人单位不履行给付义务,劳动者申请执行,应受理;涉及多个劳动者的仲裁裁决,部分起诉,不起诉的部分劳动者申请执行的,应受理。

劳动争议仲裁后到法院诉讼/申请执行,不予受理的情形:仲裁机构以主体不适格为由不予受理,当事人起诉,法院经审查确属主体不适格的,不予受理;仲裁事项不属法院受理范围的,当事人起诉,不予受理;不服预支劳动报酬、工伤医疗费、经济补偿或赔偿金的仲裁裁决而起诉的,不予受理;仲裁调解书已生效,一方反悔起诉的,不予受理;仲裁机构逾期不受理或裁决,属于移送管辖、正在送达或送达延误或待另案诉讼结果、评残结论、正在等待仲裁开庭或启动鉴定或调查程序的,不予受理;仲裁裁决未载明为终局还是非终局的,用人单位起诉,经审查为终局的,不予受理;终局裁决,用人单位向中院申请撤销仲裁裁决的同时,劳动者向基层法院起诉,中院不予受理用人单位的撤销申请;终局裁决,用人单位向中院申请撤销仲裁裁决的同时,劳动者向基层法院申请执行,基层院裁定中止执行;一方申请执行仲裁裁决,另一方提出证据,符合七种情形,裁定不予执行,并告知三十日内就该劳动争议事项起诉。(七种情形简要概括:不属于劳动仲裁范围、适用法律错误、违反法定程序、证据伪造、隐瞒证据、仲裁员徇私枉法和裁决违背公共利益)。

依照《最高人民法院关于审理劳动争议案件适用法律问题的解释(一)》第二十一条、第二十五条的规定,对于终局裁决,劳动者到基层院起诉或申请执行,基层院可以直接受理,不用考虑用人单位是否到中院申请撤销仲裁。

第二节　劳动与社会保障

社会保障对于劳动者而言具有极其重要的作用，它已经成为当代社会不可缺少的民生保障机制和整个社会和谐发展的维系与促进机制，为劳动者在遭遇各种风险时提供必要的生活保障，解决他们的基本生活困难。

一、劳动者社会保障概述

社会保障是指由国家立法强制规定，并以国家作为给付义务主体，对公民在年老、疾病、伤残、失业、生育、遭遇灾害、面临生活困难等情形时给予物质或服务帮助，旨在保障公民基本生活需要并提高生活水平、实现社会公平和社会正义的制度。我国的社会保障制度包括社会保险、社会救助、社会福利和社会优抚。其中与劳动者最为密切的是社会保险制度和社会救助制度。

（一）开展社会保障的原因

1. 家庭保障功能的退化

伴随着工业化、城市化进程的加快，农村劳动力向城市的流动加快，传统自给自足的小农经济逐渐退出历史舞台，传统的大家庭结构瓦解，小家庭成为主要的家庭结构。这使以土地作为生存保障的传统保障的基础不复存在，农业社会中行之有效的家庭保障形式已难以适应工业化社会的需求。同时，社会化大生产的发展，使生活社会化的组织程度也在逐步提高，教育、卫生、医疗等逐步成为社会公共事业，走上了社会化发展的道路。在这个意义上，社会成员的个人需求成为了一种社会的需求，使保障的社会化也就成为了一种社会需求。

2. 贫富差距等社会问题的突显

工业化的进程逐步加快，随之而来的是劳动者的生存风险大幅增加，工伤、失业、职业病、年老、死亡等问题困扰着人们，这些问题靠单纯的个人及家庭力量已无法面对和保障，而且过去那种"济贫""施舍"式的非制度化的救济制度也是杯水车薪。微薄的收入加上大量的社会风险使劳动者阶层陷入困境。但与此不同的是，工业化使企业主、资本家的生产效率提高、利润水平提升。这在客观上造成了社会贫富差距加大，社会分配不公的状况突显。而没有制度化的强制性规定的规制，企业主、资本家也无动力保障劳动者的利益。在这种劳资力量对比悬殊，且无外力介入的情况下，收入鸿沟必将越拉越大。或者说,劳动者接受保障的客观需求将愈加强烈。

3. 社会财富提供支持的能力增强

社会化大生产的发展促使社会财富快速累积,这一现象为社会保障的建立提供了经济上的可能与物质支持。现代社会保障制度包含社会保险、社会救助等多项制度,而这些制度的实现需要国家提供管理、服务及资金支持,无论是社会保障管理系统的运行还是国家直接提供的各项资金支持,均需要丰厚的社会财富为基础,这一点是毋庸置疑的。此外,不应仅有部分成员享受社会财富增加及社会资源累积的成果,社会公平要求以社会保障的形式完成社会财富再分配的计划,从而实现财富的分享与共享。

(二)社会保障的功能

1. 为社会成员提供必要的生存保障

现代社会充满各种风险,每个人都不可避免地面临疾病、年老、伤残、失业等风险,使生存陷入困境。而社会保障制度通过建立社会保障基金,化解社会风险,为面临生存危机的人们提供基本的生存保障。

2. 有利于实现社会公平

市场经济的特点是存在竞争机制,自由竞争的结果是出现贫富的两极分化。在我国进入新时代,社会主要矛盾集中表现为人民日益增长的美好生活需要和不平衡不充分发展之间的矛盾的社会背景下,要实现社会公平,需借助于国家力量,对国民收入进行再分配。社会保障具有国民收入再分配的功能,通过社会保障基金在贫富之间的转移支付,缩小社会成员之间的贫富差距,以实现社会公平,满足人民对美好生活的向往和需要。

3. 实现社会稳定

社会稳定是一个国家发展的基本前提,没有社会稳定,就没有经济的发展和社会的进步。社会稳定主要取决于人们心态的稳定,而心态稳定又源于人们的安全感,健全和完善的社会保障制度能够为人们提供这种安全感。社会保障通过满足社会成员的基本生活需要,免除人们的后顾之忧。提供公平合理的社会环境,最终使每个社会成员都能从社会保障制度中获得利益,并对未来的生活有良好的心理预期,安居乐业,实现社会的稳定和发展。因此,社会保障制度又被称为"社会稳定器"。

二、社会保险制度

【案例 7-9】

王某是一家私营企业的老板,《社会保险费征缴暂行条例》实施后,他指示人事部门给几个部门经理办理了参加养老、医疗、失业等社会保险统筹的手续,但对其他 30 名职工却未办理参保手续。当其他职工就此问题提出异议时,王经理回答,今年就办这几个人的,大家好好干,等明年公司效益更好些,再给其他人办理参保手续。

本案的问题是:王经理可以只给部分员工办理社会保险吗?

答案:王某的做法显然是错误的,因为用人单位参加社会保险,为职工缴纳各项社会保险费是其应尽的法律义务。

我国的基本养老保险、基本医疗保险和失业保险的征缴范围都覆盖了城镇私营企业。缴费单位未按照规定办理社会保险登记、变更登记、注销登记,或者未按照规定申报应缴纳的社会保险费数额的,由劳动保障行政部门责令限期改正;情节严重或特别严重的,对直接负责的主管人员和其他直接责任人员可以处以罚款。当职工发现单位未依法办理社会保险参保手续,侵犯了自己的社会保险合法权益时,可以向单位所在地的劳动保障监察机构举报单位的违法行为,督促用人单位依法履行社会保险登记、申报和缴费义务。

(一)养老保险

养老保险又称老年保险,是国家依据相关法律法规规定,为解决劳动者在达到国家规定的解除劳动义务的劳动年龄界限或因年老丧失劳动能力而退出劳动岗位后而建立的一种保障其基本生活的社会保险制度。目的是以社会保险为手段来保障老年人的基本生活需求,为其提供稳定可靠的生活来源。根据《中华人民共和国社会保险法》(以下简称《社会保险法》)规定,我国实行的是社会统筹与个人账户相结合的基本养老保险制度,养老保险体系由职工养老保险、机关事业单位工作人员养老保险和城镇农村居民基本养老保险组成。

1. 我国职工养老保险制度

在借鉴其他国家和地区的成功经验基础上,我国建立了职工基本养老保险、企业补充养老保险和职工个人储蓄养老保险相结合的职工养老保险制度。职工基本养老保险为企业退休职工提供基本养老保障,企业补充养老保险(即企业年金)和职工个人储蓄养老保险则是在基本养老保险之外为企业退休职工提供的补充养老保险。其中,企业年金是指企业及其职工在依法参加基本养老保险的基础上自愿建立的补充养老保险制度,职工个人储蓄养老保险是由职工自愿参加、自愿选择经办机构,国家提供政策优惠的一种补充养老保险形式。

(1)职工基本养老保险。我国《社会保险法》第十条规定:"职工应当参加基本养老保险,由用人单位和职工共同缴纳基本养老保险费。无雇工的个体工商户、未在用人单位参加基本养老保险的非全日制从业人员以及其他灵活就业人员可以参加基本养老保险,由个人缴纳基本养老保险费。"根据上述规定,职工基本养老保险覆盖的人员范围包括:①职工。职工是指在中国境内的企业、事业单位中以工资收入为主要生活来源的体力劳动者和脑力劳动者,包括我国境内的各种所有制、各种组织形式企业的职工。②灵活就业人员。主要包括无雇工的个体工商户、未在用人单位参加基本养老保险的非全日制从业人员以及其他灵活就业人员。

另外,根据《在中国境内就业的外国人参加社会保险暂行办法》(人力资源和社会保障部令第16号)第三条的规定,在中国境内依法注册或者登记的企业、事业单位、社会团体、民办非企业单位、基金会、律师事务所、会计师事务所等组织依法招用的外国人,应当依法参加职工基本养老保险、职工基本医疗保险、工伤保险、失业保险和生育保险,由用人单位和本人按照规定缴纳社会保险费。

(2)企业年金。企业年金,也称为企业退休金计划,被称为"第二支柱",是指在政府强制实施的基本养老保险之外,企业在国家政策指导下,根据自身经济实力自愿建立的,为本企业劳动者提供一定程度退休收入保障的补充养老保险制度。企业年金不仅是劳动者退休生活保障的重要补充形式,也是企业调动职工积极性、吸引高素质人才、稳定职工队伍、增强企业竞争力和凝聚力的重要手段,具有分配、激励和保障的制度功能。人力资源和社会保障部于2018年2月1日开始施行的《企业年金办法》第六条规定:"企业和职工建立企业年金,应当依法参加基本养老保险并履行缴费义务,企业具有相应的经济负担能力。"标志着我国企业年金制度运作进一步规范化。

(3)职工个人储蓄性养老保险。职工个人储蓄性养老保险是我国多层次养老保险体系的一个组成部分,是由职工自愿参加、自愿选择经办机构的一种补充保险形式。由社会保险机构经办的职工个人储蓄性养老保险,由社会保险主管部门制定具体办法,职工个人根据自己的工资收入情况,按规定缴纳个人储蓄性养老保险费,记入当地社会保险机构在有关银行开设的养老保险个人账户,并应按不低于或高于同期城乡居民储蓄存款利率计息,以提倡和鼓励职工个人参加储蓄性养老保险,所得利息记入个人账户,本息一并归职工个人所有。职工达到法定退休年龄经批准退休后,凭个人账户将储蓄性养老保险金一次总付或分次支付给本人。职工跨地区流动,个人账户的储蓄性养老保险金应随之转移。职工未到退休年龄而死亡,记入个人账户的储蓄性养老保险金应由其指定人或法定继承人继承。实行职工个人储蓄性养老保险的目的,在于扩大养老保险经费来源,多渠道筹集养老保险基金,减轻国家和企业的负担;有利于消除长期形成的保险费用完全由国家"包下来"的观念,增强职工的自我保障意识和参与社会保险的主动性;同时也能够促进对社会保险工作实行广泛的群众监督。

2. 机关事业单位工作人员养老保险

根据《国务院关于机关事业单位工作人员养老保险制度改革的决定》(以下简称《决

定》），我国机关事业单位工作人员实行基本养老保险和职业补充养老保险（即职业年金）相结合的社会养老保险制度。基本养老保险为机关事业单位工作人员提供基本养老保障，职业年金为机关事业单位工作人员提供补充养老保障。

（1）机关事业单位工作人员基本养老保险。机关事业单位工作人员基本养老保险适用于所有国家机关工作人员和事业单位工作人员。按照《决定》规定，机关事业单位工作人员基本养老保险费由单位和个人共同负担。单位缴纳基本养老保险费的比例为本单位工资总额的20%，个人缴纳基本养老保险费的比例为本人缴费工资的8%，由单位代扣。按本人缴费工资8%的数额建立基本养老保险个人账户，全部由个人缴费形成。个人工资超过当地上年度在岗职工平均工资300%以上的部分，不计入个人缴费工资基数；低于当地上年度在岗职工平均工资60%的，按当地在岗职工平均工资的60%计算个人缴费工资基数。个人账户储存额只用于工作人员养老，不得提前支取，每年按照国家统一公布的记账利率计算利息，免征利息税。参保人员死亡的，个人账户余额可以依法继承。

（2）职业年金。在我国，职业年金是指机关事业单位及其工作人员在参加机关事业单位基本养老保险的基础上建立的补充养老保险制度。职业年金制度有利于推进机关事业单位养老保险制度改革，促进机关事业单位退休人员收入的稳定和来源多元化，稳定和吸引优秀的管理和技术人才，提高机关事业单位的服务质量。2015年4月6日，国务院办公厅印发《机关事业单位职业年金办法》（以下简称《办法》）。

根据《办法》，机关事业单位工作人员职业年金基金由下列各项组成：单位缴费、个人缴费、职业年金基金投资运营收益和国家规定的其他收入。其中，单位缴纳职业年金费用的比例为本单位工资总额的8%，个人缴费比例为本人缴费工资的4%。用人单位和工作人员个人职业年金的缴费基数与基本养老保险缴费基数一致。单位缴费按照个人缴费基数的8%计入本人职业年金个人账户，个人缴费直接计入本人职业年金个人账户。

职业年金基金采用个人账户方式管理，个人缴费实行实账积累。对财政全额供款的单位，单位缴费根据单位提供的信息采取记账方式，每年按照国家统一公布的记账利率计算利息，工作人员退休前，本人职业年金账户的累计储存额由同级财政拨付资金记实；对非财政全额供款的单位，单位缴费实行实账积累。实账积累形成的职业年金基金，实行市场化投资运营，投资运营产生的收益计入职业年金基金。

（二）医疗保险和生育保险

作为社会保险的两个重要组成部分，医疗保险与生育保险具有相似之处，即为暂时丧失劳动能力的公民提供物质帮助，保障其正常生活，并向其提供一定的医疗保健服务。我国当前的基本医疗保险体系由职工基本医疗保险、城镇居民基本医疗保险和新型农村合作医疗三大制度构成，后二者的整合正在推进之中。2019年3月25日，国务院办公厅印发了《关于全面推进生育保险和职工基本医疗保险合并实施的意见》，提出要全面推进生育保险和职工基本医疗保险合并实施。

医疗保险是指国家和社会对因病或非因工负伤的公民提供必要的医疗服务和物质帮助的一种社会保险制度。基本医疗保险以低水平、广覆盖、保基本、多层次、可持续、社会化服务为基本原则，主要通过建立责任明确、合理分担的多渠道筹资机制，基本医疗保障基金和个人共同分担的医疗费用共付机制，实现社会互助共济，满足人们的基本医疗保障需求。截至 2020 年年底，我国全口径基本医疗保险参保人数达 136100 万人，参保覆盖面稳定在 95% 以上，基本实现了全民医保。

生育保险是国家通过立法确定的，在劳动妇女因生育子女而暂时中断劳动时，由国家和社会对生育的职工妇女给予必要的物质帮助和生活保障的一项社会保险制度。国家通过建立生育保险制度为生育妇女提供生育津贴、医疗服务和产假待遇，保障其身体健康，并为婴儿的哺育和成长创造良好的条件。因此，生育保险对社会劳动力的生产与再生产具有十分重要的保护作用。

《社会保险法》第五十三、五十四条规定："职工应当参加生育保险，由用人单位按照国家规定缴纳生育保险费，职工不缴纳生育保险费。用人单位已经缴纳生育保险的，其职工享受生育保险待遇；职工未就业配偶按照国家规定享受生育医疗费用待遇。所需资金从生育保险基金中支付。"上述规定说明我国生育保险的范围覆盖了所有用人单位及其职工，并且扩大到了用人单位职工的未就业配偶。

（三）工伤保险

工伤保险，又称职业伤害保险，是指劳动者在工作中或法定的特殊情况下，由于意外事故而负伤、致残、死亡，或者患职业病，从工伤保险基金中获得医疗救治和经济补偿的一种社会保险制度。工伤有广义狭义之分。广义的工伤，是指劳动者在工作中或法定的特殊情况下因意外事故所造成的负伤、致残、死亡或患职业病。狭义的工伤，仅指劳动者在工作中因意外事故所受的伤害，而不包括职业病。目前，我国的工伤保险适用广义的工伤概念，将职业病作为工伤保险的一项内容。

1. 工伤保险的适用范围

《工伤保险条例》第二条规定："中华人民共和国境内的企业、事业单位、社会团体、民办非企业单位、基金会、律师事务所、会计师事务所等组织和有雇工的个体工商户应当依照本条例规定参加工伤保险，为本单位全部职工或者雇工缴纳工伤保险费。中华人民共和国境内的企业、事业单位、社会团体、民办非企业单位、基金会、律师事务所、会计师事务所等组织的职工和个体工商户的雇工，均有依照本条例的规定享受工伤保险待遇的权利。"这一规定扩大了工伤保险的适用范围，有利于发挥社会保险的大数法则优势，有利于保障这些职业人群的工伤保险权益。《社会保险法》第三十三条也规定："职工应当参加工伤保险，由用人单位缴纳工伤保险费，职工不缴纳工伤保险费。"

2. 工伤范围

工伤是指职工在工作过程中因工作原因受到事故伤害或者患职业病。根据《工伤保险条例》第十四条的规定，职工有下列情形之一的，应当认定为工伤：①在工作时间和工作场所内，因工作原因受到事故伤害的；②工作时间前后在工作场所内，从事与工作有关的预备性或者收尾性工作受到事故伤害的；③在工作时间和工作场所内，因履行工作职责受到暴力等意外伤害的；④患职业病的；⑤因工外出期间，由于工作原因受到伤害或者发生事故下落不明的；⑥在上下班途中，受到非本人主要责任的交通事故或者城市轨道交通、客运轮渡、火车事故伤害的；⑦法律、行政法规规定应当认定为工伤的其他情形。

同时，根据本条例第十五条的规定，职工有下列情形之一的，视同工伤：①在工作时间和工作岗位，突发疾病死亡或者在 48 小时之内经抢救无效死亡的；②在抢险救灾等维护国家利益、公共利益活动中受到伤害的；③职工原在军队服役，因战、因公负伤致残，已取得革命伤残军人证，到用人单位后旧伤复发的。

【案例 7-10】

周某某系某纺织公司员工。2018 年 7 月 9 日，周某某在下班途中与案外人张某某发生交通事故。交警大队做出的事故认定书认定张某某负主要责任，周某某负次要责任。双方经交警部门调解达成协议，由张某某赔偿周某某误工费等相关费用。2018 年 10 月 30 日，人力资源和社会保障局做出认定工伤决定书，认定周某某受到的伤害属于工伤。劳动能力鉴定委员会劳动能力鉴定结论通知，核准周某某的伤残等级符合十级。

2019 年 4 月 19 日，周某某向劳动人事争议仲裁委员会申请仲裁，请求某纺织公司支付其停工留薪期工资、一次性伤残就业补助金等费用。仲裁委裁决后，该纺织公司不服，诉至法院。根据周某某的工资标准，一审法院判决某纺织公司支付周某某停工留薪期工资。该纺织公司不服上诉，二审法院审理后作出终审判决：驳回上诉，维持原判。

（来源：2021 年第 6 期《最高人民法院公报》）

3. 工伤保险的认定程序

工伤认定是指社会保险行政部门依法在职工发生事故伤害或者按照职业病防治法规定被诊断、鉴定为职业病的情形下，依申请判定职工是否属于工伤的行为。按照《工伤保险条例》第十七条的规定，我国工伤认定的主体是统筹地区社会保险行政部门，工伤认定的性质是行政确认行为。

（1）职工申请。法律规定工伤认定程序应当经过申请而启动。在我国，工伤认定申请人一般包括用人单位和受害人及其近亲属以及工会组织。对用人单位而言，申请工伤认定是其法定义务。按照《工伤保险条例》第十七条的规定，职工发生事故伤害或者按照职业病防治法规定被诊断、鉴定为职业病，所在单位应当自事故伤害发生之日或者被诊断、鉴定为职业病之日起30日内，向统筹地区社会保险行政部门提出工伤认定申请。遇有特殊情况，经报社会保险行政部门同意，申请时限可以适当延长。用人单位未依法履行认定申请义务的，在此期间发生的工伤待遇等有关费用由该用人单位负担。工伤职工或者近亲属申请工伤认定，是法律赋予的一项权利。工伤认定直接关系受害职工的工伤待遇，赋予其申请权是实现工伤职工赔偿利益的必然要求。用人单位未按前款规定提出工伤认定申请的，工伤职工或者其直系亲属，在事故伤害发生之日或者被诊断、鉴定为职业病之日起1年内，可以直接向用人单位所在地统筹地区社会保险行政部门提出工伤认定申请。

（2）统筹。地区社会保险行政部门受理工伤认定申请后，根据审核需要可以对事故伤害进行调查核实，用人单位、职工、工会组织、医疗机构以及有关部门应当予以协助。社会保险行政部门应当自受理工伤认定申请之日起60日内作出工伤认定的决定，并书面通知申请工伤认定的职工或者其近亲属和该职工所在单位。社会保险行政部门对受理的事实清楚、权利义务明确的工伤认定申请，应当在15日内作出工伤认定的决定。作出工伤认定决定需要以司法机关或者有关行政主管部门的结论为依据的，在司法机关或者有关行政主管部门尚未作出结论期间，作出工伤认定决定的时限中止。

（四）失业保险

失业保险是指国家通过立法强制建立失业保险基金，对因失业而中断生活来源的劳动者在法定期间内提供失业保险待遇以维持其基本生活，促进其再就业，并积极预防或避免失业人员产生的一项社会保险制度。

失业人员在满足法定条件时，有权享受失业保险待遇。失业人员可以向社会保险经办机构提出申请，请求支付相应的失业保险待遇。根据《社会保险法》第四十五条的规定，失业人员享受失业保险待遇需符合三个条件：失业前用人单位和本人已经缴纳失业保险费满一年；非因本人意愿中断就业；已经进行失业登记并有求职要求。

根据《社会保险法》和《中华人民共和国失业保险条例》（以下简称《失业保险条例》）的规定，失业保险待遇的内容主要包括：

（1）失业保险金。累计缴费满1年不足5年的，领取失业保险金的期限最长为12个月；累计缴费满5年不足10年的，领取失业保险金的期限最长为18个月；累计缴费10年以上的，领取失业保险金的期限最长为24个月。重新就业后，再次失业的，缴费时间重新计算工本领取失业保险金的期限与前次失业应当领取而尚未领取的失业保险金的期限合并项计算，最长不超过 24 个月。

（2）医疗待遇。根据《社会保险法》第四十八条规定："失业人员在领取失业保险金期间，参加职工基本医疗保险，享受基本医疗保险待遇。失业人员应当缴纳的基本医疗保险费从失业保险基金中支付，个人不缴纳基本医疗保险费。"

（3）丧葬补助金和抚恤金。《社会保险法》第四十九条规定："失业人员在领取失业保险金期间死亡的，参照当地对在职职工死亡的规定，向其遗属发给一次性丧葬补助金和抚恤金。所需资金从失业保险基金中支付。个人死亡同时符合领取基本养老保险丧葬补助金、工伤保险丧葬补助金和失业保险丧葬补助金条件的，其遗属只能选择领取其中的一项。"

（4）接受职业培训、职业介绍补贴。失业人员在领取失业保险金期间，应当积极求职，接受职业指导和职业培训，按规定享受就业服务减免费用等优惠待遇接受职业介绍、职业培训的补贴由失业保险基金按照规定支付。

（5）国务院规定或者批准的与失业保险有关的其他费用。

三、社会救助制度

（一）社会救助概述

社会救助是指国家对依靠自身努力难以满足其基本生活需求的公民给予的物质或服务帮助。社会救助的目的在于维护公民的基本生存权，社会救助权利义务具有单向性、保底性。社会救助权具有社会权的属性，对于保障公民的生存权和人格尊严具有重要功能。

1. 社会救助的基本内容

为了保障每一个公民有尊严地生活，促进和谐社会目标实现，我国根据《宪法》的规定，构建了以《社会救助暂行办法》为基础，以《城市居民最低生活保障条例》《城市生活无着的流浪乞讨人员救助管理办法》《农村五保供养工作条例》《自然灾害救助条例》《关于建立完善国家司法救助制度的意见（试行）》等规范文件为配套的社会救助法律制度体系，具体内容包括最低生活保障、特困人员供养、受灾人员救助、医疗救助、教育救助、住房救助、就业救助、临时救助等。

（1）最低生活保障。最低生活保障是对贫困者维持基本生活需要的救助，是保障对象范围较广的社会救助项目。我国最低生活保障体系存在着城乡二元化结构。《城市居民最低生活保障条例》确定了国家对城市居民中收入不足以维持最低生活标准的贫困者给予物质帮助。2007 年《国务院关于在全国建立农村最低生活保障制度的通知》的颁布实施，标志着农村最低生活保障制度在全国正式确立。《社会救助暂行办法》首次规定了统筹城乡的最低生活保障制度。

（2）特困人员供养。特困人员供养是指国家对无劳动能力、无生活来源且无法定赡养、抚养、扶养义务人，或者其法定赡养、抚养、扶养义务人无赡养、抚养、扶养能力的老年人、残疾人以及未满16周岁的未成年人，给予供养救助。《社会救助暂行办法》从统筹城乡社会救助制度出发，将之前在农村实行的"五保"供养制度和在城市实现的"三无"人员保障制度进行整合，实施统一的特困人员供养救助。特困人员供养应当与城乡居民基本养老保险、基本医疗保障、最低生活保障、孤儿基本生活保障等制度相衔接。

（3）受灾人员救助。受灾人员救助是指国家对基本生活受自然灾害严重影响的人员给予的生活救助。对受灾人员救助分为自然灾害救助准备、灾情发生期间的应急救助、灾后救助等。

（4）临时救助。临时救助是指国家对居民因为突发性、紧急性、临时性事件导致支出突然增加，生活陷入困境时给予的应急救助。与最低生活保障和各项专项救助的救助事项涉及基本生活保障不同，临时救助是国家对遭遇突发事件、意外伤害、重大疾病或其他特殊原因导致基本生活陷入困境，其他社会救助制度暂时无法覆盖或救助之后基本生活暂时仍有严重困难的家庭或个人给予的应急性、过渡性的救助。它是一种补充的救助机制。

（二）社会救助制度

社会救助法律制度主要规范社会救助对象、救助标准、救助资金筹集、救助程序、救助中欺诈的防范和法律后果等内容。其中与劳动者关系最为密切的就是就业救助制度。

就业救助制度是指国家对享受最低生活保障家庭中有劳动能力同时处于失业状态的成员，通过一定的方式帮助其就业的专项救助制度。

1. 救助对象

作为对最低生活保障家庭的专项救助措施，我国就业救助的对象仅限于最低生活保障家庭中有劳动能力并处于失业状态的成员，而不是所有需要就业帮助的社会成员。《社会救助暂行办法》第四十三条规定："最低生活保障家庭有劳动能力的成员均处于失业状态的，县级以上地方人民政府应当采取有针对性的措施，确保该家庭至少有一人就业。"

2. 救助方式

与就业救助的目标一致，救助方式包括促进被救助对象自主创业或者受雇的各种形式。为了促进享受最低生活保障的有劳动能力的对象通过就业解决困难，避免救助依赖，《社会救助暂行办法》第四十五条规定："最低生活保障家庭中有劳动能力但未就业的成员，应当接受人力资源社会保障等有关部门介绍的工作；无正当理由，连续 3 次拒绝接受介绍的与其健康状况、劳动能力等相适应的工作的，县级人民政府民政部门应当决定减发或者停发其本人的最低生活保障金。"

3. 救助程序

申请就业救助的，应当向住所地街道、社区公共就业服务机构提出，公共就业服务机构核实后予以登记，并免费提供就业岗位信息、职业介绍、职业指导等就业服务。

第三节 劳动安全卫生

随着社会的发展进步，劳动者的安全与健康状况已成为衡量国家人权保障水平、社会管理水平和文明程度的基本指标。劳动安全卫生关系到劳动者的人身安全与身心健康，关系到社会和谐稳定和国民经济持续发展。没有劳动安全，劳动者的其他一切权利无从谈起。保障劳动者的劳动安全卫生权利是劳工保护的最基本和最迫切的任务，也是目前中国劳工立法的最基本内容。

一、劳动安全概述

劳动安全，又称职业安全，是劳动者享有的在职业劳动中人身安全获得保障、免受职业伤害的权利。"躲避各种危险和风险，寻求安全保障，是人类最为朴素、自然而恒定的一种心理需求。"劳动安全作为人类最基本的安全需求之一，具有价值选择上的正当性和优先性。劳动者的劳动安全诉求是劳动法不断发展和演进的内在动力。《劳动法》《中华人民共和国安全生产法》（以下简称《安全生产法》）等法律法规是制裁各种安全生产违法犯罪行为的有力武器。

【案例 7-11】

2018 年 8 月 2 日上午，珠海市高新区安全生产监督管理局执法人员按照年度执法计划实施对该区某公司进行执法检查，通过现场检查和调查询问，发现该公司未按照规定及时、如实向安全生产监督管理部门申报职业病危害因素项目和未在醒目位置设置职业病危害公告栏的违法事实。

依据《中华人民共和国职业病防治法》第七十一条第一项和第七十条第三项的规定，高新区安全生产监督管理局执法人员对该公司开具责令限期整改指令书，并决定给予警告的行政处罚。

（来源：安全生产典型案例）

二、劳动卫生概述

劳动卫生又称"职业卫生",目前已有两项国家职业卫生标准对"职业卫生"进行了定义。其中,《职业安全卫生术语》将其定义为"以职工的健康在职业活动过程中免受有害因素侵害为目的的工作领域及在法律、技术、设备、组织制度和教育等方面所采取的相应措施";《职业卫生名词术语》将其定义为"是对工作场所内产生或存在的职业性有害因素及其健康损害进行识别、评估、预测和控制的一门科学,其目的是预防和保护劳动者免受职业性有害因素所致的健康影响和危险,使工作适应劳动者,促进和保障劳动者在职业活动中的身心健康和社会福利"。

综上,劳动卫生是指用人单位和国家为预防和保护劳动者免受职业病和职业伤害事故、保证健康身体所采取的相应措施。

三、劳动者的职业健康

劳动者在作业过程或生产生活过程中可能会遇到各种各样的事故,为确保劳动者的安全,需要了解事故类型、预防措施及有关职业安全健康的知识。

职业健康安全事故主要分为职业伤害事故与职业病两大类。

1. 职业伤害事故

职业伤害事故是指因生产过程及工作原因或者与其相关的其他原因造成的伤亡事故。按照安全事故伤害程度可以将职业伤害事故分为:①轻伤事故指损失 1 个工作日至 105 个工作日以下的失能伤害;②重伤事故指损失工作日等于和超过 105 个工作日的失能伤害,重伤的损失工作日最多不超过 6000 个工作日;③死亡事故指一次事故中死亡职工 1~2 人。

按照生产安全事故造成的人员伤亡或直接经济损失可以将职业伤害事故分为:①特别重大事故指造成 30 人以上死亡,或者 100 人以上重伤(包括急性工业中毒,下同),或者 1 亿元以上直接经济损失的事故;②重大事故指造成 10 人以上 30 人以下死亡,或者 50 人以上 100 人以下重伤,或者 5000 万元以上 1 亿元以下直接经济损失的事故;③较大事故指造成 3 人以上 10 人以下死亡,或者 10 人以上 50 人以下重伤,或者 1000 万元以上 5000 万元以下直接经济损失的事故;④一般事故指造成 3 人以下死亡,或者 10 人以下重伤,或者 1000 万元以下 100 万元以上直接经济损失的事故。

2. 职业病

根据《中华人民共和国职业病防治法》规定:职业病是指企业、事业单位和个体经济组织等用人单位的劳动者在职业活动中,因接触粉尘、放射性物质和其他有毒、有害物质等因素而引起的疾病。各国法律都有对于职业病预防方面的规定,一般来说,凡是符合法律规定的疾病才能称为职业病。

（1）常见职业病目录。根据《中华人民共和国职业病防治法》的有关规定，国家卫生计生委、安全监管总局、人力资源社会保障部和中华全国总工会联合组织制作了《职业病分类和目录》，见表7-1所列。

表7-1 职业病分类和目录

分　类	疾病目录
职业性尘肺病	1. 矽肺；2. 煤工尘肺；3. 石墨尘肺；4. 炭黑尘肺；5. 石棉肺；6. 滑石尘肺；7. 水泥尘肺；8. 云母尘肺；9. 陶工尘肺；10. 铝尘肺；11. 电焊工尘肺；12. 铸工尘肺；13. 根据《尘肺病诊断标准》和《尘肺病理诊断标准》可以诊断的其他尘肺病
其他呼吸系统疾病	1. 过敏性肺炎；2. 棉尘病；3. 哮喘；4. 金属及其化合物粉尘肺沉着病（锡、铁、锑、钡及其化合物等）；5. 刺激性化学物所致慢性阻塞性肺疾病；6. 硬金属肺病
职业性皮肤病	1. 接触性皮炎；2. 光接触性皮炎；3. 电光性皮炎；4. 黑变病；5. 痤疮；6. 溃疡；7. 化学性皮肤灼伤；8. 白斑；9. 根据《职业性皮肤病的诊断总则》可以诊断的其他职业性皮肤病
职业性眼病	1. 化学性眼部灼伤；2. 电光性眼炎；3. 白内障（含放射性白内障、三硝基甲苯白内障）
职业性耳鼻喉口腔疾病	1. 噪声聋；2. 铬鼻病；3. 牙酸蚀病；4. 爆震聋
职业性化学中毒	1. 铅及其化合物中毒（不包括四乙基铅）；2. 汞及其化合物中毒；3. 锰及其化合物中毒；4. 镉及其化合物中毒；5. 铍病；6. 铊及其化合物中毒；7. 钡及其化合物中毒；8. 钒及其化合物中毒；9. 磷及其化合物中毒；10. 砷及其化合物中毒；11. 氯气中毒……共计60类化学中毒
物理因素所致职业病	1. 中暑；2. 减压病；3. 高原病；4. 航空病；5. 手臂振动病；6. 激光所致眼（角膜、晶状体、视网膜）损伤；7. 冻伤
职业性放射性疾病	1. 外照射急性放射病；2. 外照射亚急性放射病；3. 外照射慢性放射病；4. 内照射放射病；5. 放射性皮肤疾病；6. 放射性肿瘤（含矿工高氡暴露所致肺癌）；7. 放射性骨损伤；8. 放射性甲状腺疾病；9. 放射性性腺疾病；10. 放射复合伤；11. 根据《职业性放射性疾病诊断标准（总则）》可以诊断的其他放射性损伤
职业性传染病	1. 炭疽；2. 森林脑炎；3. 布鲁氏菌病；4. 艾滋病（限于医疗卫生人员及人民警察）；5. 莱姆病
职业性肿瘤	1. 石棉所致肺癌、间皮瘤；2. 联苯胺所致膀胱癌；3. 苯所致白血病；4. 氯甲醚、双氯甲醚所致肺癌；5. 砷及其化合物所致肺癌、皮肤癌；6. 氯乙烯所致肝血管肉瘤；7. 焦炉逸散物所致肺癌；8. 六价铬化合物所致肺癌；9. 毛沸石所致肺癌、胸膜间皮瘤；10. 煤焦油、煤焦油沥青、石油沥青所致皮肤癌；11. β-萘胺所致膀胱癌
其他职业病	1. 金属烟热；2. 滑囊炎（限于井下工人）；3. 股静脉血栓综合征、股动脉闭塞症或淋巴管闭塞症（限于刮研作业人员）

（2）职业病防治。长期以来，党中央高度重视职业病防治工作，职业病防治工作取得长足的进步。职业病防治法律法规、标准日趋完善。《中华人民共和国职业病防治法》对职业病从前期预防到劳动过程中的防护与管理，再到诊断及治疗分别做了明确的规定，极大地保护了劳动者的身体健康。

第四节　劳动与职业心理

　　劳动心理学是心理学的一个分支，是研究人在劳动过程中的心理活动特点及其规律。其特点是结合劳动过程，研究劳动者的心理反应、心理活动及心理规律。它结合劳动过程和劳动组织的实际，围绕劳动者的需要、动机、行为，劳动者的个体心理素质，劳动者群体心理现象，劳动者心理保健及安全生产等内容，讨论劳动过程中如何运用心理学知识，激发劳动者的积极性问题。

一、劳动的心理过程

　　劳动的心理过程与我们认知事物的过程一致，分为认知过程、情感过程和意志过程。认知过程是由感觉、思维和决策判断构成的，我们通过获取劳动信息，识别劳动工具、劳动对象、环境后经过思维加工作出合理的判断和决策，保证劳动过程的顺利开展；情感过程是因劳动过程中的诸多因素和事件导致人们不同的情绪反应，有喜怒哀惧等不同的表现形式；意志过程是实现劳动目的的重要部分，是指人自觉根据既定目的来支配和调节自己的行为，克服困难，发挥主观能动性，最终实现自我价值的过程。

【案例7-12】

　　快要大学毕业了，王珊的同班同学都找到了工作，唯独王珊留在家中"养老"。面对妈妈的整天唠叨，王珊也很着急。但是听到同学们"不管成绩多好，到了实习公司后却是个打杂的""每天不能迟到早退，做着无聊又重复的工作"等经历，不知如何面对。想在稳定的国家编制单位就职，可是公务员考试是一道难关，又很想去外企尝试一下……反反复复、毫无头绪。

　　劳动心理过程的三部分是人类共有的心理现象，但由于个体特性而呈现不同的形式。每个人的观察力、注意力、记忆力、思考力、承压力不同，对现实的态度和情绪特征以及性格特点不同，这些个性差异都形成了其独一无二的个性心理以及独特的劳动风格。虽然每个人在劳动过程中的心理态度有不同的表现，然而最终从劳动中获得的喜悦和幸福是一样的。

二、劳动与气质

气质是人的个性心理特征之一，是表现在心理活动的强度、速度、灵活性与指向性等方面的一种稳定的心理特征。

（一）四种气质类型

气质在劳动心理学中和职业密切相关，古希腊医生希波克拉底最早提出气质的四种类型，后来巴普洛夫把人的气质分为多血质、胆汁质、黏液质、抑郁质（图7-1）。

林黛玉　　　　　张飞　　　　　孙悟空　　　　　刘备

图 7-1　猜猜他们分别是什么气质类型？

1. 多血质（活泼型）

多血质的心理特征属于敏捷好动的类型。神经过程平衡且灵活性强，这种劳动者更易于适应环境的变化，性情开朗、热情、喜闻乐道，善于交际。在工作和学习上肯动脑筋，常表现出机敏的工作能力和较高的办事效率。对外界事务有广泛的兴趣，充满自信，不安于循规蹈矩的工作，情绪多变，富于幻想，易于浮躁，时有轻诺寡信、见异思迁的表现，缺乏忍耐力和毅力，注意力容易转换，易产生厌倦情绪。

这类型的人适合从事与外界打交道、灵活多变、富有刺激性的工作，他们不太适合做过细的、单调机械性或者细心钻研枯燥的工作。

2. 胆汁质（兴奋型）

胆汁质的心理特征属于兴奋而热烈的类型。表现为有理想、有抱负、有独立见解。他们精力旺盛，行动迅速，行为果敢，表里如一。在语言、面部表情和体态上都给人以热情直爽、善于交际的印象。不愿受人指挥而愿意指挥别人。一旦认准目标，就希望尽快实现，遇到困难也不屈不挠，有魄力，敢负责，但往往比较粗心，容易感情用事，自制力差，性情急躁，主观任性，有时刚愎自用。由于神经过程的不平衡，工作带有明显的周期性和爆发性特点，急躁易怒，工作缺乏完整性和条理性。

这类型的工作者喜欢从事与人打交道、工作内容不断变化、环境不断转换并且热闹的职业，喜欢做有挑战性的工作。

3. 黏液质（安静型）

黏液质的心理特征属于缄默而安静的类型。由于神经过程平衡且灵活性低，反应较迟缓，无论环境如何变化，都能基本保持心理平衡。凡事力求稳妥，深思熟虑，一般不做无把握的事，具有很强的自我克制能力。外柔内刚，沉静多思，很少露出内心的真情实感。与人交往时，态度持重适度，不卑不亢，不爱抛头露面，不做空泛的清谈。行动缓慢而沉着，有板有眼，严格恪守既定的生活秩序和工作制度，心境平和，沉默少语。因此，能够高质量地完成那些要求有坚韧不拔、埋头苦干的品质和长时间集中注意力、有条不紊地工作。其不足之处是过于拘谨，不善于随机应变，常常墨守成规，故步自封。

这类型的工作者能活跃在不同类型的职业中，具有极强的适应性和良好的应对能力。

4. 抑郁质（抑郁型）

抑郁质的心理特征属于呆板而羞涩的类型，对事务敏感，精神上难以承受过大的精神压力，常为微不足道的小事引起情绪波动。他们极少在外表上流露自己的情感，但内心体验却相当深刻。对力所能及的工作认真完成，遇事三思而后行，求稳不求快，因而显得迟缓刻板。学习工作易疲倦，在困难面前怯懦、自卑、优柔寡断。遇事多疑，往往缺乏果断和信心。

这类型的工作者适合从事安静、持久的工作，他们有极大的耐心，但不适合从事情绪波动大，对抗压能力要求高的职业。

（二）气质类型与职业选择

气质具有相对的稳定性，但后天也可以锻炼改造，大多数人都是几种气质类型兼具的混合体。在安排工作和选择职业中扬长避短能取到意想不到的效果（表7-2）。

表7-2 气质类型的匹配

气 质 类 型	高级神经活动特点	职 业 推 荐
胆汁质	强而不平衡	运动员、导游、推销员、节目主持人、公共关系人员
多血质	强、平衡、灵活	外交、管理、记者、律师、驾驶员
黏液质	强、平衡、不灵活	学术、教育、研究、技术、医生等内向职业；政治家、外交官、商人、律师等外向型职业
抑郁质	弱型	技术人员、作家、秘书、科研人员

三、劳动与情绪

情绪是人精神状态的一个方面，是内心的感受经由身体表现出来的状态，是人对客观事物的态度体验及相应的行为反应。情绪是复杂多元的,包括生理反应、主观感受、认知过程和外在行为。

(一)积极情绪对劳动的促进作用

愉快而平稳的情绪,能使人的大脑处于最佳活动状态,保证人体内各器官系统的活动协调一致,使食欲旺盛、睡眠安稳、精力充沛,充分发挥有机体的潜能,提高脑力和体力劳动的效率和耐久力。心理学家研究发现,处于温和愉快情绪中的人在创造性测验中表现得明显突出。人在愉快的情绪下,大脑会呈现出接受的态势,表现出感知迅速、耳聪目明、思维敏捷、记忆准确,单位时间对信息的接受量大幅增加,工作效率迅速提高,想法更加富有创造力。

【案例7-13】

英国著名化学家法拉第在年轻时由于工作紧张、神经失调,身体虚弱成疾。一位名医诊断后没有开药方只留下一句话:"一个小丑进城,胜过一打医生。"法拉第仔细琢磨后认为有道理。于是,他在工作之余经常去看滑稽戏、马戏和戏剧,经常去海边度假、亲近大自然,调剂生活情趣,保持自己心情愉快。法拉第享年76岁,并为科学界做出了巨大贡献。

(二)消极情绪对劳动的阻碍作用

消极的情绪会对人的心理活动起到破坏和瓦解的作用,干扰或抑制认知功能。人的情绪过于强烈时,大脑皮层的高级心智活动,如推理、辨别等将受到抑制,使认知范围缩小,不能正确评价自己行动的意义及后果,自制力降低,引起正常行为的瓦解,并使工作和学习效率降低。当我们处在紧张、焦虑、抑郁、愤怒等负面情绪状态下,会分散和阻断注意过程,瓦解整个思维过程。此类现象在生活中屡见不鲜。学生在考试时过分紧张导致考试失常,运动员在重大比赛中因为心情紧张而临场发挥失误。此外,长期陷于消极情绪中,会引起心血管系统、消化系统、泌尿生殖系统、呼吸系统、内分泌系统等各类疾病,从而影响个人劳动。

(三)劳动中的情绪管理

在当代快节奏的生活中,每天睡眠不足、行色匆匆、没有时间吃早饭,慌忙奔向公司或者教室,是许多人的缩影。如果每天都是以这种状态开始,一定会产生负面的情绪,失去对工作和学习的兴趣。那么如何在劳动中管理情绪呢?

1. 拥有积极心态

成功依赖于每个人的态度、思想、感情和精神状态等,通过积极的思考和行动可以对它们施加影响。每天做一些积极的事情,决定着对有待完成工作的态度。例如,从早上开始,有意识地采取积极的生活方式,把睡眠不足变为舒服地醒来,把匆忙洗漱变为惬意的整理,把不吃早餐变为享用一天中的第一顿美味……从一天的开始就带入积极的氛围里。

2. 制定激励目标

无论从事什么样的职业,目标使我们明确为什么劳动,从劳动中收获什么。只有设定好了目标,才会在繁杂的日常工作中保持清醒的头脑,即使面对巨大的工作压力,也能遵照正确的优先原则,充分发挥自己的能力,快速自信地得到自己想要的。

3. 疏解消极情绪

当我们因为工作的不顺心而产生消极情绪时,要学会以合适的方式疏解情绪,避免或减少情绪产生的负面影响。有意识地将自己的情绪转移,通过运动、听音乐、吃美食等方式分散注意力,淡化内心的烦恼,用积极情绪抵消消极情绪。同时,正确看待自己的消极情绪,这是一个理清想法的好机会,让自己更有能量去面对未来。

四、劳动者的健康职业心理

健康职业心理是指人们在职业活动中表现出的认识、情感、意志等心理倾向或个性心理特征,是在职场环境熏陶下个体对工作的不同看法、态度和意见经过长期的修养逐步内化的一种心理结果,是职业心理的最佳状态。就业是重要的民生之一,职业心理健康对于每一位劳动者和社会整体都如同定海神针,只有拥有健康的心理状态,劳动者才能实现劳动的真正价值。

目前,劳动者的心理健康水平不断提高,但不同工种、不同年龄段以及不同地区的劳动者心理健康水平依然存在差距,其社会因素是极其复杂的。近些年来,劳动者群体的心理健康状态受到广泛关注,修订后的《安全生产法》首次增加"应当关注从业人员身体、心理状况和行为习惯",这一条款的落地将切实减少因员工身心状况导致的生产安全事故。

【延伸阅读7-3】

法律对于劳动者的心理健康进行了宏观的引导,社会组织等群体则更早关注到这一现象,并通过启动"员工援助计划"工程,使劳动者的心理健康问题的解决真正落实。员工援助计划又称员工心理援助项目、全员心理管理技术,简称EAP。2009年,由中国保健协会主办的中国员工心理健康工程启动,EAP则作为解决员工心理健康问题的重要部分正式启动。它是由企业为员工设置的一套系统的、长期的福利与支持项目。通过专业人员对组织的诊断、建议和对员工及其直系亲属提供专业指导、培训和咨询,旨在帮助解决员工及其家庭成员的各种心理和行为问题,帮助员工心理建设的工程,从而提高员工在企业中的工作绩效。EAP内容包括压力管理、职业心理健康、裁员心理危机、灾难性事件、职业生涯发展、健康生活方式、家庭问题、情感问题、法律纠纷、理财问题、饮食习惯、减肥等各个方面，全面帮助员工解决个人问题。目前，EAP 已被证明是一种非常经济有效的员工心理培训和疏导管理方案，且被多次实践，对于健康的职业心理有重要意义，相信伴随着法律的共同作用，EAP 将会发挥更为深刻的作用。

本章小结

著名心理学家弗洛伊德说，"工作"和"爱"是人生最重要的两件事。对于每个职场人来说，工作至少占据了三分之一的时间，是我们生活中重要的一部分。作为人才市场的主力军，我们要充分认识到劳动法律法规对于保障劳动者基本权益的重要性，正确认识社会保障制度，了解劳动安全卫生，拥有健康的职业心理，才能在日后的劳动过程中，获得幸福感和成就感。

思 考 题

1. 尝试自己草拟一份劳动合同。
2. 近年来，退休年龄再次成为热点，围绕以下三个争议焦点提出自己的看法：一是应否推迟退休；二是男女同龄退休；三是实行弹性退休。
3. 你认为我国社会救助的内容体系该如何进一步完善？
4. 对女职工和未成年工该如何特殊劳动保护？
5. 分析自己的气质类型和符合自身气质的职业。

第八章
未来劳动展望

在共产主义社会高级阶段，在迫使个人奴隶般地服从社会分工的情形已经消失，从而脑力劳动和体力劳动的对立也随之消失之后；在劳动已经不仅仅是谋生的手段，而且本身成了生活的第一需要之后；在随着个人的全面发展，他们的生产力也增长起来，而集体财富的一切源泉充分涌流之后——只有在那个时候，才能完全超出资产阶级权利的狭隘眼界，社会才能在自己的旗帜上写上：各尽所能，按需分配！

——《马克思恩格斯选集》第三卷

第一节 未来劳动概述

阿尔文·托夫勒在《未来的冲击》中指出："变革的急流非常强大，它打翻各种制度，改变我们的价值观念，使我们的根基丧失活力。"以互联网、物联网、云计算、大数据、人工智能、区块链为代表的现代信息科学技术，牵引人类社会跨入了智能社会。万物互联、自动化智能系统与人类在社会中共同存在，将是未来人类社会的图景。人类迎来了一个智能社会的崭新时代。人类社会的生活方式、生产方式、组织方式、思维方式都发生着深刻的变革。伴随着工业化、自动化、智能化的飞速发展，未来劳动将会发生巨大变化，对物质生产、精神生产、文化发展、社会关系等产生重大影响。未来是现在的延续，对未来的劳动问题进行合理预测是必要的。

一、未来劳动的基本形态

（1）劳动生产自动化。未来世界处于科学技术高速发展的时代，人工智能将会达到前所未有的高度，不同种类的机器人和自动化设备成为发展社会生产力、改变人类生活环境的主力军。未来工厂的生产将以电子计算机控制的管理系统为中心，将从人脑利用计算机的特性，向计算机模拟人脑的功能方向发展。在未来工厂的生产中，电子计算机控制的管理系统将代替人类成为主力，加上数字程序控制机床和工业机器人组成自动化装配线，按照人的意图开展生产。利用具有视觉和触觉的机器人，自动完成各种设备的操作、搬运和维修，并把生产指令编程送到智能控制中心，进行观察和调节。在未来办公当中，办公室将以电子计算机为中心，由一系列先进自动设备组成，智能化的网络会议设备给未来办公带来新的样态，塑造劳动者新的工作形象，劳动者可以线上线下相结合，缓解工作与家务之间的时间矛盾。在未来的家庭中，以人工智能为核心的"大管家"将全面负责家庭的防火、防盗和漏水、漏气的控制系统。人们可以通过指令远程遥控，进行洗衣、做饭、开窗、调温等。同时，家庭计算机系统可与外界数据库和信息联结起来，与市场、银行、学校、医院、图书馆以及亲友的计算机相互联结，实现购物、听课、看病、查资料自动化。

(2) 劳动工具联合化。未来社会中，劳动的工具手段将会呈现出联合化的特点，即多种技术在应用上的联合，在联合系统中既分工又协作。信息社会中，信息成为主要的劳动工具呈现出明显的联合化趋势。具体来讲，就是指一种全面的、几乎同时发生的信息交换和高度组织程度，而这种高度的组织程度是通过"联合"来实现的。劳动工具的联合性是未来社会的特点，也是区别于工业社会的本质所在。在工业社会中，信息和通信组织是在相互独立的体系中广泛发挥作用的，还存在大量的传播媒介，这些媒介又需要特定的基础设施。媒介的时间成本因素也随着距离的增大而增大。在未来社会里，新的信息和通信技术主要应用于工业生产阶段，这些技术在信息输入、处理和转递之间关键的交叉点是并存的。这种交叉化、联合化可以跨越时间、空间的边界，大幅提高劳动的生产率。

(3) 职业流动化。未来社会的科技革命将更加迅猛，这必将加速产业变革，冲击传统工业，使产生结构发生重大变化。随之而来的是劳动力结构、职业结构、种类的快速调整及变化，劳动者职业流动成为常态。同时，社会结构的变化、组织结构的变化、妇女的解放加剧了职业流动。互联网催生了许多新兴职业，这些职业往往不需要产生劳动关系，不需要雇佣和被雇佣。自雇佣或者无雇佣型劳动关系越来越受到人们的关注。一个人的活动是多元的、多维度的，不再固定从事某一项职业，一个人可以身兼多职，实现劳动和职业的多元化。职业多元化趋势更加明显。这就要求劳动者拥有更强的适应性、创造性，更强的竞争意识、自学能力。那种在一个岗位上干一辈子的职业观念，很难适应未来社会。伴随着职业的不断发展，需要从业者不断更新知识；同时新行业不断出现，劳动者一生中转换几个工作岗位的现象将成为普遍现象。以高、精、尖为主要特征的现代化行业将引领社会发展，吸引更多的劳动者。劳动者只有不断加深自身的素质、重视个人的职业生涯设计，才能更加适应社会发展。这就会形成多样化、多层次的职业结构，包括一定数量的高级人才，一定数量的专科人才。高级人才和专科人才之间有一个合理的比例，以更好适应未来职业要求。

【案例8-1】

迈向智能世界2030

在2021华为全球分析师大会上，华为董事、战略研究院院长徐文伟发布了迈向智能世界2030的九大技术挑战与研究方向，呼吁产学研精诚合作，以开放包容、协同创新的机制，汇集全人类的智慧和创新能力，满足人类发展的需求以及解决所面临的问题。

以下为徐文伟演讲全文：

女士们、先生们，大家好，欢迎参加第18届分析师大会。

刚刚过去的一年，疫情、全球化，整个世界都经历了巨大的挑战。今天，我们站在下一个十年的起点，有未知，有憧憬，ICT产业也面临新的挑战，亟需新一轮的突破。

人口与能源是人类社会发展的两大主题

联合国报告显示，到2030年，全球将有86亿人口，65岁以上的人超过12%，25岁以下的人口比例持续下降。人口老龄化和劳动力不足，成为社会发展的挑战。人们对健康的追求，希望活得好，活得长，走得安。

另外，全球能源消耗正以每年1.7%的速度增长。报告显示，自18世纪以来，人类能源消耗增长了22倍，其中化石能源占比高达85%，可持续发展的能源，是摆在我们面前的难题。

低碳化、电气化、智能化是可持续发展的必由之路

我们预测，2030年，可再生能源占比超过50%；电气出行将成为主力，电动汽车销量占比超过50%；AI将改变一切，家用智能机器人使用率超过18%。ICT技术在未来十年内，有潜力通过赋能其他行业，帮助减排全球碳排放的20%。

同时，我们对未来又充满着期待，不断的突破极限。

我们希望，摆脱身体的限制，提升感知能力。虽然手机现在已经达到100倍变焦，但是，离生物界的差距巨大。如蜘蛛，在物体轮廓和运动计算上远远超越人眼。那么，能否学习蜘蛛的眼睛？我们就可以制造出满足自动驾驶需求的更好的摄像头。

我们希望，超越生物的智慧，发展新型计算。现在人工智能广泛应用，但是深度神经网络训练困难，功耗大，有时却比不过蚂蚁。蚂蚁用0.2毫瓦的功耗，就可以做很多事，包括筑巢，交朋友，甚至打架和养蚜虫等，我们是否可以深入学习和借鉴生物的运作方式，从实现简单的智能开始发展。

我们希望，跨越空间的障碍，实现身临其境。当前5G通信，远远满足不了身临其境的交流诉求，我们要发展更快更低时延的网络，支撑真人级全息通信。

我们希望，拓展认知的极限，开发介观器件。科学家使用计算的方法，实现分子、原子层面的设计与组装，通过这种方式，实现大幅提升芯片、器件的性能。

从世界构成的三要素，理解未来的挑战与方向

物质、能量、信息是世界构成的三要素，是我们把握未来挑战和方向的出发点。物质是本源的存在，能源是运动的存在，信息是联系的存在。

下一个十年，连接数量将达到千亿级，宽带速度每人将达到10Gbps，算力实现100倍提升、存储能力实现100倍提升，可再生能源的使用将超过50%。围绕信息和能量的产生、传送、处理和使用，技术需要不断演进。

基于这些预测与假设，接下来我将谈谈未来十年的挑战和发展方向。

挑战 1：定义 5.5G，支撑未来千亿规模的多样性连接

第一个挑战，就是万物互联的挑战。我们不仅要连接所有的人，还要连接海量的物，而连接物的需求是多种多样的。

当前 5G 定义的三大场景很难支撑多样性的物联场景需求。比如工业物联的应用，既要海量连接，又要上行大带宽，必须在 eMBB 和 mMTC 之间增加一个场景，命名为上行超宽带（UCBC）；有一类应用，既要超宽带，也要低时延和高可靠，必须在 eMBB 和 URLLC 之间增加一个场景，命名为实时宽带交互（RTBC）；在车联网中的车路协同，既需要通信能力，又需要感知能力，必须新增通信感知融合场景（HCS）。

因此，必须从 5G 场景"三角形"变成 5.5G 场景"六边形"，从支撑万物互联到使能万物智联。

挑战 2：在纳米尺度上驾驭光、实现光纤容量指数级增长

5G 连接的挑战在数量，光纤连接的挑战在容量。

今天一根光纤承载 100 万人观看 4k 视频，2030 年要承载 100 万人欣赏混合现实（MR），单纤容量要提升 10 倍，超越 100T。

首先是光收发激光器，采用高调制器件实现 2~3 倍的波特率提升；同时采用新的调制编码和算法，实现容量的倍增。薄膜型高带宽调制器是发展方向。

其次要研发宽带、低噪声、人工可控的新型光放大器，以实现超长距的可靠传输；关键技术是接近量子极限的光放。

最后是光网络的动态控制能力，把波分网络改造为"同步"系统，提升抗干扰能力并通过计算实现光资源的高效利用。微腔光频梳是关键。

在更远的未来，还需要研究空间分割多路复用（SDM）等新型光纤和光系统，实现单纤容量百倍增长。

挑战 3：走向产业互联，网络协议必须优化

今天，网络支撑的主体是百亿级的消费互联。2030 年，网络支撑的主体是万亿级的产业互联，网络协议面临三个考验。

第一是确定性。需要确定性时延保障能力，通过"网络演算新理论和协议"，将当前尽力而为的网络时延，变为可提前计算的确定时延。

第二是安全性。万物互联的场景下，安全防御体系提出严峻挑战。无人机、摄像机、边缘计算、传感器等大量外挂设备，引入了新的不安全因素，必须构建端到端的内生安全框架和协议。

第三是灵活性。千行百业的需求是多样的，有的需要 IP 地址长一点，有的需要短一点，必须将固定长度的 IP 地址，扩展为可灵活定义语义、语法的新 IP 协议。

挑战 4：通用算力远远跟不上智能世界的需求，必须打造超级算力

智能世界，连接决定了广度，那么计算决定了强度。

面向 2030，算力需求将增长 100 倍。但当前，单核 CPU 性能每年提升率已从 50% 下降到 10%，并且，通用计算在特定领域效率低下，如何打造超级算力，这是一个巨大的挑战。

第一，数字计算从通用走向专用，走向多种计算架构共存的异构计算，各种 CPU、GPU、XPU 同时存在。

第二，模拟计算将在特定领域展现优势。光子计算将应用于信号处理、组合优化、机器学习等领域，尤其是针对无线 Massive MIMO 和光通信领域将有极大应用场景。

挑战 5：从海量多模态的数据中高效地进行知识提取，实现行业 AI 的关键突破

智能世界离不开 AI，AI 应用碎片性与 AI 的可信问题不可回避。

AI 模型的通用性是解决应用碎片性的关键。通过大量无标注的数据和更大的模型，从全监督到自监督，构建通用的 AI 系统，这是当前需要突破的方向。

另外，把 AI 与科学计算交汇，这也为 AI 应用走出碎片提供了大用场。AI 为科学计算带来了新思路、新方法、新工具，而科学计算的严谨体系也有助于提升 AI 的可解释性。

可信 AI，是我们长期追求的目标。特别是人命关天的关键领域，如无人驾驶，必须解决从相关性到因果性的难题。

挑战 6：突破冯诺依曼限制，构建百倍密度增长的新型存储

存储面临两大问题是存得下、用得好。

第一，要存得下。单位空间和能耗下的存储密度要提升 100 倍，而当前介质技术受限工艺、功耗限制，无法支撑。未来存储系统要突破新型大容量低时延内存技术，突破 DNA 存储、高维新型光存储等超大容量介质技术，突破超大存储空间模型和编码技术，打破容量墙。

第二，要用得好。未来存储系统的数据访问带宽将从 TB 级到 PB 级、访问时延将从 ms 级降到 us 级，性能密度须百倍提升。冯诺依曼架构下，数据要在 CPU、内存、介质之间移动，而当前 PCIE、DDR 带宽速度远跟不上外部网络的性能增长。未来存储系统要突破冯诺依曼架构的限制，从以 CPU 为中心，转向以内存为中心、以数据为中心，从搬移数据转向搬移计算，打破性能墙。

挑战 7：将计算与感知结合，实现多模交互的超现实体验

智能世界要打造极致的用户体验。我认为，2030 年，超现实体验将成为现实。

超现实体验，这就需要虚拟世界与真实世界的无缝融合，并能够准确地感知和还原世界，在虚实结合的世界中理解用户的意图。必须打通听觉、视觉、触觉、嗅觉，实现人与数百种边缘设备之间的多模交互。为实现这个目标，需要将用户所处的环境整体作为一个超级计算机对待，依托语言、触觉、光感、脑机等多模传感器进行信息采集和传输，识别用户意图，并通过裸眼 3D、全息投影、AR 隐形眼镜、数字嗅觉和数字触觉等技术呈现给用户。

挑战 8：通过连续性的健康监测实现主动健康管理

人口老龄化带来了更多慢性病。据统计，85%的死亡是由于慢性病，而慢性病必须进行实时检测。必须攻克需要医疗级水平的可穿戴设备，如无创血糖、连续血压、连续心电等。以血压检测为例，光学传感器，能够比 PPG 提供更准确的脉搏波，为血压建模和算法提供更高质量的数据输入。结合云服务和人工智能技术，为个人打造一个完整个人健康大数据平台，实现主动健康管理。通过脑机接口、肌电接口、可穿戴机器人等，从被照顾到自主管理，提升老年人的幸福感。

挑战 9：构建智慧能源互联网，实现绿色发电、绿色储电和绿色用电

当前"碳达峰、碳中和"加速向新能源转型，同时也带来了发电、储能以及用电的新挑战。

从发电来看，从集中式向分布式演进，意味着发电系统更靠近用户，过去是纯用电场景，今后也具备自发电能力，这样就产生了更多的双向能源节点，电网更具备了网络特征；新能源发电的波动性、多能互补特征，间断式供电特征，使新能源成为主力电能，存在巨大挑战。

从储能来看，过去只有发电和用电，能源是用多少发多少，未来新能源为主体的发电，必须有储能的缓冲池，这使得网络更复杂了。必须实现低成本、零碳排放的大规模储能，并通过智能调度，最大限度利用绿电。

从用电来看，必须推进综合智慧能源，实现住宅/建筑/工厂能源管理系统、零碳社区、零碳园区、零碳城市。

因此，必须构建一张智慧的能源互联网，实现绿色发电、绿色储能和绿色用电，这涉及几个关键技术：

第一，管理技术。大数据、AI、云等 ICT 技术与能源互联网融合，通过能源云+能源网，实现比特管理瓦特。

第二，控制技术。通过电力电子能源路由器，实现能量双向流动和功率智能分配，构建能源网络的智能控制器。

第三，储能技术。发展新型储能技术，如新型电化学、氢能等，满足不同场景的能量存储需求。

第四，电力电子基础技术。新型化合物功率半导体，包括面向中高压的 SiC/金刚石和面向中低压的 GaN 技术，实现能源部件进一步高效和小型化。

以上就是我们从 ICT 产业视角，提出的九大技术挑战与研究方向，也是我们对智能世界 2030 的期待，我们希望实现连接更强、计算更快、能源更绿。

以开放包容、协同创新的机制，跨越挑战

为了满足人类发展的需求以及解决所面临的问题，我们需要汇集全人类的智慧和创新能力，必须以开放包容、协同创新的机制，跨越挑战。工业界必须与高校和科研机构紧密合作，用工业界的挑战和世界级难题牵引科学研究方向。

想象未来靠科幻，创见未来靠科技。必须把工业界的问题、学术界的思想、风险资本的信念，整合起来，协同创新，共同打造智能世界 2030。谢谢大家！

（来源：华为官网，原标题"迈向智能世界2030——技术挑战与研究方向"）

二、未来劳动的基本特征

（1）智能化。未来社会是智能化社会。以互联网、物联网、云计算、大数据、人工智能、区块链为代表的现代信息科学技术，牵引人类社会跨入了智能社会。万物互联、自动化智能系统与人类在社会中共同存在，将是未来人类社会的图景。人类迎来了一个智能社会的崭新时代。人类社会的生活方式、生产方式、组织方式、思维方式都发生着深刻的变革。现代信息技术的应用，使机器可以模仿人的思维，可以代替一部分脑力劳动。科学劳动、复杂脑力劳动日渐增多，科技劳动、管理劳动等智慧性劳动处于中心地位，智能劳动强势发展，如无人驾驶、无人工厂、无人酒店等。受过专业训练的技术型工人、与生产直接相关的科技人员及负责成果转化的工程人员、生产管理者的比重逐渐增大，从事知识生产和传播的劳动者占比加大。工业化时代的经济是劳动密集型的，是以大规模地消耗原材料、能源和人的体力为基础的。而在新技术革命条件下，经济发展将从劳动密集型转为知识密集型，越来越多地以人的智力和物化在产品和劳务中的知识为基础。知识和经济成为重要的资源，成为劳动者发展自身的重要手段，成为社会生产力、经济竞争力和国家实力的关键因素。这要求劳动者具备在专业领域从事智慧劳动的能力，提升思维能力、科研能力、设计创作能力及技术转化能力。

（2）创造性。未来社会里，以互联网、物联网、云计算、大数据、人工智能、区块链为代表的现代信息科学技术广泛渗透社会生活的方方面面，对社会发展产生广泛影响。劳动工具运行的自动化和功能的智能化，激励着劳动者的积极性和创造性。创造性劳动成为未来社会发展的关键。所谓创造性劳动是指人充分利用其劳动技能、科学知识，通过技术、知识、思维的创新，创造新的生产条件、方式、劳动成果和社会需求的劳动。它是建立在开放性思维和挑战性实践的基础上，是一个不断探索创新的过程。新一代互联网技术群、新一代信息技术群、先进制造技术、生命科学技术、新材料技术以及可再生能源技术的相关产业无不以创新为核心特征，创新构成其核心驱动力量，人才是创新劳动的灵魂要素。人工智能史无前例地将人们从初级脑力工作中解放出来，最大限度地释放了人的本源价值——主动性和创造性。有研究显示，人工智能可能取代今天50%的工作机会。这就表明，在未来社会中，机械性、可重复、可结构化的脑力劳动，甚至较为复杂的分析任务都将被智能机器所取代。这也从另一个方面表明，未来人类生存的关键在于创造力，即未来劳动具有创造性。这种创造力可以体现为技术的创新，也可以体现为对顾客的感知力，还可以体现为对产业的洞察力。

（3）流动性。未来社会中，劳动者流动意愿大幅增强。知识型员工希望从事更具有挑战性的工作，迎接新的挑战。同时，随着人工智能、互联网和自动化技术快速发展，自动化生产成为趋势。体力型劳动者多向操作工、一线客服及物流快递等行业流动。

第二节　未来劳动者的基本素养

未来劳动的主要趋势是实现体面劳动、自由劳动。体面劳动是指劳动者能够在自由、安全、公正的环境下有尊严、有价值地进行工作的活动，集中体现人的价值观、劳动关系和社会需求，它的内涵包含自我劳动价值观和社会认识观的双重性。自由劳动是马克思主义劳动观的核心追求，在马克思看来"真正自由的劳动是这样的人的紧张活动，这种人不是用一定方式刻板训练出来的自然力，而是一个主体，这种主体不是以纯粹自然的、自然形成的形式出现在生产过程中，而是作为支配一切自然力的那种活动出现在生产过程中"。自由劳动表现为人的自由的自我确证、自我实现和自我创造，如马克思所言："我的劳动是自由的生命表现，因此是生活的乐趣。"因此，未来劳动者的基本素养应当天然地体现着在体面劳动、自由劳动中寻找自我存在、提升劳动能力、实现全面发展的本质规定。

一、培育和践行社会主义核心价值观的自觉意识

劳动价值观是影响人的劳动行为的核心因素。在整个劳动素养中处于最深层，深刻影响着其他层次的劳动素养。正确的劳动价值观是劳动实践行为的内在需要，劳动的过程不是舒服地享受过程，是一项需要克服一定困难的行为。只有拥有正确的劳动价值观，劳动的动机、持续力才能持久。

社会主义核心价值观是中国人民共同的价值信仰，在时代发展、社会进步以及全国各行业劳动者的奋斗中形成，集中体现着当今与未来劳动者的价值追求和精神信念。"爱国、

敬业、诚信、友善"更是劳动者永不过时的基本素养。爱国，即热爱自己的祖国，就是对生养自己的故土家园的挚爱之心和服务之行，以热爱祖国为荣，以危害祖国为耻；敬业，即敬仰和热爱自己所从事的职业和岗位，就是立足本职、干好工作，共同推动各项事业不断实现新的发展；诚信，即待人处事真诚、老实、讲信誉，就是言必行、行必果、一言九鼎、一诺千金；友善，即对人亲近和睦，就是与人为善，团结友爱，和谐相处。每个国家都要求其公民爱国、敬业、诚信、友善。作为社会主义中国的公民，不仅依据国家法律法规享有权利和承担义务，而且要有更高的品性和要求，以与这一先进制度相适应。爱国、敬业、诚信、友善涵盖了社会公德、职业道德、家庭美德、个人品德等各个方面，明确了每一个公民对国家、对工作、对社会、对他人应尽到的责任和履行的义务，是人们在参与经济、政治、文化和社会建设和日常生活中必备的优良品格(图8-1)。

图8-1　社会主义核心价值观

二、全面发展的综合素质能力

习近平在《实施素质教育是建设创新型国家的基础》一文中指出，"全面实施素质教育，是促进人的全面发展的有效保证，也是建设创新型国家的重要基础"，并且特别强调"基础创新的基础就在于素质教育"。2018年9月，习近平在全国教育大会上提出了新时代劳动人才培养的"六个下功夫"，即要在坚定理想信念、厚植爱国主义情怀、加强道德修养、增长知识见识、培养奋斗精神、增强综合素质六个关键性问题上下功夫，并指出"五育并举"培养目标，即"德智体美劳全面发展的社会主义建设者和接班人"，从而为未来劳动者的素养培育指明了方向。

归纳起来，未来劳动者的综合素质能力培育需聚焦五个注重(图8-2)。

一要注重能力的"多样性"。在网络化、信息化、数字化与智能化的未来劳动中，对于劳动者的能力要求除了精尖的专业能力，还需要多样的判断能力、抽象能力、思辨能力、综合能力、审美能力以及良好的身体素质。另有人认为，未来劳动者需要具备统筹领导能力、发明抽象方法和计算世界的能力、审美和创造艺术的能力、透彻人文社会历史变化机奥并预言世界趋势的能力、充分探索人体潜能的能力,以及贯穿以上五者并亲证真理的能力,等等。总体来说,应对未来劳动的革命性转变,劳动者需要注重自身综合能力的培养与提升,以应对知识集成度越来越高的智能信息化时代。

二要注重素养的"全面性"。"德智体美劳全面发展"是新时代对劳动者提出来的新期望与新要求,"个人的全面发展"是未来劳动发展的重要主题和最高理想。马克思认为,"个人的全面发展"蕴含着个人素养的全面发展,但个人的素养与能力并不是天生具有的,而是以生产力为前提的历史发展的产物,也就是说,生产力及其社会形态发展到什么程度,人的素养也就相应地发展到什么程度。随着信息化时代智能化生产方式的广泛普及,对于未来劳动者来说,每个人都应把主动培育自身全面发展的综合素养变成个人的职责、使命和任务来追求。

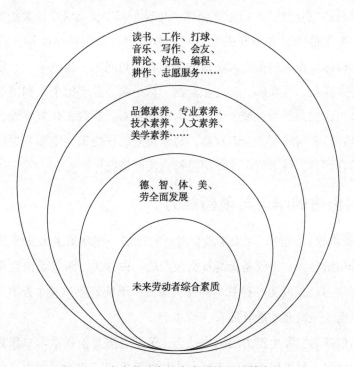

图 8-2　未来劳动者综合素质培育的基本关系

三要注重劳动的"自主性"。自主劳动是迈向自由劳动的第一步,是摆脱劳动的异化状态的关键步骤。在马克思那里,异化劳动是指劳动者从事劳动的过程和最终的劳动产品不属于劳动者,而是反过来成为统治其自身的异己力量。"异化劳动"意味着劳动者在生产过程中从事非自愿的劳动,劳动过程不受个体意识的指导,劳动并非目的,而是退化为维持基本生存的手段。异化就意味着劳动者失去了劳动过程中的自主性,无法决定自己的工作方式和内容。随着未来劳动的自动化与联合化发展，劳动者需要不断提升将自主意见付诸实践的能力，以及通过自己的主观意志主导劳动过程的能力。这种"自主性"是对"多样性"和"全面性"的综合运用。

四要注重实践的"有效性"。所谓"有效性"，即是实际解决现实问题的能力，是创造性的实践活动。习近平指出，"历史总是在不断解决问题中前进的。我们党领导人民干革命、搞建设、抓改革，都是为了解决我国的实际问题。提高解决实际问题能力是应对当前复杂形势、完成艰巨任务的迫切需要，也是年轻干部成长的必然要求。面对复杂形势和艰巨任务，我们要在危机中育先机、于变局中开新局，干部特别是年轻干部要提高政治能力、调查研究能力、科学决策能力、改革攻坚能力、应急处突能力、群众工作能力、抓落实能力，勇于直面问题，想干事、能干事、干成事，不断解决问题、破解难题。"这既是对党的青年干部的期望，也为未来劳动者所应具备的实践能力提出了要求。

五要注重决策的"科学性"。习近平强调，年轻干部要提高科学决策能力，未来劳动者更需要具备科学决策能力，并不断提升自身的领导力。做到科学决策，首先要有战略眼光，看得远、想得深。作为肩负重大使命的劳动者，想问题、作决策，一定要对国之大者心中有数，多打大算盘、算大账，少打小算盘、算小账，善于把个人和组织的工作融入党和国家事业大棋局，做到既为一域争光、更为全局添彩。要深入研究、综合分析，看事情是否值得做、是否符合实际等，全面权衡，科学决断。作决策一定要开展可行性研究，多方听取意见，综合评判，科学取舍，使决策符合实际情况。

三、与时俱进的学习与创新能力

马克思在《资本论》中指出，"未来教育对所有已满一定年龄的儿童来说，就是生产劳动同智育和体育相结合，它不仅是提高社会生产的一种方法，而且是造就全面发展的人的唯一方法。"终身学习已经成为一种基本的社会潮流。千秋基业，人才为本。人才的成长无捷径可走，经风雨、见世面才能壮筋骨、长才干。

在以知识与创新为主要生产力的未来社会，劳动者需要加强学习、积累经验、增长才干，自觉向实践学习、拜人民为师，不断增强与时俱进的超前学习能力。信息时代，科学技术突飞猛进，经济发展日新月异，不断涌现的新思想、新观念、新方法，需要广大劳动者既拥有宽广的知识面，又具备很强的适应力。

当前，新一轮科技革命和产业变革正在重塑世界，国际格局和国际力量对比正在发生深刻调整，国与国之间综合国力的竞争聚焦在创新创业能力水平上，鼓励创新创业、大力培养创新创业人才已经成为包括我国在内的许多国家的政策取向。习近平在科学家座谈会上的讲话强调，要落实好创新驱动发展战略，尊重劳动、尊重知识、尊重人才、尊重创造，遵循科学发展规律，推动科技创新成果不断涌现，并转化为现实生产力。创新驱动实质上是人才驱动，创新创业人才是中华民族实现伟大复兴的内在驱动力，未来劳动者创新创业能力的提升与开发是积极应对百年未有之大变局的战略举措，是增强国家核心竞争力的重要途径。

四、掌握信息时代的通用技术技能

信息时代，劳动将以"人工+智能"为主要模式，体力劳动逐渐下降，脑力劳动不断上升，未来投资智力开发将是社会的主流。智力越发展，人类越进步，社会越文明，生活越美好。由人工智能、互联网、大数据、云计算、机器人、区块链、3D打印、物联网、深度学习、量子信息、基因工程、图像合成等当代科学技术的聚合发展所带来的智能革命，其深入发展所带来的物质生产和思想生产的自动化与智能化，除了会使人类在更大范围内从强迫性的劳动中解放出来并拥有更多的自由支配时间之外，也为劳动者带来了一系列基本素养提升的挑战。这些挑战将迫使我们不得不通过重塑自身的知识技能体系，一方面需要全面掌握语文、数学、物理、化学、生物、历史、社会、艺术等学科的知识，另一方面，还要融会计算机操作、网络应用、软件编程、人工智能操控、数据分析等大量的信息技术，理解并接受新的社会运行方式以及人与自然、人与社会、人与他人、人与自己、人与非生命的智能机器人，乃至人与生物型的智能机器人之间的革命化的关系演进，还要具备引导、约束和规范智能技术的研发与应用的伦理素养。从马克思主义的观点和智能革命发展的总趋势来看，这个重塑过程正是"通过人并且为了人而对人的本质的真正占有"的过程。

五、个人发展与民族复兴相统一的思想品质

当中国特色社会主义进入新时代，当我国社会主要矛盾转化为人民日益增长的美好生活需要和不平衡不充分的发展之间的矛盾，新青年们既"生逢其时，也重任在肩"，既是追梦者，也是圆梦人，青年劳动者将青春之志融入国家和民族发展的精神内核，能为体面劳动、自由劳动提供内驱力并树立自身正确的价值取向，有利于促进未来劳动者的全面发展。

青年一代有理想、有本领、有担当。青年是标志时代的最灵敏的晴雨表，时代的责任赋予青年，时代的光荣属于青年。在新型冠状病毒肺炎疫情防控斗争中，许多"90后""00后"医务人员以生命赴使命，用大爱护众生；在脱贫攻坚战场上，青年劳动者保持初生牛犊不怕虎、越是艰险越向前的刚健勇毅，勇挑重担子、啃硬骨头、接烫手山芋，在基层一线实现人生价值、升华人生境界……触摸时代脉动，就能感受到青春的脉搏同频共振；跟

随发展节拍,就能体悟到青年的律动如影随形。新时代青年是奋进者、开拓者、奉献者,在生动实践中始终把自己的小我融入祖国的大我、人民的大我之中,志存高远,脚踏实地,在担当中历练,在尽责中成长,在奋斗中释放青春激情,积小胜为大胜,凝聚每一份青春力量,推动巍巍"中国号"巨轮破浪前行。

作为未来劳动者的生力军,青年人想要成就一番事业,必须练就过硬本领。新时代青年成才要坚持向实践学,虚心向群众学,在工作中、岗位上建功立业。同时,也要系统掌握专业基本知识,成为本专业、本行业的行家里手,让增长本领成为青春远航的强大动力。少年周恩来立志"为中华之崛起而读书",鲁迅弃医从文,立志改变中国人的精神。在革命战争年代,广大青年立志为民族独立、人民解放冲锋陷阵、抛洒热血。在和平建设时期,广大青年立志为国家经济建设贡献青春、拼搏奋斗。当代青年站在"两个一百年"的交汇处,要紧紧围绕实现中华民族伟大复兴的中国梦,将自己的理想同祖国的前途、将自己的人生同民族的命运紧密联系在一起,扎根人民、奉献祖国。

【案例8-2】

把个人发展融入国家复兴大业,新征程召唤强国一代

2035年,1979年出生的孟祥飞将满56岁。这位当下在我国超算领域最年轻的领军人物也很难想象,15年后科学技术究竟日新月异到什么程度,但可以肯定的一点是,他这一代年轻科学家今后的奋斗历程必将与我国全面建设社会主义现代化国家的新征程相重合。

不久前,作为党的十九大代表中的基层同志,国家超级计算天津中心主任助理孟祥飞列席了党的十九届五中全会,他对会议审议通过的《中共中央关于制定国民经济和社会发展第十四个五年规划和二〇三五年远景目标的建议》(以下简称《建议》)中提及的15个"强国"目标印象深刻,尤其是《建议》展望了2035年,我国"关键核心技术实现重大突破,进入创新型国家前列"。在他看来,《建议》是全面建成小康社会后,国家对"80后""90后",以及"00后"发出的新的召唤,建设社会主义现代化国家必将是这一代人的历史使命。

全国政协经济委员会副主任杨伟民多次亲历我国五年规划的编制,他说,新中国成立以来,我国已经制定了14次五年规划(计划),与历次"五年"时期相比,"十四五"时期是我国全面建成小康社会、实现第一个百年奋斗目标之后,乘势而上开启全面建设社会主义现代化国家新征程、向第二个百年奋斗目标进军的第一个五年,处于历史交汇点上的"十四五"规划势必具有里程碑意义。

在中国青少年研究中心青运史学科首席专家胡献忠看来,亲身奋斗去实现中华民族伟大复兴这一宏伟目标,是当代青年的历史际遇和使命担当,现在我们即将开启全面建设社

会主义现代化国家新征程，当代青年要敢于做先锋，积极拥抱新时代、奋进新时代。

关键一程，青年们请接棒

张芳蕾是北京朝阳区疾病预防控制中心流行病与地方病控制科科员，和很多"90后"一样，在今年北京的三场新冠肺炎战"疫"中挺身而出，迅速接棒扛起一线流调人员的责任。

在她看来，《建议》勾勒了一个有"未来感"的中国，作为战"疫"的中坚力量，她对《建议》中提到的要"沉着有力应对各种风险挑战"感同身受，像新冠疫情这样的风险和陷阱，未来十几年难保不再出现，社会主义现代化国家建设的新征程绝不会敲锣打鼓、轻轻松松实现，需要年轻人随时以奋斗的姿态迎接挑战。

张芳蕾来自一线的感受，在研究者那里有更丰富的内涵。北京大学光华管理学院院长刘俏说，五年规划是我国"有为政府+有效市场"的一项重要创举。五年规划在顶层设计上，通过给未来描绘经济社会愿景和立下发展目标以及相应的发展路径，从而凝聚共识、激发全社会活力。

刘俏特别强调，未来这五年，我国仍处于重要战略机遇期，但更面临国内外环境正发生深刻复杂变化的挑战，《建议》对迎接挑战做出了安排。

刘俏说，作为接棒建设社会主义现代化国家的年轻人，要深刻理解这些变化，一方面，中国经济核心逻辑已然改变，在经历了40余年高速发展后，支撑我国经济持续高速增长的诸多因素开始逐步弱化。我国发展模式需要从以往的速度规模型经济增长向质量效益型经济发展转变；另一方面，逆全球化、中美贸易摩擦、新冠肺炎疫情等都对未来五年的发展提出了全新挑战。

在杨伟民看来，同历次五年规划比较，"十四五"最大的难点就是国际环境最复杂、变化最大。他说，"十四五"规划就是在这样一个更加不稳定、不确定的世界中谋求我国发展的规划，是一个既要应对世界百年大变局风险挑战，又要从疫情冲击中走出来，还要启动全面建设社会主义现代化国家征程的规划。

而年轻一代似乎愿意接受这个挑战。"外部环境越是复杂、充满不确定性，中国青年越是要勇立潮头。"郭御风说。

41岁的郭御风是国产CPU领跑者、天津飞腾团队的负责人，他和平均年龄只有30岁的团队在过去这一年对《建议》中提到的我国当前发展环境面临的深刻复杂变化感触颇深。

郭御风说，"中国芯"作为国之重器，不仅关乎国家信息安全和信息经济发展，也担负着赶超科技世界先进水平的使命。作为护"芯"使者，更要把握好危机中的机遇。

南开大学马克思主义学院院长刘凤义说，习近平总书记曾指出，实现中华民族伟大复兴，是一场接力跑。中华民族的中国梦已经到了关键一程，强国一代年轻人要勇于在复杂的形势中激流勇进，跑好历史交过来的这一棒。

创关夺隘，时代呼唤奋斗青年

孟祥飞注意到，《建议》在阐述"十四五"时期的重点任务时，安排了12个部分，"创新"被摆在各项规划任务的首位，并进行专章部署，这在过去似乎是不多见的。科技部部长王志刚在党的十九届五中全会之后举行的中国共产党首场发布会上介绍称，把创新摆在各项规划任务的首位，是我们党编制五年规划建议历史上的第一次。

在青年科研人员孟祥飞看来，科技创新"惯性发展"的局面已经形成。如果说2010年'天河一号'超级计算机成为世界第一是少有的几个创新突破，今天我国各大领域创新已是"千树万树梨花开"了，这种惯性状态的形成来自过去几十年，尤其是党的十八大以来我国对科技创新的重视，这种创新惯性发展一旦形成，不会因为国内国际个别因素的影响而改变。

孟祥飞还注意到，《建议》在创新的专章中提到，要培养具有国际竞争力的青年科技人才后备军。他认为这是党对青年人才的高度重视。青年既是新技术的最先体验者、享用者，又是新技术快速迭代的推动者、创造者。《中国科技人才发展报告》显示，目前国家科技"三大奖"最年轻第一完成人年龄均已降至39岁以下，越来越多的青年人才在科技创新的第一线"冒尖"。

在刘凤义看来，推进改革开放，视野开阔、胸怀广大的新一辈是重要驱动力；转变生产方式，发展新型实体经济，需要新一代知识先进、年富力强的产业大军；攻克科技难关、开辟新兴市场，都需要年轻人打先锋，去拼去闯。

"大变局需要大思路，大事业需要大创新。"胡献忠说，青年人最肯学习，最少保守思想，是整个社会力量中最积极最有生气的力量。未来15年，社会的后喻性更强，青年人发挥的作用将更大，社会对青年的期待也会更高，当代青年有理想、有本领、有担当，国家就有前途，民族就有希望，这一代青年必须积极回应这个热切的期待。

蓝图宏伟，搭建广阔发展舞台

《建议》为"十四五"谋划了6个新目标：经济发展取得新成效、改革开放迈出新步伐、社会文明程度得到新提高、生态文明建设实现新进步、民生福祉达到新水平，以及国家治理效能得到新提升。

五年后，孟祥飞46岁。列席十九届五中全会时，他算了算文件中提到的那些重大节点，他是多大年纪。不管是"十四五"的收官时刻，还是2035年现代化建成之时，他都处于干事创业的鼎盛时期。对孟祥飞来说，不管是"十四五"的目标，还是2035年的远景图景，国家的发展目标都为自己校准了个人的奋斗方向。

胡献忠说，从青年命运与国家发展的关系来看，建设社会主义现代化国家的新征程上一系列促进人的全面发展的决策部署，为年轻人搭建起更加广阔的发展舞台，提供了更多展示青春魅力的机会。

如今年轻人成长速度越来越快。今年新冠肺炎疫情暴发以来，康希诺生物股份公司的首席科学官朱涛就带领一支由青年人担纲的疫苗研发"突击队"与病毒赛跑。目前该团队研发的疫苗已经进行三期临床试验。在他看来，除了新冠疫苗研制这样急难险重的任务，在"十四五"和2035年远景目标推进过程中，给青年人的机会会越来越多。青年人要做的是，当国家有需要的时候，能扛得起、接得住。

这位年轻的科学家表示，未来将把科技创新和人才培养作为发展重心，沿着"十四五"绘制出的前进方向坚定不移地努力奋斗。

研读《建议》让许多年轻人找到了自己的发展机会和空间。《建议》释放的"乡村振兴战略全面推进"的信号让27岁的郑杰更加坚定了扎根乡村的信心。从一名普通的高校创业青年起步，他如今创立了山东省日照市首家老酸奶生产企业，郑杰通过代养代收的模式，精准带动20余户乡村家庭就业创业。

刘凤义说，《建议》铺开的蓝图，给年轻人提供无穷机会，关键在于找准国家需要和时代方向。例如，重视创新、科研体制改革将为青年科技工作者开辟新空间；经济体系优化升级，催生许多新产业，创造许多新岗位；优先发展农业农村，为青年职业农民提供广阔天地；优化国土空间布局，将诞生许多新的创业热土，帮助青年圆事业成功梦……把个人发展融入在国家复兴大业中，同频共振，这是自我的选择，也是国家的召唤。

(来源：《中国青年报》，2020年11月16日)

第三节　未来劳动与美好生活

劳动是一切成功的必由之路，是创造价值的唯一源泉，是实现"自由"、走向"幸福"的根本途径。正是劳动，让我们今天无比接近中华民族伟大复兴的目标。而知识经济正以前所未有的力度重塑着劳动形态和劳动观念，张扬人才价值、重视知识创新是时代的必然要求。信息技术与人工智能的快速普及，在促使未来劳动者具备更加全面的素质能力的同时，也为人类摆脱雇佣劳动异化、实现真正自由幸福打开了曙光之门，因此，未来劳动与美好生活紧密相连。

一、人工智能时代的未来劳动发展

人工智能是未来社会发展的重大趋势,科学技术不断为劳动注入新鲜血液,促使劳动者、劳动工具和劳动对象不断发生革命性变革,届时,一方面脑力劳动将成为主流,另一方面科技与劳动结合并引领劳动将成为社会发展的基本趋势。

人工智能与劳动的结合直接使生产成本降低,工作效率大幅度提高,生产力飞速进步。同时,人工智能的普及也为劳动者提供了较多的自由劳动实践,人们不用花费较多的时间在生产线上日复一日地进行重复性的简单操作,而是可以利用更多的时间创造新的价值,从而获得更多的自由自主性。马克思认为,展现人的类本质的是自由自觉的活动。自动化机器的使用将从事体力劳动的人们解放出来,人工智能的普及也把脑力劳动者解放出来,无人驾驶汽车、无人售货商店、快递机器人等逐渐走进普通的社会生活。劳动解放体现出人的主体性和价值性,人们可以在必要劳动时间以外获得更加充足的自由支配时间以进行审美、艺术等自我完善的幸福劳动。

人工智能的发展也将增进人与人之间的沟通交流,逆转工业时代人际关系的僵化与隔阂,"随着生产方式即谋生方式的改变,人们也会改变自己的一切社会关系",人际关系将变得更加和谐有序。在信息化时代,以人工智能为支撑的技术在生产过程中的广泛应用,人的主体性得以复归和彰显,人们不再是流水线上的操作者,而是对其的性能进行调整的监管者,通过运用自己的理论知识和实践经验以及创造力去研发和改造机器。此外,人与人之间的交往凭借社交媒体可以不受时间和空间的限制,人的社会交往将会变得更加自由。

人工智能的应用更大程度地满足了人们的需要。"在社会主义的前提下,人的需要的丰富性具有什么样的意义,从而某种新的生产方式和某种新的生产对象具有什么样的意义。"人工智能在生产生活中的应用,满足了人们不同方面、不同层次的需要。在智能化社会,人工智能既能满足人们的需要,也将尽可能地实现按需分配。人工智能借助数据运算系统将人们的需要以数据的形式呈现出来,然后进行生产。人工智能与生产领域的结合为按需生产和按需分配提供了可能,当人工智能技术真正成熟之时,可以预言社会主义的高级阶段或共产主义社会的实现一定不会再过遥远。

【案例8-3】

智能化时代,新职业起飞

拥抱技术进步,必然会造成传统就业机会的消失,但新技术的普及应用,也必然引发一批新的产业链的繁荣,创造出人们此前从来不曾想到过的就业机会……正如数字文化大师凯文·凯利在《必然》一书中所预言的那样:人们会在新的生产力水平上,发现更多的新工作。

数字化孕育新职业，"身份标签"获国家认可

2020年2月，人工智能训练师正式成为新职业，并纳入国家职业分类目录，与它同批入选的还有虚拟现实工程技术人员、智能制造工程技术人员、无人机装调检修工，等等。当数字化的航道渐宽，相关的新职业变得越来越多，在为年轻人就业增加了大量新选择的同时，也为行业的未来发展描画出精确路线图（图8-3）。

图片/视觉中国　　　　　　　　图像制作/王梓舍

图8-3　人工智能新职业

如果人生有一道分水岭，郭梅的界限分外清晰。33岁之前，她在老家与黑色的煤矿打交道，33岁之后，人生转道，她与电脑打起了交道，做的还是一份她之前从未听说过的职业——人工智能（AI）数据标注师。顾名思义，这份职业的关键词在于标注，无人驾驶、计算机视觉、图像分类、语音识别等数据，必须通过大量最基础的标注"喂料"，才有深度学习的可能。郭梅平均一天要在屏幕前标注60万个点，最多的一天她标注过108万个点。工作看似十分枯燥，但她却觉得很有意义，"你知道吗？我在电脑这一头每标注一个点，每提高0.1%的准确率，就可能让一个家庭提早十年团聚，让科技变得更有情感。"

根据中国电子学会的统计，2018年，全球人工智能核心产业市场规模超过555.7亿美元，同比2017年增长50.2%。在中国，人工智能正迅速走向应用，与之相匹配，需要提供给人工智能学习的基础数据产业也相当庞大。2018年9月，百度把其数据标注基地落户在山西太原，大规模布局人工智能的基础产业。

人工智能数据标注师，如今还有一个更加正规的职业表述——"人工智能训练师"。今年2月，这个职业有了国家认可的身份标签，这意味着它在各地都已经有了规模化发展。根据阿里巴巴的数据，4年多来，阿里生态体系内，人工智能训练师已逾20万人。与人工智能训练师同一批"转正"的，还有虚拟现实工程技术人员等一些听起来很酷炫的职业，这些新职业主要集中在新兴产业和现代服务业两个领域。在新兴领域，人工智能等技术的发展孕育了一大批新职业，而在传统行业，随着数字化、在线化率的提升，同样涌现出越来越多的新岗位需求，成为连接过去与未来的纽带。今年7月，人力资源社会保障部联合国家市场监管总局、国家统计局向社会发布了9个新职业，人们熟知的"带货网红"也有了正式的职业称谓——互联网营销师。

在发展中实现细分，新职业找到成长曲线

当一个从无到有的岗位变成了真正的职业，不仅意味着其规模化发展水平已到达一定高度，也意味着它开始有自己的职业成长曲线

阿里巴巴集团客户体验事业群资深解决方案专家林丽，就切身感受到人工智能训练师对普通人生活带来的意义。以出行这个垂直行业为例，疫情导致春节期间旅客票务问题求助量较去年同期暴增13倍，林丽所在的客户体验事业群提前预判到了可能的"爆仓"，提早创造出一个智能客服的应用场景，它是人工智能训练师对业务、流程、算法深度理解后的主动出击。

数据显示，今年春节期间，在人工智能训练师的帮助下，智能客服机器人让全国230万消费者出行票务问题得到及时响应和解决。很多人说"要让人工智能更有温度"，在专业人士看来，温度来自更体贴细致的流程，它更考验人工智能训练师的设计和决策能力。事实上，从2015年阿里巴巴的客服团队创造出"人工智能训练师"这个岗位，直到今年2月它真正成为新职业，5年间这份职业已经成长了很多。它的工作内容更多了，它始于做数据标注，后来还升级到智能服务的流程优化和设计；它的工作领域更广了，智能语音、图片及视频领域都召来了训练师为人工智能做"老师"。在林丽看来，科技发展到什么程度，蔓延到哪个领域，人工智能训练师都会在哪里出现。

就业岗位指数级增长，年轻人青睐新岗位

新职业的出现，代表着社会分工的前行方向和行业走势，为各年龄段求职者提供了更多选项。今年7月，人社部中国就业培训技术指导中心联合阿里巴巴钉钉发布的一份《新职业在线学习平台发展报告》显示，未来5年，新职业人才需求规模庞大，人才缺口以千万来计。与人工智能训练师相比，无人机驾驶员的"转正"时间更早——去年4月就被人力资源社会保障部认定为新职业。就像司机必须考驾照一样，专业的无人机驾驶员必须得到中国民航局的认可，这份职业的培训及认证工作起步也更早、更规范。上海翰动浩翔航空科技有限公司总经理陈光文感叹过去5年的行业发展速度：从无人机民航局颁发执照开始，2014年到2015年全国只有2142名民用无人机驾驶员正式拿到执照。而截至去年，获得无人机驾驶员执照的人数已达到67218人，仅去年一年就有22625人新获执照。

持证人数快速上扬，岗位需求也呈现指数级增长。陈光文介绍，无人机的运用领域可以说五花八门，农业、物流运输、测绘、公安、消防、城管等领域都可能用到航拍、航摄。比如，农业领域无人机喷洒农药体量非常大，在国内，已经有2.69亿亩农田使用无

人机进行农药喷洒工作,无人机具有运行成本较低、机动性能较好且使用操作方便等优势,而经严格培训、持证上岗的无人机驾驶员,可以在飞行距离超过视线范围的情况下实现安全作业。根据民航局给出的数据,1990年至1998年之间出生的群体占比最高,2000年之后出生的群体呈现爆发式增长趋势,最年轻的持证人是2004年出生的,目前只有16岁。

有分析人士认为,新职业的出现,代表着社会分工的前行方向和行业走势,为各年龄段求职者提供了更多选项。今年7月,人社部中国就业培训技术指导中心联合阿里巴巴钉钉发布的一份《新职业在线学习平台发展报告》显示,未来5年,新职业人才需求规模庞大,预计云计算工程技术人员需求近150万、物联网安装调试员近500万、无人机驾驶员近100万、电子竞技员近200万、电子竞技运营师近150万、农业经理人近150万、人工智能人才近500万、建筑信息模型技术员近130万,人才缺口以千万来计。

[来源:《文汇报》,原文标题:深度观察丨智能化时代,新职业起飞(原文有删减)]

二、未来劳动对美好生活的意义与展望

未来劳动是旨向自由而全面发展的劳动,是通向美好生活的唯一路径。美好生活是对人们生活状态的一种描述,人对现实生活的美好感觉立足于实践的过程和结果,这种对生活的美好感觉具有确定性和指向性。确定性是说人在生活中通过自己的诚实劳动获得满足感和成就感以及获得人生意义。自我在自己所创造的生活中不断提升,不断完善人之为人的感受,这种感受是实实在在的,看得见、摸得着的,只有通过自己的劳动,美好生活才有实现的可能性。持久性说的是充满幸福感的美好生活必定符合人的本性,必定与社会生产的发展相契合,它是一种合目的性和合规律性的理念,所以这种美好生活的感觉能够持久。同时,美好生活具有对未来的指向性,是人们长期奋斗的理想和目标。美好生活的概念涉及现实生存境遇,美好生活需要人们通过自己的双手,努力奋斗才能获得。如果劳动不能获得幸福感,生活美好的也不可能实现。

因此,人之为人的依据在劳动,美好生活的实现要靠劳动,美好生活的核心就是劳动幸福,劳动过程本身充满幸福感和快乐感,是美好生活实现的关键,因而劳动幸福与美好生活具有内在同一性。又因为幸福生活指向了对未来的积极预期,也必然要基于未来劳动的自由全面发展。

在第二章关于人的自由全面发展一节中,我们已经了解到,人的自由全面发展依赖于劳动自由的实现,而劳动自由的实现需要完成对私有制条件下劳动分工的片面性与强迫性的扬弃,并历史地发展为创造性劳动。因此,在信息化万物互联以及人工智能不断规模化普及的未来社会,人得以逐渐从"以物的依赖性为基础"的强制性劳动中解放出来,而以创

造性劳动为主要特征的未来劳动不仅逐渐成为人类维持自身生存的需要，更会成为人最深刻的幸福的来源。对此，恩格斯宣称，"在未来理想社会之中，人终于成为自己的社会结合的主人，从而也就成为自然界的主人，成为自身的主人——自由的人"。此时的劳动也不再是劳动力的单纯的出卖，而是成为自主的、创新的、审美的劳动，创造的劳动产品也将是主体价值与审美的自我实现。

三、辛勤劳动创造美好生活

党的十八大以来，倡导辛勤劳动，创造美好生活一直是党中央反复强调的主流社会价值思潮。随着中国特色社会主义进入新时代，我国社会的主要矛盾转变为"人民日益增长的美好生活需要和不平衡不充分的发展之间的矛盾"。这个站在时代浪潮前段做出的关于主要矛盾转变的论断，反映了广大劳动人民对美好生活追求的迫切性。在马克思主义视域中，劳动是人的本质，人只有在劳动中才能真正实现自身，成为真正的人，因此美好生活的核心是劳动幸福。昭示着"自由生命的表现是生活的乐趣"的劳动幸福和反映着当代人们所追求的美好生活具有内在的统一性。劳动幸福为美好生活的实现指明了切入点，美好生活是劳动幸福的价值归宿。

"追求美好生活是人类历史、人类发展的根本目的。"从某种意义上说，人类历史就是不断追求美好生活理想，实现美好生活的过程。苏格拉底认为有价值的生活包含两个维度：一是个体灵魂的完善，二是城邦社会秩序的完备。亚里士多德认为美好生活的最高境界是沉思生活，"在所有人类的实践活动中，与神的沉思最为接近的那种活动，也就有最大的能力来获得幸福"。到17世纪，人们从唯心视角转回到现实中来，开始关注现实的生活。不同经济和文化背景的人对美好生活的追求和理解是不同的，人们最初对美好生活理想的追求只限于精神层面，美好生活成为一种具有普遍价值意蕴的理想。马克思从历史现实出发，通过对劳动概念的深入分析，走进人们的社会生产实践活动，最终指向人的自由而全面的发展的共产主义社会，这一理想是与美好生活相通的。人是一种社会存在物，归根结底其生命活动要在社会生活中实现和完成。现实的生活样态和生命形式都是由现实的社会关系和力量塑形的，无论是物质生活还是精神生活都是由社会关系状况决定的。区别于精神层面的理想，现实层面的美好生活，使人的自由全面的发展成为真实而可触的目标，共产主义成为不断趋近现实的过渡性目的，美好生活也成为人民可望并且可及的愿景。

党的十八届一中全会后，习近平面对中外媒体记者时郑重宣示"人民对美好生活的向往，就是我们的奋斗目标"，并对美好生活做出了诠释："我们的人民热爱生活，期盼有更好的教育、更稳定的工作、更满意的收入、更可靠的社会保障、更高水平的医疗卫生服务、更舒适的居住条件、更优美的环境，期盼孩子们能成长得更好、工作得更好、生活得更好"。而"人世间的一切幸福都是要靠辛勤的劳动来创造的。我们的责任，就是要团结带领全党全国各族人民，继续解放思想，坚持改革开放，不断解放和发展社会生产力，努力解决群众的生产生活困难，坚定不移走共同富裕的道路"。习近平在2019年团拜会上强调，"全党全军全国各族人民要在中国共产党坚强领导下，同心同德，开拓进取，用辛勤劳动创造中国人民的美好生活、创造中华民族的美好未来，继续同世界各国人民一道构建人类命运共同体。"带领人民创造美好生活，是中国共产党始终不渝的奋斗目标。

辛勤劳动始终是创造美好生活的根本途径。实现美好生活，即是以人民群众为发展中心，以利民惠民为民生焦点，以美好幸福为价值追求，以劳动创造美好生活、开创美好未来、实现美丽的中国梦。

本章小结

随着信息化、智能化劳动时代的到来，劳动形态与劳动工具正在经历深刻的历史变革，劳动形态则以生产自动化、工具联合化、职业流动化为主要方向加速演变，未来劳动越来越呈现出智能化、创造性和流动性的特点。但无论未来社会如何发展，劳动始终是人类的本质活动，是人类最根本的实践活动，是人类生存、发展和幸福生活的基本途径。

"恰同学少年，风华正茂；书生意气，挥斥方遒！"如今的青少年正是未来的劳动者，新的时代在召唤，美好的生活等待追寻。纵观国际格局，一个国家的发展能否抢占先机、赢得主动，越来越取决于国民素质特别是劳动者素质。放眼国内大势，落实新发展理念，推进供给侧结构性改革，实施创新驱动发展战略，孕育一支宏大的高素质产业工人队伍至关重要。改革发展召唤知识型、技术型、创新型高素质劳动者，社会进步也需要劳动精神、劳模精神、工匠精神、创新意识的引领带动。学习新知识、掌握新技能、增长新本领，在推进供给侧结构性改革中发挥主力军作用，工人阶级和劳动群众就能奏响"劳动光荣、创造伟大"的时代之歌，谱写劳动托举中国梦的新篇章。

当代大学生应以实现自由劳动、体面劳动为基本追求，自觉培育和践行社会主义核心价值观，全面提升综合素质能力，在终身学习中培育创新能力，掌握必备的通用技术技能，并将个人的前途命运与民族复兴伟业统一在生涯发展的始终，以辛勤劳动创造美好生活，传承劳动精神，胸怀民生福祉，坚守初心，勇担使命，努力成长为合格的社会主义建设者和接班人，以高度的主人翁责任感、卓越的劳动创造、忘我的拼搏奉献，在民族复兴的伟大征程中成就人生价值，书写无上荣光！

思 考 题

1. 从自己所学的专业出发畅想一下未来劳动形态。

2. 你认为未来劳动和美好生活的关系是什么？如何解释？
3. 怎么理解奋斗的青春最美丽？

参 考 文 献

埃米尔·涂尔干,2001. 社会分工论[M]. 渠东,译. 上海:三联书店.

波波,2021. 努力将自身发展与国家民族发展深度融合[EB/OL].(2021-11-14)[2022-01-02]. https://www.sohu.com/a/466062331_120795452.

卜祥记,邹丽琼,2021. 马克思对"正义"合法性的劳动本体论奠基[J]. 马克思主义与现实(4):64-73.

常笛,2000. 浅谈幼儿劳动与智力的发展[J]. 湖南医学高等专科学校学报(3):68-70.

陈波涌,乐书思,2021. 习近平的"劳动观"及其深刻的思想内涵[EB/OL].(2021-11-19)[2022-01-02]. https://baijiahao.baidu.com/s?id=1709584508688972475&wfr=spider&for=pc.

陈光浩,2021. 新时代高校劳动教育的价值及实施路径探索[J]. 大众标准化,8(16):125-127.

陈宏建,2020. 新时代大学生劳动情怀的涵育[J]. 高校辅导员学刊,12(6):20-24.

陈苏谦,2020. 培育新时代大学生劳动精神探析[J]. 扬州大学学报(高教研究版),24(3):79-83.

成素梅,2020. 智能革命与个人的全面发展[J]. 马克思主义与现实(4):196-202.

大生,2018. 诗说中国耕读卷:耕读传家[M]. 西安:陕西师范大学出版社.

党印,2021. 职业与劳动——大学生劳动教育十讲[M]. 北京:人民交通出版社.

邓玉菲,2019. 中国传统工匠精神及其当代继承[D]. 曲阜:曲阜师范大学.

杜宝更,2021. "互联网+"背景下员工心理健康风险分析及应对策略[J]. 安全、健康和环境,21(2):45-48.

杜先伟,2019. 论大学生新时代劳动精神培养[J]. 教育评论(4):16-20.

樊志民,2021. 中国传统耕读文化[EB/OL].(2021-03-01)[2021-10-20]. https://news.nwafu.edu.cn/mtwx/2da1b0e9c1724aebb5b27a7fd20ca788.htm.

费孝通,2018. 乡土中国[M]. 北京:商务印书馆.

冯彦君,2011. 论职业安全权的法益拓展与保障之强化[J]. 学习与探索(1):107-111.

高琼,2017. 核心价值观与优秀传统文化的深度契合[J]. 思想政治工作研究(12):39-40.

宫科,2019. "工匠精神"视角下高职艺术设计专业人才培养现状及路径研究[J]. 吉林省教育学院学报(12):81-84.

关怀，林嘉，2016. 劳动与社会保障法学[M]. 2版. 北京：法律出版社.

光明网，2018. 深刻把握习近平关于人民美好生活的思想[EB/OL]. (2018-01-15)[2021-10-20]. https：//theory. gmw. cn/2018-01/15/content_27350880. htm.

桂理昕，2014. 爱国敬业诚信友善：每个公民的核心价值要求[EB/OL]. (2014-03-09)[2021-10-22]. 广西日报 http：//theory. people. com. cn/n/2014/0309/c120709-24578721. html.

郭长义，2019. 人的全面发展视域下的新时代高校劳动教育研究[J]. 辽宁大学学报（哲学社会科学版），47(4)：161-169.

郭捷，2009. 劳动法与社会保障法[M]. 3版. 北京：中国政法大学出版社.

何光群，谭斌，2015. 伦理学教程[M]. 成都：西南交通大学出版社.

何虎生，王玮，2020. 习近平新时代劳动教育观的文化底蕴[J]. 北京联合大学学报（人文社会科学版），18(4)：16-23，105.

何云峰，2018. 劳动幸福论[M]. 上海：上海教育出版社.

何云峰，2020. 劳动哲学研究（第三辑）[M]. 上海：上海教育出版社.

贾志勇，齐建国，2005. 少年儿童的身心发展危机与对策[J]. 首都体育学院学报(1)：94-96.

江光荣，2018. 大学生心理健康[M]. 武汉：华中师范大学出版社.

鞠巧新，石超，2021. 新中国成立以来劳动精神研究述评[J]. 劳动教育评论(1)：101-105.

蓝江，2018. 一般数据、虚体、数字资本：数字资本主义的三重逻辑[J]. 哲学研究(3)：26-33，128.

李昌禹，杨昊，2021. 作为时代的领跑者，劳动模范这样脱颖而出[N]. 人民日报，2021-09-25.

李丰生，2021. 新时代的耕读教育不能只是一时之谈[N]. 光明日报，2021-03-16.

李珂，2019. 嬗变与审视——劳动教育的历史逻辑与现实重构[M]. 北京：社会科学文献出版社.

李珂，曲霞，2018. 1949年以来劳动教育在党的教育方针中的历史演变与省思[J]. 教育学报(5)：63-72.

李琦，2019. 劳动科学实践教学体系研究[J]. 北京劳动保障职业学院学报，13(1)：57-60.

李效东，2021. 大学生劳动教育概论[M]. 北京：清华大学出版社.

列宁，1995. 列宁选集（第3卷）[M]. 北京：人民出版社.

林嘉，2002. 社会保障法的理念、实践与创新[M]. 2版. 北京：中国人民大学出版社.

林矩鸿，2021. 加大对劳动者身心健康的人文关怀和保护力度[N]. 中国应急管理报，2021-09-03(003).

刘红玲，楚亚萍，2021. 以学生为中心：新时代高校劳动教育的再发展[J]. 贵州师范学院学报，37(6)：58-63.

刘进才，1994. 劳动伦理学[M]. 上海：华东理工大学出版社.

刘俊，叶静漪，林嘉，等，2003. 劳动与社会保障法学[M]. 2版. 北京：高等教育出版社.

刘来兵，陈港，2012. 从异化走向自由：劳动教育中人的主体性遮蔽与复归[J]. 教育研究与实践(3)：31-37.

刘田，2021. 以劳动创造生活：马克思对历史本体的澄明及其意义[J]. 宁夏社会科学(5)：46-54.

刘向兵，2000. 劳动通论[M]. 北京：高等教育出版社.

刘向兵，2018. 新时代高校劳动教育的新内涵与新要求——基于习近平关于劳动的重要论述的探析[J]. 中国高教研究(11)：17-21.

刘向兵，2019. 新时代高校劳动教育论纲[M]. 北京：社会科学文献出版社.

刘向兵，李珂，曲霞，2021. 劳动通论[M]. 2版. 北京：高等教育出版社.

刘晓峰，2014. 我国乡土文化的特征及转型[J]. 理论与现代化(1)：66-71.

卢文玉，于鑫悦，姜文源，等，2020. 1993—2016年我国工人心理健康水平的变迁[J]. 心理技术与应用，8(2)：84-94.

马尔科维奇，1988. 劳动道德和联合劳动[M]. 尼什：格拉丁那出版社.

马克思，2004. 1844年经济学哲学手稿[M]. 北京：人民出版社.

马克思，2004. 资本论(第1卷)[M]. 北京：人民出版社.

马克思，恩格斯，1961. 马克思恩格斯全集(第6卷)[M]. 北京：人民出版社.

马克思，恩格斯，1965. 马克思恩格斯全集(第21卷)[M]. 北京：人民出版社.

马克思，恩格斯，1972. 马克思恩格斯全集(第16卷)[M]. 北京：人民出版社.

马克思，恩格斯，1972. 马克思恩格斯全集(第18卷)[M]. 北京：人民出版社.

马克思，恩格斯，1972. 马克思恩格斯全集(第23卷)[M]. 北京：人民出版社.

马克思，恩格斯，1973. 马克思恩格斯全集(第20卷)[M]. 北京：人民出版社.

马克思，恩格斯，1979. 马克思恩格斯全集(第20卷)[M]. 北京：人民出版社.

马克思，恩格斯，1979. 马克思恩格斯全集(第42卷)[M]. 北京：人民出版社.

马克思，恩格斯，1985. 马克思恩格斯全集(第45卷)[M]. 北京：人民出版社.

马克思，恩格斯，1995. 马克思恩格斯选集(第1卷)[M]. 北京：人民出版社．

马克思，恩格斯，1995. 马克思恩格斯选集(第4卷)[M]. 北京：人民出版社．

马克思，恩格斯，1998. 马克思恩格斯全集(第32卷)[M]. 北京：人民出版社．

马克思，恩格斯，2009. 马克思恩格斯文集(第1卷)[M]. 北京：人民日报出版社．

马克思，恩格斯，2009. 马克思恩格斯文集(第9卷)[M]. 北京：人民出版社．

马克思，恩格斯，2009. 马克思恩格斯文集(第10卷)[M]. 北京：人民出版社．

马克思，恩格斯，2009. 马克思恩格斯文集(第1卷)[M]. 北京：人民出版社．

马克思，恩格斯，2009. 马克思恩格斯文集(第2卷)[M]. 北京：人民出版社．

马克思，恩格斯，2009. 马克思恩格斯文集(第3卷)[M]. 北京：人民出版社．

马克思，恩格斯，2009. 马克思恩格斯文集(第4卷)[M]. 北京：人民出版社．

马克思，恩格斯，2009. 马克思恩格斯文集(第7卷)[M]. 北京：人民出版社．

马克思，恩格斯，2012. 马克思恩格斯选集(第1卷)[M]. 北京：人民出版社．

马克思，恩格斯，2012. 马克思恩格斯选集(第2卷)[M]. 北京：人民出版社．

马克思，恩格斯，2012. 马克思恩格斯选集(第3卷)[M]. 北京：人民出版社．

马思齐，2021. 新时代高校劳动教育的困境与破题[J]. 大众标准化，8(16)：99-101.

牟群，2004. 手工是人类文明和人类劳动的本质[J]. 中华手工(1)：88.

农业部农村社会事业发展中心，2016. 传承农耕文明　培育农民精神[M]. 北京：中国农业出版社．

彭维锋，2021. 新时代劳模精神、劳动精神、工匠精神的理论内涵与实践导向[J]. 江西社会科学，41(5)：208-217，256.

齐志荣，徐小洪，1995. 中国劳动关系导论[M]. 杭州：浙江人民出版社．

仇雨临，2019. 中国医疗保障70年：回顾与解析[J]. 社会保障评论，3(1)：89-101.

秦永芳，李家瑞，2020. 论社会主义核心价值观培育与创新创业能力开发的融合[J]. 学校党建与思想教育(12)：59-60，75.

曲铁华，张妍，2021. 中国共产党劳动教育课程政策百年：历程、特点和展望[J]. 中国教育科学，4(5)：39-48.

人民日报，2017. 五一社论：劳动是创造价值的唯一源泉[EB/OL]. (2017-05-01)[2021-10-20]. https：//www.guancha.cn/politics/2017_05_01_406144.shtml.

人民网，2019. 习近平：追求美好生活是永远的进行时[EB/OL]. (2019-09-19)[2021-10-20]. http：//finance.people.com.cn/n1/2019/0919/c1004-31361357.html.

沈志义，1998. 谈谈"劳动科学"及其学科体系[J]. 管理教育学刊(1)：39-42.

苏令银，夏颜先，2020. 论人工智能与"后工作时代"的劳动意义[J]. 贵阳学院学报（社会科学版），15(6)：54-60.

檀传宝，2019. 劳动教育的概念理解——如何认识劳动教育概念的基本内涵与基本特征[J]. 中国教育学刊，19(2)：82-84.

田夏彪，2021. 新时代学校劳动教育价值定位及路向审思[J]. 西南大学学报（社会科学版），47(4)：142-150.

王长城，1996. 高校劳动科学课程体系存在的主要问题及改革[J]. 管理教育学刊(5)：38-43.

王明钦，刘英钦，2021. 新中国成立后中国共产党劳动教育思想的脉络梳理与体系建构[J]. 河南大学学报，61(5)：136-143.

王全兴，2008. 劳动法[M]. 3版. 北京：法律出版社.

王全兴，2014. 关于如何界定社会法的再思考//社会法论丛[M]. 北京：社会科学文献出版社.

王伟，高玉兰，1984. 道德·公德·职业道德[M]. 北京：工人出版社.

王文臣，2013. 论马克思哲学的劳动概念和历史唯物主义[M]. 上海：上海社会科学院出版社.

王圆圆，2021. 马克思"资本—劳动"关系思想及其时代价值——基于《资本论》的文本研究[J]. 马克思主义与现实(1)：101-108.

王致兵，2009. 我国劳动安全问题及对策[J]. 辽宁科技大学学报，32(1)：99-102.

王昨杰，乔法容，1989. 劳动伦理学[M]. 郑州：河南大学出版社.

魏茜，2004. 职业道德辅导教程[M]. 郑州：河南人民出版社.

温克勤，1999. 伦理百科辞典[M]. 北京：中国广播电视出版社.

吴沛东，2018. 当代大学生劳模精神认知状况分析与培育路径[J]. 思想理论教育(11)：102-106.

习近平，2007. 之江新语[M]. 浙江：浙江人民出版社.

习近平，2016. 在知识分子、劳动模范、青年代表座谈会上的讲话[N]. 人民日报，2016-04-30.

习近平，2018. 在全国教育大会上强调：坚持中国特色社会主义教育发展道路，培养德智体美劳全面发展的社会主义建设者和接班人[N]. 人民日报，2018-09-10.

习近平，2019. 习近平关于"不忘初心、牢记使命"论述摘编[M]. 北京：党建读物出版社、中央文献出版社.

习近平, 2019. 习近平新时代中国特色社会主义思想学习纲要[M]. 北京: 学习出版社.

习近平, 2020. 习近平总书记教育重要论述讲义[M]. 北京: 高等教育出版社.

习近平, 2020. 在全国劳动模范和先进工作者表彰大会上的讲话[N], 人民网, 2020-11-25.

夏明月, 2012. 劳动伦理研究: 和谐劳动关系与和谐社会构建[M]. 北京: 人民出版社.

肖绍明, 扈中平, 2019. 新时代劳动教育何以必要和可能[J]. 教育研究, 19(8): 42-50.

肖永春, 2016. 幸福心理学[M]. 上海: 复旦大学出版社.

新华社, 2019. 习近平时间丨人世间的一切幸福都需要靠辛勤的劳动来创造[EB/OL]. (2019-08-03)[2021-10-20]. http://www.81.cn/jmywyl/2019-08-03/content_9578189.htm.

新华网, 2017. "平语"近人——习近平的"劳动观"[EB/OL]. (2017-05-01)[2021-10-20]. http://www.xinhuanet.com/politics/2017-05/01/c_1120892090.htm.

徐长发, 2018. 新时代劳动教育再发展的逻辑[J]. 教育研究(11): 12-17.

徐莹晖, 王文岭, 2010. 陶行知论生活教育[M]. 成都: 四川教育出版社.

许建宇, 2005. 劳动权的位阶与权利(力)冲突[J]. 浙江大学学报(人文社会科学版), (1): 168-177.

杨凌发布, 2020. 纪念朱显谟院士诞辰105周年丨唯愿黄河流碧水[EB/OL]. (2020-12-04)[2021-10-20]. https://baijiahao.baidu.com/s?id=1685106312352396366&wfr=spider&for=pc.

杨飒, 2021. 耕读教育: 从土地和自然中汲取成长的力量[N]. 光明日报, 2021-03-16.

杨文杰, 宋凤轩, 李林, 等, 2014. 社会保障概论[M]. 北京: 人民邮电出版社.

杨兆山, 陈煌, 2019. 坚持办教育的人民立场——学习习近平总书记全国教育大会重要讲话精神[J]. 现代教育管理(1): 1-7.

于金富, 1999. 马克思关于生产方式一般的基本理论——马克思的生产方式理论研究之一[J]. 当代经济研究(3): 22-28.

于庆澎, 2021. 耕读文化对当下劳动教育的价值启发[J]. 黑龙江教师发展学院学报, 40(2): 61-63.

袁贵仁, 2012. 马克思主义人学理论研究[M]. 北京: 北京师范大学出版社.

张畅, 2021. 新时代高校劳动育人研究[D]. 武汉: 武汉大学.

张盈华, 张占力, 郑秉文, 2019. 新中国失业保险70年: 历史变迁、问题分析与完善建议[J]. 社会保障研究(6): 3-15.

赵健杰, 2010. 劳动科学建构论纲[J]. 中国劳动关系学院学报, 24(2): 10-14.

赵明霏, 2021. 从劳动创造到创造性劳动: 新时代高校劳动教育的价值目标[J]. 山东工会论坛,27(5):1-8.

朱炳元,朱晓,2007.马克思劳动价值论及其现代形态[M].北京:中央编译出版社.

朱启臻,2021.乡土文化建设是乡村振兴的灵魂[N].光明日报,2021-02-25.

宗爱东,2021.培育和践行社会主义核心价值观的学科支撑[J].毛泽东邓小平理论研究(9):26-33,108.